至善館講義
シリーズ

コンテクスト・マネジメント

個を活かし、経営の質を高める

野田智義

光文社

我が人生の二人の師、ジョー・バウワーと故スマントラ・ゴシャールに本書を捧げる。

はじめに

「経営者リーダー」の仕事って何だろう。そう問われたら、みなさんはどう答えるだろうか？

経営学の世界的な大家で、僕の友人でもあるヘンリー・ミンツバーグ（カナダ・マギル大学教授）は、かつてその出世作で、経営者には、世間で言われているようなヒロイック（英雄譚的）な役割はほとんどなく、むしろ「象徴（figurehead）」としての役割が大きいと主張した（『マネジャーの仕事』奥村哲史、須貝栄訳、白桃書房、1993年）。確かに、世界経済が直線的に成長していた時期はそうだったかもしれない。

でも、残念ながら、そんな牧歌的な時代はとっくに終わってしまった。「一人の経営トップによって」とまでは言えないにせよ、トップを含む経営幹部の力量によって、企業の運命は大きく変わる。そんな時代を僕らは生きている。かつての日本で見られたお神輿経営などはもはやまったく通用しない。変革と創造の時代にあっては、経営者はリーダーシップの発揮を求められる。まさに、経営者でありリーダーである経営者リーダーの出番だ。

なのに、日本の経営の現状はどうだろう。元気なのは、起業家や創業者が率いるベンチャーのような企業が中心で、サラリーパーソンがトップに就いている伝統的な企業の中に、世界に向けて存在感を示している例はあまり見られない。かつてジャパン・アズ・ナンバーワンと称賛され、世界を驚嘆させた日本企業の栄光は一体どこに消えてしまったのだろう。このままでは、日本の企業と経営は歴史のあだ花として忘れ去られてしまう。

本書は、大学院大学至善館における経営修士プログラム2年次の必修講義、「経営政策（英語ではbusiness policyという）」を再構成したものである。至善館は、経営者リーダーの育成を主眼とする日本発のグローバル・ビジネススクールだ。世界から集まったリーダー候補たちを対象に日本語・英語のそれぞれで講義を行っており、その内容は必ずしも日本の経営だけに焦点を当てているわけではないが、学校の設立趣旨の根っこには、日本の企業と経営に世界に羽ばたいてもらいたいとの期待と希望が込められている。

もう一度、冒頭の質問に戻ろう。そもそも、今の時代に求められる経営者リーダーの仕事とは、挑戦とは何だろうか？

至善館の経営政策の講義で、僕らは、経営者リーダーの役割と責任を次のように定義し、議論を進めている。一つめは、環境と自社の戦略や組織の適合の実現、二つめは、正解が見えない中での意思決定、そして三つめが、読者のみなさんにとってはおそらく聞き慣れない概念である「コンテクスト（文脈）のマネジメント」を通じた組織能力の構築だ。

順を追って説明していこう。まずは、一つめの環境と自社の戦略や組織の適合の実現についてだ。経営者リーダーは、環境が変化する中、自社の戦略と事業モデル、組織や経営のあり方を大胆に見直し、外部環境と自社のフィット（適合）を再び実現しなくてはならない。これこそが、平時ではなく、戦時（乱世）の経営者リーダーにとっての最大の使命だろう。

この役割については、古くはJ・D・トンプソンが『オーガニゼーション・イン・アクション』（鎌田伸一、二宮豊志、新田義則、高宮晋訳、同文舘出版、１９８７年）の中で論じ、またジョン・チャイルドや、レイモンド・E・マイルズとチャールズ・カーティス・スノーが、コンティンジェンシー理論との対話を通じて「戦略的選択論（strategic choice）」として明確化した。日本では伊丹敬之さん（一橋大学名誉教授、国際大学学長）が名著『新・経営戦略の論理』（日本経済新聞社、１９８４年）において、「ダイナミックな適合（フィット）」という概念を提唱しておられる。

経営は生ものだ。提供する商品・サービス、その価値を裏づける技術が時代に適合していれば、人と社会に熱狂的に受け入れられる。

たとえば、高度経済成長期からバブル期にかけての日本を思い起こしてもらいたい。家族そろってめかしこんで出かけ、食堂でお子様ランチを頬張ったデパート、「水道水のように安価で良質なものを大量供給して社会を豊かにする」という「水道哲学」に基づいて、街の至る所にあったショップから届けられた家電三種の神器（テレビ、洗濯機、冷蔵庫）、サラリーパーソンが飲んでウサを晴らした大衆ウイスキーとその名を冠したバー、テレビ・ラジオ・新聞・雑誌という4マス媒体を通じ、巧みなコピーライティングで時代のトレンドをリードした広告。これらの事業を手掛けてきた大企業はかつての環境に見事に適合し、時代が求める商品やサービスを提供するイノベーターだった。

だが、驕《おご》る平家は久しからず。時代が変わり、環境が変わると、かつての勝者は敗者に変わる。とりわけアナログからデジタル、さらにはプラットフォームへと、技術のパラダイムが大きく非連続に変わるとき、かつてのイノベーターは十中八九、業界におけるリーダーシップを失う。

これが、僕の指導教官でアイ・エス・エル（ＩＳＬ）と至善館のアドバイザーだったクレイトン（クレイ）・クリステンセン（故人、元ハーバード・ビジネススクール教授）が提起した「イノベーションのジレンマ」だ（『イノベーションのジレンマ』伊豆原弓訳、翔泳社、２０００年）。

ＡＩ・ネット・デジタル技術の進展のみならず、脱炭素やサーキュラーエコノミー（循環型経済）といったサステナビリティをめぐる課題が、大きく非連続な変化を事業と経営に突きつける中、さらには地政学リスクの高まりによってグローバリゼーションの潮流に反転が生じる中、環境への再適合という挑戦は経営にとっての最大の試練となっている。

というのも、組織は、効率性の観点から必ず現状の環境に学習を通じて適合しようと努めるものだ。皮肉なことにその結果、新たな環境変化に対する不活性（イナーシア）を生み出してしまう。これが組織の宿命であり、経営が抱える根源的な矛盾だ。それを乗り越えるには、組織はいわばスキゾフレニック（精神分裂症的）に、未来への「探索」と、そのためのリソースをつくり出す既存事業の「深化」を並行して進めなくてはならない。これがまさに、「両利きの経営」を現在の企業が求められる所以《ゆえん》だ（チャールズ・A・オライリー、マイケル・L・タッシュマン『両利きの経営』入山章栄監訳、渡部典子訳、東洋経済新報社、２０１９年）。

では、二つめの意思決定に関する役割はどうだろうか。

僕自身も小さな教育機関を預かる経営者の端くれなのでよくわかるのだが、経営トップの部屋は、日々、幹部や部下によってノックされる。「社長、ご相談が……」という具合に持ち込まれる難題に対して、トップは自ら答えを出さなくてはならない。

太平洋戦争中、広島・長崎への原子爆弾投下を決断したトルーマン米国大統領は（日本人の僕らにとっては複雑な気持ちにさせられる人物だが）、執務室の机の上に「The buck stops here!（責任は私が取る）」と書かれたプレートを置いていた。トップは決断を誰かに委ねることはできない。その意味で、社長と副社長の差は、副社長と平社員の差より大きい。

そのうえ厄介なことに、トップに持ち込まれるのは、正解がない課題、あるいは、正しいと思われる選択肢がいくつもある課題、さらには、まったく出口の見えない絶望的な課題など、決断の難しいものばかりだ。解決策が容易に見つけられる課題なら、トップに持ち込まれることはなく、下が解決してくれるはずだから、それは当然とも言える。

重大なプロジェクトについての「Go／No Go」の判断、事業からの撤退にともなう従業員の処遇や地域コミュニティへの対応、提携先との間に生じた不協和音の調整、不良品をめぐる取引先との折衝、自社広告の炎上への対処、サプライチェーンにおける人権侵害に対する国際NGOからの批判キャンペーンへの対応、管理職のセクハラ・パワハラ防止対策、不祥事にまつわる内部告発処理など、問題は多岐にわたる。いずれも深刻な場合には、社運どころか人命すら左右しかねない。

こうした諸問題を解決しようとするときには、皮相な知識やスキルでは太刀打ちできない。顧客や取引先さらには社会など、外部のステークホルダーからの信頼を最大のバロメーターとし、社員や組織へのインパクトを念頭に置きながら、選択肢を論理的に整理せねばならない。目的と手段の峻別を怠らず、表層の問題に隠された根本原因（root cause）を掘り下げることも肝要だ。そのうえで、採るべき選択肢のプロ・コン（よい点と悪い点）を、時間軸、社員のメンタリティ、世間からのレピュテーション、ボトムラインへの影響などを勘案しつつ見極めていく。そういう作業を進めなければならない。

その際には、経理財務、人事労務、法務の実務知識が不可欠となるとともに、事業や企業は何のために存在するのか、人や社会、さらには未来とどのように向き合うべきなのかといった、経営者リーダー自身の哲学、信条、価値観も問われることとなる。

そして三つめが、人の力を最大限に生かしうる、経営にとっての組織能力を構築するという、本書が扱う経営者リーダーの役割だ。経営学の領域においては「組織戦略（organizational strategy）」という戦略経営論の一分野に当たる内容となるが、これが本書で取り上げる経営者リーダーの使命にほかならない。

なぜ、この3番目の使命にフォーカスするのか。その理由を消去法的に説明するならば、第1の使命（役割）については、すでに多くの本が書かれている。前掲の『イノベーションのジレンマ』をはじめとするクリステンセンの3部作や、『両利きの経営』といった世界規模でのベストセラーはその代表例だろう。

また、第2の使命を果たすことは、いわば〝総合格闘技〟に挑むようなものであり、おそらく誰にも（少なくとも僕には）教科書は書けない。ちなみに、複数の「正しい」ことが存在していて答えが容易に見つからない「グレー領域」における倫理的な決断のあり方については、僕の先輩でもある、ハーバード・ビジネススクールのジョセフ・L・バダラッコによる『マネージング・イン・ザ・グレー』（山形浩生訳、丸善出版、２０１９年）という優れた著作があるが、そこで取り上げられているのは、第2の使命のうちの（最重要ではあるものの）狭い領域にしかすぎない。

第3の使命を取り上げる、より積極的な理由としては、これが経営学者としての僕自身の専門領域であり、なおかつこれまできちんとした教科書が世界中のどこでも書かれていないということが挙げられる。

もちろん経営全般についての組織能力の重要性について説かれた本はいくつも存在する。たとえば、世界的なベストセラーになった『ビジョナリー・カンパニー』シリーズはその典型だ。

しかし、同シリーズは、同じような業界でオペレーションをしていながら、明暗を分けた対照的な企業の比較をし、そこからの教訓をアネクドート（逸話）として引き出すというアプローチで書かれており、すばらしい示唆に富んだ著作ばかりではあるものの、必ずしも体系的ではない。まして、経営に求められる組織能力とは何かという定義、組織能力の構築における経営者の役割や、その際に経営者が利用できる梃子について系統立てて書かれた教科書となると、世界中のどこにも存在していないのではないかと思う（経営全般ではなく、生産管理・技術経営という分野においては、日本の研究者を中心に、優れた研究が多数存在する。たとえば、自動車産業において企業に求められる戦略と組織能力を、長年にわたる現場の丹念な調査研究で分析した早稲田大学教授・東京大学名誉教授の藤本隆宏氏の一連の著作は、その代表例と言えるだろう。『能力構築競争』〔中公新書、２００３年〕、『現場から見上げる企業戦略論』〔角川新書、２０１７年〕など）。

と言われても、そもそも経営に求められる組織能力とは一体何なのかと、読者のみなさんはいぶかしく思われるだろう。

一般的に言えば、組織能力とは「何らかのタスクを成し遂げるために組織に求められる能力」のことであり、組織において人の活動の集合体がつくり出す時系列プロセスによって形成される。この「人がつくり出すプロセス」には「よし悪し」があり、必要とされるタスクをうまく成し遂げられる「よい経営」と、タスクを成し遂げられない「悪い経営」がある。経営者リーダーの役割とは、経営全般にわたって、この組織プロセスに介入し、プロセスをうまく機能させることにほかならない。きわめて抽象的なもの言いで申し訳ないが、本書を通読後にこの文章を読み返していただけば、その意味はおわかりいただけるはずだ。

本書を読み進めていただくにあたっては、いくつかお断りが必要だ。

まずこの本は、あるタイプの読者の方が期待されるようなハウツーものではない。「ワン・ツー・スリーのステップに従ってアクションをとっていただければ、すばらしい経営の組織能力が構築されます」といった魔法を伝授するつもりはまったくないし、そんなことはそもそも不可能だ。経営がそんなハウツーもので対処できるものではないことは、実際の経営の一端に少しでも触れたことがある人であれば、理解いただけることだろう。

しかも、経営には、あらゆる企業や組織に当てはまる「普遍解」などなく、それぞれの企業や組織に合った「固有解」があるのみだ。自社がオペレートしている業界において求められている成功要因や、ベースとなっている技術の特性などによって、組織や経営のあり方はそれぞれ異なってくる。さらに言えば、企業や事業が何のために誰のために存在するかという経営者リーダーの哲学によっても、組織や経営のあり方は大きく異なりうる。

したがって、本書が目指しているのは、より一般的かつ抽象的な、経営というものに対する全体俯瞰《ふかん》的な理解（経営者にとって人や組織とは何か、それらを舵取りする経営とは何か）を深めていただくこと、そして、よりよい経営の実現に向けて、経営者リーダーは組織にどう介入しうるのか、経営者リーダーの役割と責任は何なのかという視座を獲得していただくことだ。

もう一つのお断りは、本書が基本的には、規模が大きく複雑な企業、とりわけ、複数の事業（マルチビジネス）を傘下に置く、多角化した企業の経営を分析の対象としているということだ。それは、僕の関心によってそうなっているわけではなく、これまでの理論的蓄積がそういう企業を主対象に行われてきたからだ。英語では「One solution does not fit all」と表現するが、どんな理論的枠組みも、残念ながらすべての事象をカバーすることはできない。だから本書からの直接的な示唆は、マルチビジネスを展開する企業に対して向けられたものとなることをあらかじめ留意いただきたい。ただし、本書で提示するコンテクスト・マネジメントという概念からは、シングルビジネスの経営者リーダーであっても、ビジネスとは無縁の行政や非営利組織の方々であっても、少なからぬ学びと気づきを得ていただけるものと確信している。

なお、本書では、経営の主体となる人を指す際に、しばしば「経営者リーダー」という言葉を使用する。経営は英語では「マネジメント」だから、経営者リーダーは英語に訳すと「マネジメント・リーダー」となる。だが、本来、マネジメントとリーダーシップは異なる概念で、マネジメントが主に課題を解決して組織の秩序を維持することを指すのに対し、リーダーシップは変革と創造に挑戦するためのものだ。だから本書では、「変革と創造に挑戦する経営者」という意図を込めて、経営者リーダーという呼称を用いている。

本書が扱う領域は経営政策全般にわたっており、かなりの広範囲に及ぶ。また、本書が提示する枠組みの理論構成は、読者のみなさんにとってあまりなじみのないものと思われるため、ブロックを積み重ねるように、ステップ・バイ・ステップで議論を展開していく。本書を読み進めるにあたって、全体の流れを頭に入れておいていただけるよう、あらかじめ構成を説明しておく。

まず序章では、組織とは何か、経営とは何かという問いを立てる。そのうえで、第1章では戦略論、とりわけ競争戦略論から、組織戦略論への橋渡しを試みる。

経営とは、よりよいことを持続的に成し遂げることだ。その大きな目的は、ふつうではない（つまり卓越した）業績を達成することにある。その要請に応えて、欧米ビジネススクール（MBA）教育の一つの柱である競争戦略論は、過去40年間にわたって、ふつうではない（extraordinary）レベルの収益を継続的に生み出す競争優位の源泉を探求してきた。そのアプローチは、ポジショニング理論、リソース・ベースト・ビュー、ブルー・オーシャンの枠組みなど実にさまざまで、百家争鳴と言ってもいい。

しかし本書は、現実の競争優位の源泉は、そういった戦略分析にあるのではなく、人がつくり出す活動から構成される組織内のプロセスにあると主張する。そして組織のプロセスは、経営者リーダーが意図的に、あるいは無意識的につくり出す経営のコンテクスト（文脈）によって誘発されるものであると考える。第1章では、こうした組織内のプロセスに注目しながら、究極的な優位性の源泉としての組織力・経営力について考察する。

第2章では、本書が理論的基礎を置くコンテクスト・マネジメントの概念を紹介する。この概念は、僕の師匠で共同研究者でもあったハーバード・ビジネススクールのジョセフ（ジョー）・バウワーが提唱したもので、経営と組織運営に取り組む経営者リーダーにとってきわめて示唆に富んでいる。けれども残念ながら、そしてとても不思議なことに、この枠組みは欧米でも日本でも体系立ててきちんと紹介されたことがない。

そこでこの章では、（「個人による」のではない）「組織による」意思決定のプロセスに目を向け、そこに経営者はどうかかわりうるのか、何を梃子にしてどのように介入しうるのかを問いながら、コンテクスト・マネジメントの枠組みを解説する。コンテクスト（文脈と一般には訳される）といってもわかりにくければ、「組織環境」と読み替えていただいてもいい。ただし、この章で見ていくのは、あくまでも意思決定のプロセスであり、その「よし悪し」については言及しない。つまり、記述的（descriptive）に組織行動を解明せんとするものだ。

第3章では、コンテクスト・マネジメントの枠組みをベースに議論を一歩前進させる。経営者リーダーの使命は「よい経営」を追求することにあり、より規範的（normative）な要請を受けている。この章では、「組織学習」という経営に求められるタスクの一つを取り上げ、「よい経営（学習する組織）」と「悪い経営（学習しない組織）」を分けるものは何なのかを、コンテクスト・マネジメントの枠組みに沿って解明する。

第4章と第5章では、少し観点を変え、いったんオーソドックスな議論に立ち戻る。現役の経営者リーダーや経営幹部の方にとってはやや食い足りない、初歩的な教科書のような内容に感じられる箇所も一部あるかもしれないが、第6章以降の議論に向けた導入として不可欠なので、ご容赦いただきたい。

第4章で検討するのは、20世紀における最大の経営イノベーションであった「事業部制」という経営プラクティス（慣行）だ。現代の企業は、事業の多角化と事業部制の導入にともなって経営のジレンマを抱え込むことになった。とりわけ大きく複雑な組織では、本社と事業部の間のコミュニケーションギャップが大きな挑戦を経営に突きつけている。この章では、そういう認識を出発点として、現代の企業がこの問題にどう向き合ってきたのかを、中期計画、年次予算、資源配分、業績評価といった経営管理システムを切り口に議論する。

第5章では、企業全体戦略という概念をレビューする。そして、そもそも経営とは何を目指すものなのかを、企業全体戦略の枠組みに沿って分析する。

経営が何を目指すのかは、「そもそも企業とは何で、誰のために存在するのか」という問いに対する答えによって異なる（至善館の経営修士カリキュラムでは、「企業論」という科目で、この問いに真正面から向き合う）が、ここでは、欧米流の株主価値経営を前提としながら議論を展開する（ちなみに、欧米で発祥した戦略論のほぼすべての枠組みは、株主価値経営を暗黙裡に受け入れているし、企業全体戦略の理論的枠組みも、株主価値を前提としたものしか世界には存在していない）。そのうえで本社と事業部の関係性に着目し、効率的な資源配分による財務業績の達成、リソースの共有やスキルの移転によるシナジーの実現、中長期的な視野に立った組織ならではのイノベーションの促進や新規事業の創出といった経営課題を抽出するとともに、それらを克服するための本社の役割を洗い出していく。


第6章では、前章までの議論を統合し、大規模かつ複雑な企業の経営が抱える複数の経営課題を改めて定義するとともに、それらに同時に向き合う際に求められる経営にとっての組織能力を概念化していく。ここでは、僕の人生の師であり、そして家族同然の間柄であった天才経営学者スマントラ・ゴシャール（故人、ロンドン・ビジネススクール教授／INSEAD〔インシアード〕教授、インド商科大学院〔ISB〕初代学長）が中心となってつくり上げたパラダイムを、僕なりに解釈・編集して紹介する。

スマントラと彼の研究パートナーたちの結論は、企業の組織能力を構築するのは、経営幹部たちが発揮する「経営者能力」であり、経営者リーダーが最も重視すべきは、経営幹部の行動を誘発する「組織行動のコンテクスト」と、それを支える「場の匂い」の創出・醸成《じょうせい》である、というものだ。そしてこの枠組みは、ジョー・バウワーが提唱したコンテクスト・マネジメントの考え方を踏《とう》襲《しゅう》するものでもある。

第7章では、21世紀の経営に目を転じ、ポスト産業資本主義へのパラダイムシフトについて考える。20世紀における価値創造の主体は組織だったが、21世紀における価値創造の主体は個人に変わりつつある。経営パラダイムも「個は組織に従う」から「組織は個に従う」にシフトしていく。

この変化をいち早く察知し、パラダイムシフトへの挑戦で先行しているのが、デジタル分野を牽引するメガベンチャー企業だ。この章では、「自由と責任」の文化を中心に据える経営の最前線を概観するとともに、ミレニアル世代やZ世代といった若い世代の仕事や職場に対する意識を掘り下げる。

最終章の第8章でも、引き続き21世紀の経営について見ていく。価値創造の源泉が組織から個人へと移る現在、経営者にとっての挑戦は、いかに優秀な人材をひきつけ、活躍させるかにある。ウォー・フォー・タレント（war for talent）の時代が到来して久しい。自律的で起業家精神にあふれた優秀な人材に自由と裁量を与える一方、その力を分散させず、組織の力へと結集させるためにはどうすればいいのか。その方法と経営者の役割を、コンテクスト・マネジメントの観点から考察する。

さらにこの章では、伝統的企業の経営が抱える「アクティブ・ノンアクション」という課題に目を向ける。なぜ能力のある優秀な個人が目先の課題に忙殺され、組織と経営が直面している本当の挑戦に向き合うことができないのかを考察し、個人の意志の力を解放し、経営の高みを目指すために経営者リーダーに課せられた使命を展望する。

改めて、各章に出てくるキーワードを列挙すると、以下のようになる。

序章：経営の質／組織能力／組織プロセス

第1章：競争優位の源泉／計画的戦略と創発的戦略／企業コンテクスト

第2章：組織による意思決定／意思決定の合理的行動主体モデル／意思決定のゴミ箱モデル／トップダウンvs.ボトムアップ／コンテクスト・マネジメント／戦略・経営管理・組織行動のコンテクスト／経営者による介入の梃子

第3章：学習する組織／個人の失敗と組織の失敗

第4章：機能別組織と事業部制組織／組織は戦略に従う／本社と事業部の関係／対話／戦略ベースの資源配分／オペレーティング・システム

第5章：事業レベル戦略と企業全体戦略／プロダクト・ポートフォリオ経営の問題点／本社による価値付与の類型／外部市場と競争する本社／組織の葛藤と経営のジレンマ

第6章：分配されたマネジャーの新たな役割と任務／場の匂い／組織能力から経営者能力へ／「振り子」のマネジメント

第7章：個人による価値創造／「組織は個に従う」という新しいパラダイム／自由と責任

第8章：遠心力と求心力／パーパスとバリュー／アクティブ・ノンアクション／モチベーションと意志力

このようにキーワードを羅列しただけでは、読者のみなさんには理解が到底及ばないだろう。何だか理屈っぽいなと敬遠される方もいるだろう。しかし、これらのキーワードは、過去数十年にわたって、欧米における経営政策理論が骨太につくり上げてきたものばかりだ。本書を読み進めていけば、その意味や相互の関連性が自ずと理解できるはずだし、これらのキーワードに対する理解が、実務に携わる経営者リーダーや経営幹部にとって欠かせないものであると納得していただけるはずだ。

さあ、出発しよう。

僕らの目の前に広がるのは、経営という、とてつもなく複雑で厄介で、しかし現代の経済社会において不可欠なチャレンジだ。すでに経営に責任を持つ立場にある方は自身と自社の現状にひきつけて、これから経営者リーダーを目指さんとする方は、自分を将来の立場に置いてみながら、ページをめくってほしい。

経営とは、批評家として三人称で語るものではなく、自分ならどうするか、自分はどうだろうかと、一人称で語るものだからだ。

至善館講義シリーズ

コンテクスト・マネジメント［目次］

Contents

第1章

競争優位は組織プロセスから生まれる

——戦略分析論から組織戦略論へ

第2章

組織による意思決定と行動のメカニズム

——コンテクスト・マネジメントという考え方

第3章 組織能力はいかにして形成されるか

——学習する組織／しない組織

第4章 組織の成長と経営のジレンマ
——組織と経営管理システムの有用性

第5章
企業と経営者が直面する経営の課題
——企業全体戦略と本社の役割

第6章

組織優位から経営者優位へ

――組織優位を構築するプロセスとマネジャーの行動

第7章

ポスト産業資本主義へのパラダイムシフト

――個と組織の関係性を再考する

第8章

21世紀型組織の経営

——コンテクストを示す、挑戦を後押しする

Prologue

序章

経営の質と組織能力

「よい経営」と「そこそこの経営」を分けるもの

経営には、「よい経営」と「そこそこの経営」がある。

読者のみなさんが率いる、あるいは属する企業の経営はどのレベルだろう。100点満点で採点するとしたら、何点ぐらいだろう。その際の採点基準は何だろう。自社には何ができていて、何が足りないのだろう。

そもそも100点の経営が満たすべき条件とは何なのだろう。

あなたにとって理想の経営とは、ベンチマークすべき事例とはどういうものなのだろう。

「経営の質」というものを意識し始めた瞬間、経営をめぐるリーダーシップの旅は始まる。

組織とは何か、経営とは何か

講義を始めるにあたって、組織とは何か、経営とは何かについてまず考えたいと思います。みなさんが経営者リーダーなら、こうした問いにどう答えられますか？　シンプルな問いに自分の言葉で答えることから経営者リーダーとしての挑戦は始まると僕は思っています。

そもそも組織とは何なのか。

組織とは、人と人が集まって生まれる協働体です。１人でできることをやるのなら協働体は必要ありません。１人ではできないことを成し遂げるために組織が生まれます。

かつて、経営学の始祖であるチェスター・バーナードはこんなふうに言いました。

――路傍に大きな石があって、１人では動かせない場合に、何人かが集まって動かす。それが協働の始まりである。

バーナードは１９３８年の著書 *The Functions of the Executive* の中で、組織を「二人以上の人々の意識的に調整された活動や諸力の体系」と定義し、協働意欲、共通目的、コミュニケーションが、成立のための3要素であると述べています（『新訳 経営者の役割』山本安次郎、田杉競、飯野春樹訳、ダイヤモンド社、1968年）。小難しい定義や要件はさておき、1人ではできないことが組織ではできるのです。すばらしいですね、組織って。

ただ、組織というのは厄介なものでもあります。みなさんは、組織の厄介ごとをどう認識・理解されておられますか。

1人でいる状態は自己完結していて気持ちが楽ですし、人は自分自身をかなりの程度は意志でコントロールできます。しかし、2人以上が集まると、1人でいるときには考えられないような困難に直面するのです。誤解、無理解、エゴイズム、駆け引き、政治、仲たがい、そういったさまざまなものが渦巻くのが組織です。

僕自身、NPO法人と学校法人の理事長という中小企業の社長みたいな仕事を20年以上やってきましたが、組織内では日々、「またかよ。勘弁してくれよ」と言いたくなるぐらい、面倒な出来事が続きます。

本講義を受けるにあたって、たえず念頭に置いておいていただきたいのは、組織は「1人ではできないことができるすばらしいものだけど、1人でいるときには考えられないことが起こる厄介なものだ」ということです。この組織の本質にこそ、経営者リーダーが対峙すべき挑戦、そして希望と苦悩が隠されているのです。そんな組織をうまく使いこなすこと、それが経営にほかなりません。きわめてシンプルな定義でいえば、経営とは「人を通じて事をなす」ことであり、経営者とは、どうすれば組織を通じて「よりよいこと」を持続的になせるのかを考え実現する存在です。それが、僕が考える経営の定義であり、経営者リーダーの役割と責務についての解釈です。

ところで、ここでの「よりよいこと」の中身は、企業の本質についての理解や、企業の存在意義の設定の仕方によって異なることにご留意ください。過去数十年、世界の主流であった米国流の株主価値経営の判断軸に照らせば、よりよいこととは株主価値を向上（最大化）させることに尽きます。戦略論の基本的な考え方においても、よりよいこととは平均以上の「ふつうではない利益（extraordinary return）」を得ること、簡単に言えば「お金もうけ」を指しています。それを、組織を使いながら持続的に追求していくのが経営ということになります。でも僕自身は、こうした考え方にはまったく賛同しません。お金もうけは結果であり、事業活動を持続させるための手段にしかすぎません。手段であるお金を（結果として）生み続けながら、企業の社会におけるパーパス（目的）を実現していくことがよりよいことであると考えるのです。この点は、本講義の守備範囲外ではありますが、みなさんには忘れずに問い続けていただきたい点です。

本筋に戻ると、組織にはもう一つ大切な役割があります。経済学者は組織を「市場が失敗する場合に存在する劣位の代替物」のように扱いますが、僕たち経営学者はそんなふうには考えません。組織には市場を上回る優位性があるのです。市場におけるその場限りの取引（オン・スポットでの交換）だけでは実現できないことが組織にはできるのです。

それはイノベーションを起こすことです。市場自体にはイノベーションを起こす力はないけれども、組織では、市場と対峙・協働しながらイノベーションを起こすことができます。というのも、組織は知恵の貯蔵庫（reservoir）だからです。組織の中には、たとえ人が入れ替わってもノウハウやナレッジやスキルが残ります。

特に産業革命以降は、知恵の貯蔵庫としての組織が生み出してきたイノベーションの集積が人類の歴史をつくってきました。鉄道などはその典型例です。現代では、イノベーションの担い手が企業から起業家にシフトしていますが、生産設備や流通システムを有する企業には、個人の起業家には起こせないイノベーションを実現する能力があります。特に脱炭素革命などのサステナビリティ領域では、AIやデジタルによるサイバー空間上のイノベーションとは違って、リアルな設備投資が不可欠であり、その意味でも、組織によるイノベーションには大きなポテンシャルが広がっていると思います。だから、経営とは、組織が持つ知恵をうまく使いながら、「組織ならでは」のイノベーションを起こしていくことだとも言えるでしょう。

経営者リーダーの役割とは

組織が1人ではできないことをなすための協働体であり、経営が人を通じて（持続的に）よりよいことをなし、同時に組織ならではのイノベーションを起こしていくことだとしたら、経営者リーダーの役割とはどういうものでしょうか。

それは、「経営の質（quality of management）」を向上させることだと僕は思います。

「経営の質」という言葉は日本ではなじみがありませんが、欧米のビジネスでは頻繁に使われる用語の一つです。商品やサービスにクオリティがあるように、経営にもクオリティがあるのです。そして世の中には、質の高い経営と質の低い経営が存在しています。もっとも、本当にひどい経営ならば、その企業は長続きできませんから、世の中にはエクセレントな（卓越した）経営と、そこそこでしかない（凡庸な）経営が存在していると言う方が正確でしょうか。

日本企業の経営者や経営幹部は、自社の商品やサービスの質を高めるためにものすごく努力をします。現場に対してもカイゼンに向けた努力を要求します。だけども、あまり経営の質には注意を払っていないように思います。とりわけ、創業者ではないサラリーパーソンの経営者は経営の質についてあまり深く考えてこなかったと思うのです。

どうしてでしょう？

僕らは買い物をするときに商品を選びますよね。自動車を買う場合なら、複数のメーカーが製造販売しているいろいろな自動車を比較して、その中からコスト対比で質の高いものを選びます。サービスを選ぶときも同じです。いろいろな会社のサービスを比較して、より質の高いものを選ぶ。

だけど、経営の質に関しては違います。

日本のビジネスパーソンの大半は、就職したらずっと同じ会社に所属し続けますから、自社の経営と他社の経営を比較する機会は、出向でもしない限り、滅多にありません。とりわけ現在、経営幹部になっているような人たちの大多数はそうです。もちろん、研修や読書を通じて他の先進企業、たとえばユニリーバやグーグルの経営について学ぶことはあるでしょう。でも、たいていは表面的な理解にとどまってしまい、経営の質の違いが本当はどのようなもので、その違いにどんな意味があるのかが肌感覚ではわからないのです。

また、日本企業の多くはジェネラリスト養成を重視してきましたが、経営という全体がわかる人を本当に養成してきたのかというと必ずしもそうではないと思います。営業一筋、技術一筋、人事一筋といった人が出世して、経営の全体像を十分に理解しないまま、トップに登り詰めていってしまう例は多々あります。これでは、トップになっても自社の経営の質すら十分に体感しようがない。

例外は転職を経験された方々です。特に、伝統を重んじる日本の企業から外資系企業に（あるいはその逆パターンで）転職したような人は、行った先でいろいろな違いを感じます。業務のスピード感が違う。情報共有の仕方が違う。経営者が人や組織をグリップする際のエネルギーが違う。そういったことを体感するでしょうし、これこそが経営の質によって生み出される違いなのです。

経営が人を通じて事をなすことだとすれば、経営の質というのは、人と組織の力をよりよく引き出すものです。ある会社では、社員がみんな前向きで、生き生きと働いていて、新しい商品やサービスが次々に開発され、世に送り出されている。ところが、別の会社ではなかなかそうはいかない。これが経営の質の違いであり、商品やサービスを生み出すというタスクについて言えば、タスクを遂行する「組織能力（organizational capability）」の違いです。経営の質の違いの根底には組織能力の差があるのです。

だとしたら、経営者リーダーの役割と責務とはどんなことでしょうか。それは、経営の質にこだわり、組織能力を向上させることだと言えるでしょう。具体的には、自身の裁量によって変えうる（変わりうる）経営の変数を梃子（levers for managerial intervention）としてとらえ、そこに介入することで組織能力を構築し、向上させることにほかなりません。

この経営の変数に関しては、マッキンゼー・アンド・カンパニーの「7S」という有名なフレームワークがあります。もともとは『エクセレント・カンパニー』（T・J・ピーターズ、R・H・ウォーターマン／大前研一訳、講談社、1983年）というベストセラーの中で紹介されたものです。経営は、「strategy（戦略）」「structure（構造）」「system（システム）」といった、よく議論される、ハードで目に見える（ビジブルな）要素に加えて、もっとソフトで目に見えにくい（インビジブルな）「style（スタイル）」「skill（スキル）」「staff（スタッフ）」「shared value（共通の価値観）」といった要素からも成り立っており、経営者はこの七つの変数すべてに目を向けるべきだと説明されています。

この7Sは、経営の主要な要素をもれなくダブリなく網羅したチェックリストであり、経営者リーダーの役割と責務は、こういった要素をいろいろといじりながら、経営全般にとっての組織能力を構築し、経営の質を高めていくものだというふうに考えていただければと思います。

では、何が「求められる」経営の質なのか。経営の質を高めるために、具体的には何をどうやっていくのか。何が経営に求められる組織能力で、それをどう構築していくのか。これらがこの講義全体を貫くテーマです。扱う事象が複雑なので、シンプルに説明するのはなかなか難しいのですが、ブロックを積み重ねていくような形で、段階を踏んでお話ししていきたいと思います。

プロセス学派の系譜と本講義の狙い

本論に入っていく前に、経営学者としての僕が属している学派、ハーバード・ビジネススクールにおける「経営政策のプロセス学派（process school of business policy）」について述べさせてください。というのも、この講義は僕の完全なオリジナルではないからです。

経営政策のプロセス学派をハーバードで打ち立てたのは、僕の師匠のジョセフ（ジョー）・バウワーという経営学者です。ジョーが指導教官となって、多くの経営学者が巣立ってゆきました。中でも有名なのが、C・K・プラハラード（故人、ミシガン大学ビジネススクール教授）とイブ・ドーズ（INSEAD名誉教授）であり、彼らは「I－Rフレームワーク」を提示したことで知られます。

これは、国際市場に進出する多国籍企業はグローバル統合（integration）とローカル適合（responsiveness）という二つの圧力にさらされるという考え方をベースとしたグローバル経営のフレームワークです。また、C・Kはゲイリー・ハメル（ロンドン・ビジネススクール客員教授）とともに、企業の中核となる強みを意味する「コアコンピタンス（core competence）」という概念を生み出し、一世を風靡《ふうび》した学者でもあります（ゲイリー・ハメル、C・K・プラハラード『コア・コンピタンス経営』一條和生訳、日経ビジネス人文庫、２００１年［原著は *Competing for the Future*, 1994］）。「ボトム・オブ・ザ・ピラミッド」という概念も彼の造語です。

さらに、このC・Kとイブの先駆的研究から多くを受け継いだのが、クリストファー（クリス）・バートレット（ハーバード・ビジネススクール名誉教授）とスマントラ・ゴシャール（故人、元ロンドン・ビジネススクール教授／INSEAD教授）です。

世界各地の多国籍企業を比較研究したクリスとスマントラは、グローバル経営において鍵を握るのは、戦略分析ではなく、組織能力の構築であると主張しました。多国籍企業は、グローバル統合とローカル適合という相互に矛盾する戦略要件に加えて、世界規模での学習という戦略要件も同時に実現しなくてはなりません。この「トランスナショナルなソリューション（transnational solution）」を実現するためには、「統合され、分散されたネットワーク（integrated differentiated network）」という新たな組織能力を身につけなければならないと彼らは説いたのです。

２人の共著 *Managing Across Borders*（邦訳『地球市場時代の企業戦略』吉原英樹監訳、日本経済新聞社、１９

90年）は世界的ベストセラーとなり、このフレームワークは国際経営論において一時代を築きました。過去30年に世界のビジネススクールで、「グローバル戦略と経営」の講義を受けられた人たちは、何らかの形で、この2人のフレームワークに触れておられていると思いますし、今もこの本を代替するグローバル経営の指南書は生まれていません。至善館でも、「グローバル戦略と経営」という選択科目を英語で教えていますが、基本的な構成はこのフレームワークに沿っています。

スマントラとクリスはその後、グローバルという文脈から離れ、より一般的な経営のあり方とリーダーシップのあるべき姿を探求していったのですが、その中から生まれた彼らの共著『[新装版]個を活かす企業』（グロービス経営大学院訳、ダイヤモンド社、2007年）や、スマントラとハイケ・ブルックの共著『アクション・バイアス』（野田智義訳、東洋経済新報社、2015年／オリジナルは『意志力革命』のタイトルでランダムハウス講談社から2005年に刊行）で展開されているパラダイムを、この僕の講義では全面的に援用しています。その意味で、この講義は、プロセス学派のこれまでの蓄積を、僕なりに体系立てて総括したものです。

プロセス学派に共通している主張は、戦略分析ではなく、人と組織にこそ、そして「組織プロセス（organizational process）」にこそ、本当の競争優位があるというものです（僕の研究者としての歩み・格闘とともに、あとがきで詳述）。組織プロセスという概念はややわかりにくいかもしれませんが、たとえば顧客のニーズを見いだして、商品やサービスを開発し、市場に投入していくのが、組織内における新規事業開発のプロセスです。ある事業ユニットで保有している技術を、他の事業ユニットが抱える課題に組織横断的に活用し、課題を解決していくのも組織におけるプロセスです。グローバル経営においては、本国で生まれた製品・サービスを、海外子会社がオペレートしている地域の特性に合わせてローカライズしていくのもプロセスですし、逆にローカライズしすぎて、より広範囲なエリア全体の戦略が損なわれてしまっているときに、海外子会社の活動を統一（リージョナライゼーション）していくのもプロセスです。

では、プロセスはどうやってつくり出されるのかといえば、当然ながら、組織内（外）で働く人の行動（アクション）によってつくり出されます。一つのプロセスには通常は多くの人がかかわりますから、人々のやりとりや協働の集合体がプロセスを構成します。こうした見方は、「組織は人が集まって生まれる協働体である」「経営は人を通じて事をなすこと」という先ほどの定義と重なっています。プロセス学派は、この「人がつくり出すプロセス」こそが、経営の質を左右し、組織能力のレベルを規定するものであると考え、どうすれば経営者はこのプロセスにうまく介入し、人々の望ましいアクションやりとり、さらには協働を誘発できるのかを真剣に考えるのです。

少し抽象的な話から講義を始めてしまいましたが、次回の講義では、具体的な事例に引きつけて、この点を議論していきます。

Chapter 1

第1章

競争優位は組織プロセスから生まれる

戦略分析論から組織戦略論へ

経営は格闘技だ。よい商品やサービスを提供し、顧客の支持を得て、結果としてリターンを得ることを何より求められる。でも成功は、たえず他者（他社）からの模倣を呼び起こす。また、顧客のニーズやウォンツはたえず進化し、競争環境もたえず変化していく。そのような現実の中、経営者は、イノベーションとも向き合いながら利益をあげ、中長期にわたっての事業の拡大、企業の成長を実現しようとする。

では、事業や経営の成功を生み出すものは一体何なのだろうか。経営者にとっての挑戦とは何なのだろうか。

こうした問いを立てたとき、必ず引用されるのが、欧米ビジネススクール発祥の戦略分析論だ。しかし、その理論や枠組みはどの程度有効なのだろうか。戦略分析論は、本書のテーマである組織能力の構築や向上に果たして役立つのだろうか。

読者の中に、ＭＢＡ教育の基本に触れたことのある方がいれば、まずは自分自身の頭で考えてみてほしい。

戦略分析論をレビューする

経営の質や組織能力の議論に入っていく前に、かなり回り道をします。何をするかというと、至善館1年次の必修科目「戦略分析と戦略思考」で学んだ競争戦略における戦略分析論（strategic analysis）のおさらいをごくごく簡単にやっておきます。そのうえで、戦略分析論の効用と限界を明確にし、組織プロセスがなぜ重要なのかを説明していきたいと思います。

戦略分析論といえば、ハーバード・ビジネススクール教授のマイケル・E・ポーターが有名ですね。もともとポーターは、僕の師匠であるジョー・バウワーと同じハーバードの経営政策グループに属していました。この経営政策グループは、伝統的にSWOT分析などの戦略策定の枠組みも提唱してきたのですが、ポーターは経済学（産業組織論）というディシプリンをこの戦略策定に持ち込み、その後、伝統的な経営政策グループとは袂《たもと》を分かつことになりました。

それはさておき、ここでは戦略経営の目的を、他社よりも優れた戦略を策定実行し、ふつうではない収益をあげること、ふつうよりお金をたくさんもうけることと簡略に定義しておきましょう。さて、みなさん、ポーターは、どうやったらお金がもうかると言っていますか？「戦略分析と戦略思考」の科目でどう学ばれましたか？

ミナミ　コストリーダーシップ戦略と差別化戦略、それからターゲットを絞り込んでコストや差別化に集中する戦略だったと思います。

野田　コストリーダーシップと差別化、それはポーターが掲げた基本戦略（generic strategy）で、「その業界の中でどうやって戦いますか」という話ですね。その手前にも重要なことがあるでしょう。

ミナミ　「5フォース（five forces）」ですか。

野田　5フォースとは何ですか？

ミナミ　業界の構造を、既存の企業同士の競争、売り手の交渉力、買い手の交渉力、新規参入の脅威、代替製品・サービスの脅威という五つの競争要因を指標にして分析するツールです。

野田　業界の構造を分析して何をするのでしたっけ？

ミナミ　自社が置かれている環境や自社が取るべきポジションについて考えます。

野田　業界の構造を知ることがどうしてお金もうけにつながるのでしょう。

ミナミ　自社の強みや弱みがわかって、打ち手が見えてくるのかなと思います。

野田　よく勉強されましたね。だけど、エッセンスを端的に説明できているかというと、やや物足りないですね。ほかに5フォースについて説明できる人は？

エガシラ　自社を取り巻く競争要因とのパワーバランスの中で、自分たちが見つけられそうなチャンスや、さらされている脅威を多角的にとらえるためのツールかなと。

野田　経営のフレームワークというのは、できれば自分の子どもにも説明できるぐらいシンプルに理解していないとなかなか使えません。お二人が言われたことはけっして間違いではないのですが、もう一段シンプルに説明できるといいですね。

マイケル・ポーターは、お金をもうけるための戦い方を二段構えでとらえました。一つは、さっきミナミさんがおっしゃったコストリーダーシップと差別化という戦い方です。だけど、その前提として「どの業界を選ぶか」がすごく重要になるとポーターは言っています。いい業界を選び、その中でいいポジション取りをして、いい戦い方をする。それが「ポジショニング」という考え方で、ポーターはポジショニング学派の代表格です。

かつてのアメリカの産業界では、企業買収による多角化などが日常茶飯事でした。だから日本と比べると、一つの業界にいてずっと頑張り続けるといった発想は薄いのです。極端に言えば、やってきた業界がうまくいかなくなったら、さっさと撤退し、違う業界に移りましょうという発想がどこかにあるように思います。であればこそ、経営者は自分が戦う業界を慎重に選ばないといけません。

そんなアメリカの経営者にとっての問題意識は、「業界には魅力的な業界とそうでない業界がある」というものです。ある業界では経営者があまり努力しなくてもお金もうけができるけれども、ある業界では誰がどんなに努力しても報われない。それがわかっているからこそ、5フォースというツールが重要になるのです。最初にボタンを押し間違えると、とんでもない目に遭うことになりますから。

日本のビジネスパーソンはあまり業界分析をしません。だって、ほとんどの人は就職したら、ずっと同じ業界で働き続けるわけですから。だけど、いい業界を選ばなければ、どんなに頑張ってももうかりません。逆に、いい業界を選べば、そんなに努力をしなくても、もうかるのです。僕が20代の頃、5フォースについて学んだときに抱いた印象は、「世の中は不公平だな」「就職するとき（自分がこれから所属する業界を決めるとき）に知っておきたかったな」というものでした（笑）。

不完全競争状態をつくり出す

では、業界の魅力度はどう決まるのか。経済学の原則はシンプルです。競争が激しければもうからず、そうでなければ利益があがるのです。でも、マイケル・ポーターの戦略分析論はここで一捻《ひとひね》りがあります。企業の競争というと、ふつうは「ソニー対パナソニック」「アメリカン航空対ユナイテッド航空」といった構図を思い浮かべるでしょう。だけど、ポーターの見方は違っていて、競争相手は業界内の同業者だけじゃないというふうに考えます。

どういうことか。ある産業が有望視されるようになると、その業界には多くの人々が、まるで蜜に群がるハチのように集まってきます。たとえば、新型の感染症が発生してアルコール消毒液の需要が高まると、たくさんの会社が「これは、おいしそうだ（もうかりそうだ）」と思って一斉にアルコール消毒液を製造し始めるように。

だけど、アルコール消毒液という蜜に向かって集まってくるハチはメーカーだけではありません。サプライヤー企業は「もうかっているなら、材料をもっと高く買ってほしい」というふうに言う。買い手の消費者は「もうかっているなら値段を安くしろ」というふうに言う。それから新規参入者が登場して、既存メーカー間の競争に割って入ろうとする。さらには代替品を提供しようとする企業も現れて、「こっちに、似ていてもっと有効な商品がありますよ」というふうに虎視眈々とチャンスをうかがう。

つまり、業界にお金をもうける機会があれば、買い手も売り手も新規参入者も代替商品・サービスの提供者も、そこに群がってくるという意味では競争相手に当たります。これを「拡張された競争の概念（extended concept of competition）」といいます。

したがって、どうすればいいか。新規参入者を排除するために、パテントを取って参入障壁を高くする。代替品に関しては、自分たちの商品を際立たせて差異を創り出して脅威を下げる。サプライヤーはできるだけ分散させて、それぞれの交渉力を弱める。カスタマーには商品のよさを刷り込んでロイヤルティを高めてもらう、あるいは、使い勝手のよさや付随サービスの魅力によってスイッチングコストを上げる。そうしたことが可能かどうか、実際にできているかどうかによって、業界全体の利益構造が決まります。

経済学者（厚生経済学者）たちは従来、経済政策の立場から、いかに完全競争に近い状態を実現して公共の福祉を増進していくかを考えてきました。これに対してポーターは、ロジックを逆さにして、企業が不完全競争状態をつくり出すことで、平均以上の利益をあげうる条件を提示したのです。天才的な発想といえばそうですが、どこか複雑といえば複雑ですね（笑）。

コストを下げつつ、顧客便益を高められるか

じゃあ、業界の中に入っていった後はどうやってもうけるのか。顧客にとっての価値をどんなふうに提供し、もうかる仕組みをどうやってつくっていくか。それが、一番初めにミナミさんがおっしゃった基本戦略（generic strategy）ですね。市場全体で戦うのか、自分を守り抜きやすいニッチを探すのかを決め、そのうえで、コストリーダーシップや差別化によって競争優位を確立する。自社の事業を守り抜きやすいポジショニングを明確にすることによって、業界平均以上の収益率をあげることができます。

けれどもこれ、わざわざビジネススクールに通って勉強しなくても、ある程度は直感的にわかることだと思いませんか。僕のおじいちゃんは、京都で丁稚奉公《でっちぼうこう》から始めて事業を起こした起業家でしたが、ふつうではないリターンを得て成功するためには、「人より安くつくって利益を増やす」か、「人より高く売って利益を増やす」しかないと、昔から言っていました。ここで言う、コスト

図表1－1｜競争優位の源泉

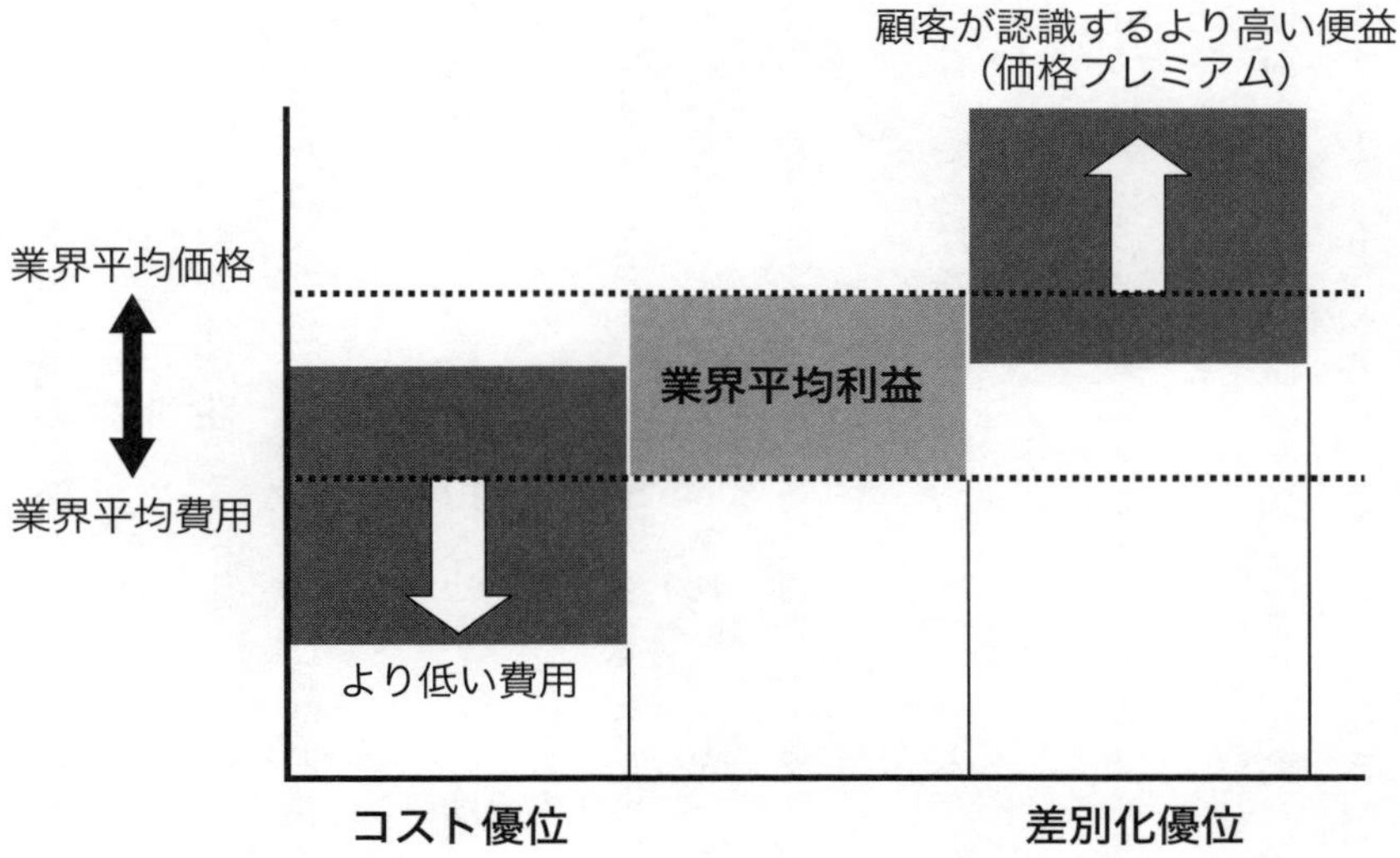

優位と差別化優位ですね（図表1－1）。

もちろん、そのための方法は考えなくてはいけません。コスト優位の実現に向けては、規模の利益といったことも真っ先に考えられますが、一番の鍵となるのは「経験曲線（experience curve）」です。これは、単位当たりの生産コストの対数は、累積生産量が2倍に増える度に一定の比率（20～30%）で低下するという効果を示すものです。ボストンコンサルティンググループ（BCG）を設立したブルース・ヘンダーソンが1960年代に理論化しました。

その頃は、日本企業がさかんにアメリカにラジオを輸出していて、値段がとても安かったことから、「ダンピングをしているのではないか」と批判されていました。でも、日本のメーカーはダンピングをしていたのではなくて、コスト構造が低く抑えられていたのでしょうね。それは、日本メーカーが利益率よりもマーケットシェアを優先していたからです。マーケットシェアを重視すると生産量が多くなり、結果的に「学習の経済性（economics of learning）」が働いて、単位当たりの製造コストが低くなります。この原理は文字通りの大発見で、経験曲線は60年代後半の戦略論における金字塔となりました。

これに対し、差別化優位を実現させるためには、ほかよりいいものをつくって顧客便益を高め、高く売ります。まじめな日本人はよく「いいものを安く」と言いがちですけども、いいものは高く売るものです。もちろん、いいものをつくるためにはいろいろな工夫が必要になるので製造コストも上がるのが通常です。だけど、それ以上の売り値をつけられれば利益が多く残るわけですね。つまり、業界平均を超えた、ふつうではないリターンが得られるわけです。

さて、ここでみなさんにお聞きします。僕の友人に少し欲張りな人間がいて、こんなふうに議論をふっかけてきたとしましょう。

「コストリーダーシップ戦略とか差別化戦略とか言うけど、コストを下げて、差別化もすれば、もっともうかるのでは？」と。

顧客便益を向上させて値段を高く設定し、なおかつコストを下げれば、ポーターの基本戦略を地道に追求するよりもうかるじゃないか。みなさん、どう思いますか。そういうことはできますか。

ナザーラ　技術イノベーションがあれば、容易にできると思います。

野田　その通りです。技術イノベーションは、コストと品質という既存のトレードオフを解決できますからね。では、技術イノベーションをともなわない場合でも可能でしょうか。

シマノ　私はそれでもできると思います。ある商品のコストを下げて競争力を確保し、それで得た利益をプレミアム商品の差別化に回す。そういうサイクルをつくります。

野田　よくあるパターンは「第2ブランド」をつくるというやり方ですね。トヨタの「レクサス」や資生堂の「クレ・ド・ポー　ボーテ」のような高級ブランドをつくって高いものを売る。ほかにありますか。

フクムラ　コストを下げて浮いたリソースを使って、別の業態に打って出るとか。

野田　それは新規のビジネスを立ち上げるという形ですね。同じ業態、同じビジネスでできるやり方は？

ナザーラ　まずコスト優位を獲得してマーケットの独占状態をつくり、そこから価格を上げていくというやり方があると思います。

野田　独占禁止法に抵触しない限り可能ですね。ただ、新規参入の可能性がたえずありますから、自社の製品やサービスを業界スタンダードにしてしまうとか、パテントでマーケットを独占するとか、独占状況を持続する方法を考えなくてはいけない。ほかには？

トヤマ　ハンバーガーにたとえて言えば、ピクルスを抜いちゃって、浮いたコストをパンに投資して、商品としての差別化を図る。そういうのはどうですか。

野田　なるほど、うちのハンバーガーはよけいなものは入っていません。バンズとパテだけで勝負しています、そういう感じですね。

ホリウチ　ナイキがそうだと思うんですけども、自社は商品設計やマーケティングに特化して、製造は途上国にアウトソーシングしてしまうようなことができれば、低コストと差別化は両立するんじゃないかと思います。

野田　その通りですね。スウォッチのような時計メーカーも同じですね。

スタック・イン・ザ・ミドルという落とし穴

みなさんがおっしゃるように、技術イノベーションがなくとも、強力なブランドを確立する、あるいは第2ブランドをつくる、バリューチェーンの一部をアウトソーシングしてしまうといったやり方をすれば、低コストと差別化の両立は、少なくとも当面は実現できます。

だけども、戦略分析の講義でも議論されたかと思いますが、かつてマイケル・ポーターは、基本的に両立は「できない」「すべきでない」と言っていたのです。

それぞれの基本戦略は競争優位をつくり出し、維持していくうえでの根本的に異なるアプローチであって、一般的に企業はこれらの基本戦略の中から一つを選ばなければならない。さもなければ、その戦略は中途半端なものに終わってしまう。中途半端な戦略ポジションでは、通常、業界平均を上回るような業績は望めない。そんなふうにポーターは警鐘を鳴らし、中途半端に終わることを「スタック・イン・ザ・ミドル（stuck in the middle）」と表現しました（『競争優位の戦略』土岐坤、中辻萬治、小野寺武夫訳、ダイヤモンド社、１９８５年／同書では、「中途半端に終わる」ではなく、「窮地に立つ」と訳されている）。

その理由は、それぞれの基本戦略におけるバリューチェーンの設計ロジックの違いにあります。たとえば、コストリーダーシップ戦略の実行にあたっては、製造工程を考慮して商品を設計し、標準化したやり方で大量生産し、プロセスイノベーションを重視します。そして、マーケットへの浸透を図って価格を設定し、商品を大規模に流通させます。したがって、この戦略の実行に欠かせないのは、ヒエラルキカルで集権的な組織運営です。

他方、差別化戦略の実行に際しては、顧客のニーズに応えられるように、クロスファンクショナルチームによって新商品を迅速に開発し、商品のカスタマイゼーションを可能にしていく必要があります。原材料の品質や商品のイメージにもこだわらなくてはなりませんし、アフターサービスの徹底も欠かせません。

こうした違いがあるため、コストリーダーシップと差別化を同時に実現しようとすると、バリューチェーンやマネジメントの設計と運営に混乱をきたすというふうに考えられたのですね。実際、かつてビジネススクールで学んだ人は、基本戦略はどちらかを選択すべきだと教わったはずです。

価値(バリュー)のイノベーションによる克服

ところが、1990年代後半に入ると、コストを下げると同時に顧客便益を高めることはできると主張する戦略分析論が登場します。それは、技術イノベーションではなく、「価値のイノベーション(バリューイノベーション)」によって実現できるのだという考え方に立ったフレームワークであり、みなさんがすでに習った「ブルー・オーシャン戦略」です。

この枠組みを提唱したのは、フランスのINSEADで僕がとても親しくしていた韓国人のチャン・キムと、もともとは彼の研究助手だったアメリカ人のレネ・モボルニュです。彼らは、血で血を洗うような既存市場(赤い海)にとどまるのではなく、競争のない新しい市場(青い海)を切り拓くべきだと説き、経営のグルになりました。いまやブルー・オーシャンはビジネスの日常用語です。

このフレームワークによってチャンたちが提示したのは、それまでの戦略分析論に対するアンチテーゼでした。

ふつうではないリターンは何から生まれるかと問われた場合、ポーター流の戦略分析論では、5フォースが示す魅力的な産業におけるポジショニング、コストリーダーシップや差別化によってもたらされる競争優位から生まれると考えます。

また、企業内部の経営資源（リソース）に「競争優位の源泉（sources of competitive advantage）」を求めるという考え方も、チャン・キムらに先立って展開されていました。これは、前に名前を挙げた僕の兄弟子、C・K・プラハラードとゲイリー・ハメルがコアコンピタンスの概念を提唱したのをきっかけに、多くの経営学者が、経済学におけるレント（超過利潤）の考え方を援用しながら、「リソース・ベースト・ビュー（resource-based view：RBV）」という戦略分析論として確立したものです。このRBV流派では、多くの学者が少しずつ違った提案をしていますが、第一人者のジェイ・バーニーは、競争優位を確立するためには、企業が持つ経営資源を「経済的価値（value）」「希少性（rarity）」「模倣困難性（inimitability）」「組織（organization）」といった項目からチェックすべきだと説いており、頭文字をとって「VRIO分析」と呼ばれています。

このポジショニングとRBVという戦略分析論の二つの流派に対して、論争を仕掛けたのがチャンたちであり、高収益は、価値のイノベーションによって競争のルールを変えることで生まれると唱えたのです（図表1−2）。

すでに戦略分析の講義を受けられたみなさんにとっては復習となりますが、僕が1998年に、INSEADの必修科目の戦略経営論で、チャンたちと一緒に行っていたセッションの中身を改めて紹介しましょう。扱っていたのは、1985年当時のフランスにおける格安ホテルに関する事例でした。

図表1－2｜高収益はどこから生まれるか

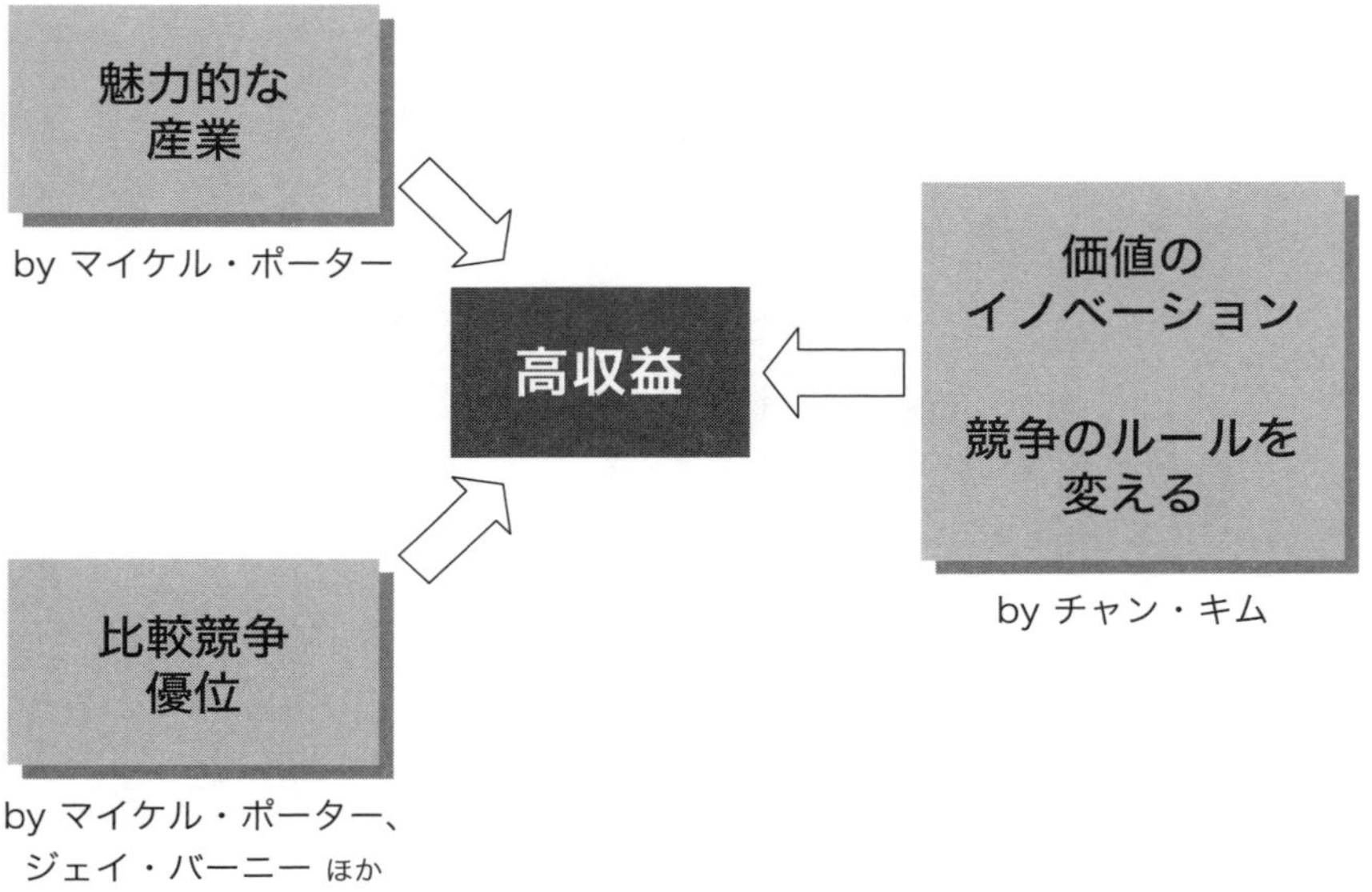

当時のフランスの格安ホテル業界は不況と過剰な収容能力に悩まされていました。最良のロケーションはすべて既存のホテルに占有されていて、パリで言えば、モンマルトル、セーヌ川左岸、ノートルダム寺院周辺、シテ島といった人気のある場所は、どこもかしこも格安ホテルでいっぱいでした。当然、無数の競争相手がいるから、ぜんぜんもうかりません。しかも格安ホテルの多くは家族経営なので、商売から撤退するのは家族の人生が終わるときです。つまり、もうかっていないホテルも延々と営業し続けます。

こんな業界にあなたは参入しますか。参入するとしたら、どんな戦略を立てますか。これが、INSEADのセッションで最初に僕とチャンが学生たちに投げかけていた問いです。パクさん、1年次の講義を思い出してください。どう答えられますか。

パク　宿泊料が安いという前提での議論ですよね。

野田　はい。フランスにはホテルのグレードを星の数で表すシステムがあります。格安ホテルは一つ星で宿泊料は当時4000～8000円ぐらい。その上の二つ星は8000円～1万5000円ぐらい、最上級の三つ星はそのずっと上です。

パク　二つ星並みのサービスを一つ星の料金で提供するというのは。

野田　いい発想ですね。だけど、ポーターが言っていた中途半端（スタック・イン・ザ・ミドル）は起きないですか。

パク　戦略分析の講義では、提供するものにメリハリをつけると習いました。

野田　パクさんが経営者や支配人であれば、一般的にホテルを新たにオープンするとき、どんなことを考慮しますか。競争するにあたって、ホテルのどんな要素を売り物にしますか。

パク　立地、部屋の広さ、価格、それから清潔さでしょうか。

野田　ほかには？

パク　あとは快適なベッドがあるかどうかとかです。

野田　そうですね。一般的にホテルが売り物にしているのは、飲食施設、建築美、ロビーの魅力、客室の広さ、フロントのサービス・対応、家具・部屋の調度類、ベッドの質、衛生、静かさ、料金といった要素ですね。**図表1－3**のように、これらを横軸に並べて、縦軸でそれぞれの相対的水準

図表1-3｜フォルミュル1のバリューカーブ

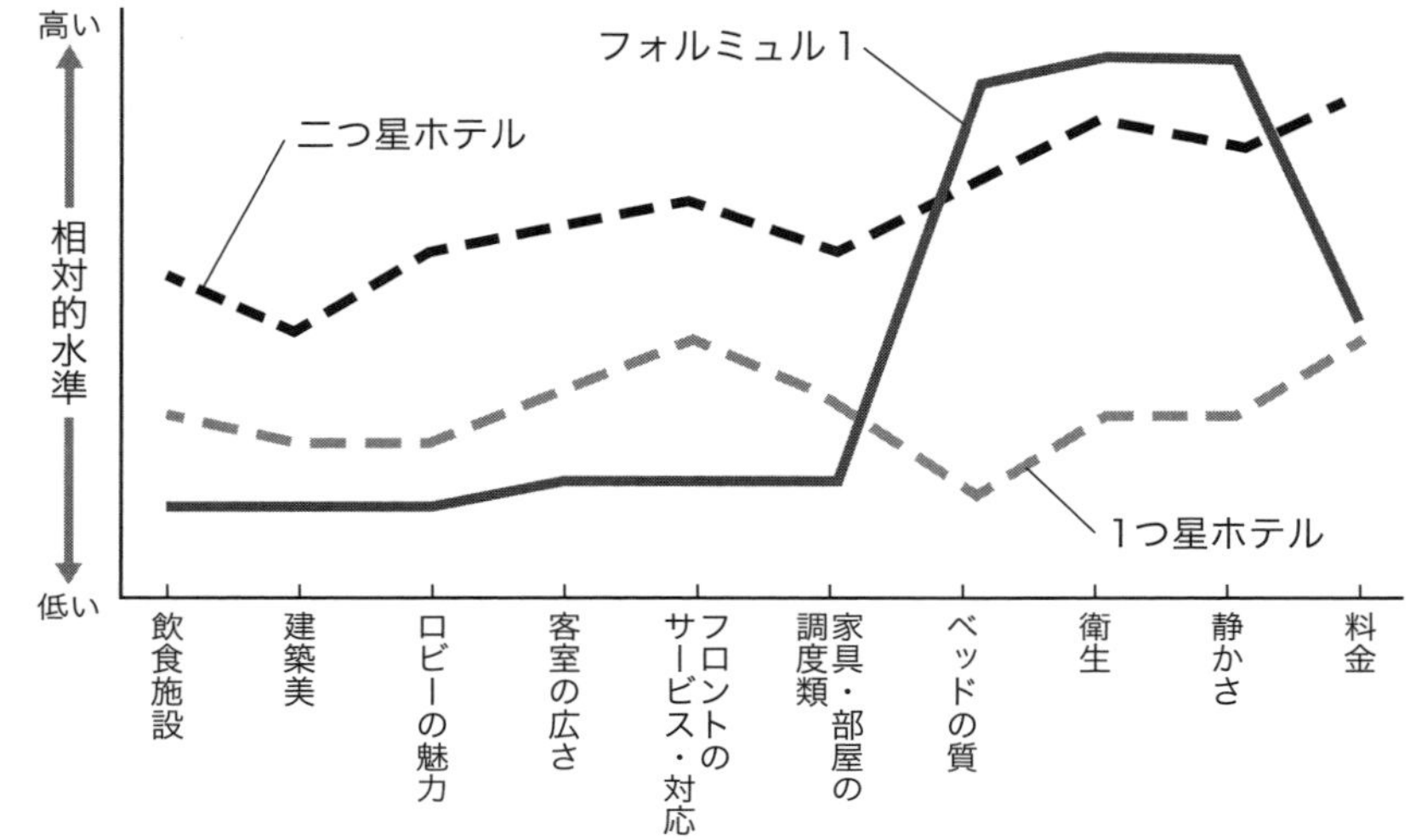

（出典）W.Chan Kim, Renée Mauborgne "Value Innovation: The Strategic Logic of High Growth", Harvard Business Review (July-August 2004)
©2004 Harvard Business School Publishing Corporation（図中の用語は筆者訳）

を表すと、ホテルが提供する価値が曲線によって示されます。チャンたちの言葉では、図は「戦略キャンバス」、曲線は「バリューカーブ」と呼ばれます。

　このバリューカーブを見れば、1985年当時のフランスにおける一つ星ホテルや二つ星ホテルの戦い方がわかりますよね。さて、どうやって参入しましょうか。

パク　ベッドの質など特定の重要なものの水準を高くして、あとはむしろ大胆に削ります。

野田　そうですよね。飲食施設、建築の美しさ、魅力的なロビー、フロントのサービス・対応、これらは本当に必要なのか、格安ホテルに泊まる人は本当にそういうものを求めているのかを問い直すのです。僕もＩＮＳＥＡＤがあるフォンテンブローに住んでいたとき、パリにしょっちゅう通っていましたが、格安ホテルで朝食などはむしろ不要でした。近隣のカフェやファストフード店で食べればいいだけですから。客室の広さも期待していませんでした。なにしろ格安ホテルですから。

じゃあ、宿泊客として何を望んでいたかというと、衛生的で、ベッドの質がよくて、静かでゆっくり眠りたいということだけでした。先ほどトヤマさんがおっしゃったハンバーガーの話と似ています。ピクルスなんて抜いてバンズとパテにこだわればいい。こうしたメリハリをつけることで、コストを低く抑えて、なおかつ顧客便益を高められる。

１９８５年、フランスではアコール社が「フォルミュル１（アン）」という格安ホテルチェーンを発足させました。ベッドの質、衛生、静かさは二つ星ホテルの平均以上にする。価格は二つ星の半額ですが、一つ星よりはちょっと高く設定する。こういうホテルをプレハブみたいな工法で次々に建てることでスケールも確保し、フォルミュル１は格安ホテル業界への新規参入に成功しました。

ここで重要なことは、フォルミュル１は、既存の顧客の大半を獲得しただけでなく、市場を拡大したということです。以前は車の中で寝ていたトラックのドライバーとか、郊外からパリに夜通し遊びに来ていた若者といった、それまでホテルには泊まっていなかった新たな顧客層がフォルミュル１に吸引されました。まさに、新しい市場の創造です。

競争のルールを変える

チャン・キムたちは、当時はブルー・オーシャンという言葉を使っておらず、自分たちのアプローチを、バリューイノベーションと呼んでいました。技術のイノベーションではなく、価値のイノベーションを行うことで、競争のルール自体を変え、新たな市場を創出する。その実現に向けて、以下の四つの行動指針を示していました。

◇貴重な新しい要素をつくり出す（CREATE）……顧客の便益を飛躍的に高めうる要素はないか。
◇不必要な要素を排除する（ELIMINATE）……業界では当たり前と考えられているが、本質的な便益の向上につながっていない要素はないか。
◇主要な要素を向上させる（RAISE）……顧客便益の鍵となるにもかかわらず、しばしば妥協されている要素は何か。
◇2次的な要素を解除する（REDUCE）……必要ではあるけれども、過剰に提供する必要のない要素は何か。

これらの問いを重ねることで価値のイノベーションを起こせれば、スタック・イン・ザ・ミドルを抜け出すことができるとチャンたちは説いたのです。

僕は戦略分析論の専門家でも熱烈な支持者でもありませんが、このチャンたちのフレームワークは大変評価していて、戦略分析論の本を一冊選べと言われたら、迷わず、『[新版] ブルー・オーシャン戦略』(W・チャン・キム、レネ・モボルニュ/入山章栄監訳、有賀裕子訳、ダイヤモンド社、2015年)を読むようにお勧めしています。

日本の産業界の閉塞状況を打ち破っていくうえでも、ブルー・オーシャンの考え方は必須だと思いますし、ここでは深入りできませんが、みなさんが戦略分析の講義で学ばれたバリューチェーン・デコンストラクション(IT化やネット化によって経済性が変化し、従来の顧客が妥協していたポイントからバリューチェーンが脱構築される中、従来の垂直型のビジネスモデルから、レイヤーマスターやパーソナルエージェントといった、いくつもの業界を横断したビジネスモデルが生まれるとするもの。BCGが1990年代後半に提唱)や、リバース・イノベーション(先進国で生まれた製品・サービスが、ウォーターフォールのように途上国に時間をかけて浸透していくのではなく、途上国のニーズ・ウォンツに合わせたイノベーションが、逆に先進国に新たな市場をつくり出していくとするもの。ダートマス大学タック・スクール・オブ・ビジネス教授のビジャイ・ゴビンダラジャンが提唱)といった枠組みも、ある意味ではバリューイノベーションの延長線上にあるからです。

さらに、このフレームワークの便利なところは、紙とペンさえあれば誰でも簡単に使える点にあります。自分たちが身を置いている業界のビジネスはどういう要素から成り立っていて、競争相手はどんなふうに戦っているか。必要のない要素は何か、フォーカスすべき要素は何か、つけ加えるべき要素は何か。バリューカーブを描きながら、そういう対話を繰り返していくだけで、自社の戦略の現状とありたい方向性を、みんなで前提を共有しながら議論することができます。その意味で、実に優れたフレームワークだと思います。

以上、戦略分析論の目的とあらましについて、三大アプローチと言われるポジショニング論、リソース・ベースト・ビュー、ブルー・オーシャン戦略を中心に、駆け足で振り返ってきました。

さて、ここからが本番です。日本の自動車メーカーであるホンダの事例を見つつ、戦略分析論の効用と限界を経営の観点から考察したいと思います。

ホンダの北米進出の成功要因

ご存じのように、ホンダは本田宗一郎という天才技術者が創業しました。戦後間もない１９４６年、本田技術研究所を設立し、陸軍で使われていた無線機発電用小型エンジンを改良して自転車につけたのが事業の始まりです。１９４８年には本田技研工業株式会社と改称して、自社製のオートバイを製造、販売し始めました。

その後は国内のバイク市場でシェアを拡大していき、１９５８年に売り出した50ccの「スーパーカブ」が大ヒットしたことで、ホンダは国内最大のバイクメーカーとなります。

１９６０年代に入ると四輪市場にも進出し、63年に軽トラックを、67年に軽乗用車を発売しました。その頃のことは僕もおぼろげながらにおぼえています。軽自動車は「Ｎ３６０」という車名でしたが、うちの父親は「バイクの会社がクルマをつくってどうするんだ」とあきれていたものです。しかし、ホンダは見事に自動車メーカーへと飛躍し、エンジン技術を強みとして、農業機械、発電機、船外機、さらには小型ジェット機までを製造する企業へと見事に成長していきました。

近年は「ＣＡＳＥ（connected：コネクティッド／autonomous：自動運転／shared：シェアリング／electric：電動車）」という大きな潮流が押し寄せる中、他の自動車メーカーと同じように将来への舵取りに苦労されていますが、これまでホンダの成功は世界中のビジネススクールで脚光を浴びてきました。とりわけ、１９５０年代末に敢行した北米オートバイ市場への進出は事例として大きく注目され、「ホンダはなぜアメリカで成功したのか」といった議論がさかんに交わされてきました。今回、僕が取り上げるのも、この時期のホンダの挑戦です。

改めて振り返っておきましょう。ホンダが子会社のアメリカン・ホンダ・モーターをロサンゼルスに設立して北米市場の開拓に乗り出したのは１９５９年でした。

その頃のアメリカではオートバイは、「黒い革ジャケット」を着た男性の乗り物、格好いいけれどもガラの悪そうなアウトローたちの乗り物というイメージがつきまとっていました。マーケットのほとんどを占めていたのは、アメリカやヨーロッパのメーカーの排気量500cc以上の大型バイクでした。

そんな市場に、ホンダは50ccのスーパーカブを切り札として参入したのです。ハーレーダビッドソンに乗っているような、いかつい（少し不良な）男たちではなく、一般の人たちをターゲットとして選択し、「日々の暮らしに密着した手軽な乗り物」という価値をアピールして市場規模を広げました。

その際に現地で展開したのが「You Meet the Nicest People on a Honda（素晴らしい人々、Hondaに乗る）」というキャンペーンです。このキャッチコピーでホンダはバイクのネガティブなイメージを一掃し、1964年4月のアカデミー賞授賞式では外国企業初のスポンサーになって全米にテレビコマーシャルを流しました。放映料は90秒のCM2本で30万ドル（約1億円）でしたが、その反響はすさまじく、全米中の一流企業から「販促キャンペーンの商品として、ぜひスーパーカブを使いたい」といったタイアップの申し込みが殺到したといいます。

スーパーカブは全米規模のヒット商品になり、その後、ホンダは商品のラインナップを増やして、自社のオートバイをアメリカ社会に定着させていきました（「語り継ぎたいこと～チャレンジの50年～　写真やエピソードで語るHondaの50年史」）。

その結果、米欧メーカーのシェアは急速に落ち込みます。特にイギリス勢のシェア低下は著しく、事態を危惧したイギリス政府はＢＣＧに原因分析を依頼し、１９７５年に最終報告書が提出されました（The Boston Consulting Group Limited, "Strategy alternatives for the British motorcycle industry", 1975／以下、ＢＣＧレポート）。

ＢＣＧレポートや「語り継ぎたいこと〜チャレンジの50年〜」から浮かび上がってくるホンダの印象を、戦略的な成功を強調してまとめると、以下のようになります。

ホンダは、「本田技術研究所」という創業時の名称に表れているように「戦略的意図（Strategic Intent）」に基づいて設立された会社である。創業時から、完全に統合された生産ラインを保有するとともに、研究開発を重視し、競争相手との差別化を図るべく、常に合理的な対応をしてきた。スーパーカブの発売に至ったのも、市場調査によって明らかになったニッチに参入するためだった。北米に進出するにあたっては、市場の規模とシェアを詳細に分析し、経験曲線の効果を勘案したうえで、西海岸から東に向かってどんどん市場を開拓してゆき、コスト優位を確立した。ナイセスト・ピープル・キャンペーンもマーケティング活動の鑑と言えるものであり、当初の計画通りに的中させた。

ちなみに、ロンドン・ビジネススクールでの僕の同僚であったピーター・ウィリアムソンたちは、「戦略的階段（strategic staircase）」という概念を提唱していたのですが（Michael Hay and Peter Williamson,

図表1－4｜MBAがホンダを分析すると：戦略的階段（Strategic Staircase）?

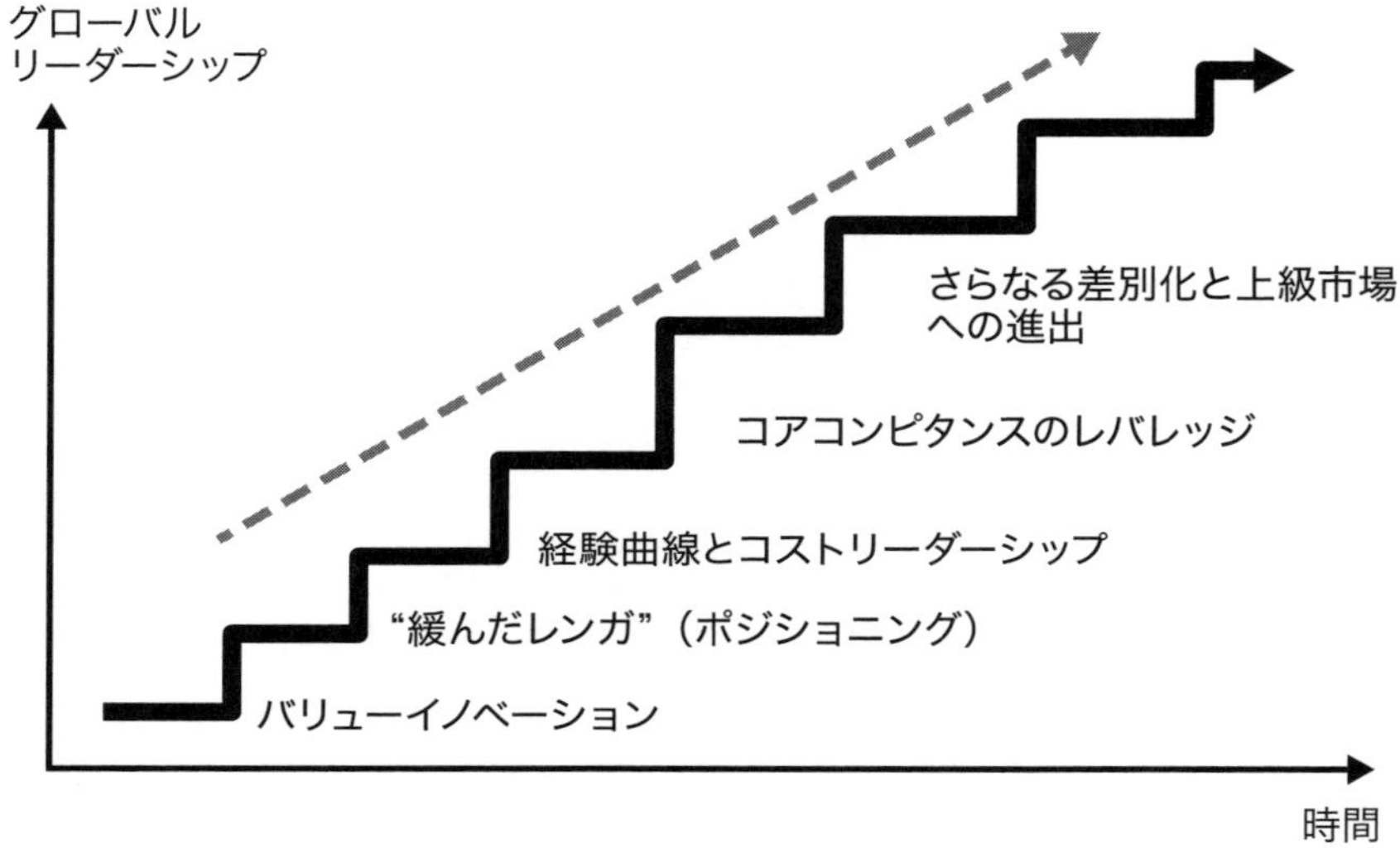

“Strategic staircases: Planning the capabilities required for success”, *Long Range Planning*, August 1991)、同校での戦略経営の講義で、学生にとても人気のあった同僚のキプロス人の教員が、この概念を用いてホンダの飛躍と成長を説明していたことをおぼえています（**図表1－4**）。まずスーパーカブでバリューイノベーションを起こして、既存市場のニッチなポジション――「緩んだレンガ（loose bricks）」といいます。レンガの壁をこじ開ける際に、どのあたりが緩んでいるのかを確認するようなイメージでしょうか――に参入し、経験曲線の効果を背景にコストリーダーシップを確立していった。さらに、コアコンピタンスとして培ってきたエンジン技術をバイク・自動車以外の製品群にも生かし、差別化を繰り返しながら上級市場

にも進出していった。「ホンダはまさに戦略分析論を知り尽くした企業であり、戦略的な意図を当初から持ち、挑戦の段階を慎重に見極めて、階段を駆け上がったのだ」といった具合です。なんだか仰々しい解説ですね（笑）。

まったくの偶然？

話を戻しましょう。BCGレポートは、ホンダが北米市場などを席巻した理由を詳細に分析しましたが、その内容を読んで「どうもおかしい」と思った研究者がいました。ハーバード・ビジネススクールで講師を務めていたリチャード・パスカル（後にスタンフォード・ビジネススクール教授）です。だから、日本人の知り合いが多かった彼は、日本社会や日本企業のことを比較的よく知っていました。だから、果たして日本人がこんなに合理的に物事を考えて戦略を立案し、実行するものだろうかと疑問を持ったわけです（笑）。

パスカルは、7年後の1982年に来日してホンダの本社を訪ね、北米進出に携わった経営幹部たちにインタビューを行いました。その内容を要約すると、以下のようになります。

ホンダの創業者、本田宗一郎は気まぐれで少し常軌を逸したところのある人物である。会社の設立当初は、完全に統合された生産ラインなど保有しておらず、中途半端に独立した活動の集まり、要するに町工場だった。研究開発に力を入れていたのは、宗一郎がバイクレースに執着し、自分の技術を世に問いたいと思っていたからだった。スーパーカブの開発を提案したのも、宗一郎ではなく、会社の将来を心配した専務（後に副社長）の藤沢武夫であり、あまり乗り気でなかった宗一郎を藤沢が説得した。

北米進出もまったく戦略的ではなくて、「計算違い、思わぬ偶然（セレンディピティ）、組織的な学習」の連続だった。アメリカで営業活動を始めたのは1959年の9月だったが、すでに市場のシーズン（4〜8月）を過ぎていた。

スーパーカブの投入は偶然の最たる例である。というのも、宗一郎が自信を持っていたのは250ccや305ccのバイクであり、ハンドルの形状が「お釈迦様の眉毛」のような形をしている点が強力なセールスポイントになるだろうと考えていた。

ところが、アメリカ人はオートバイを長距離、高速で走らせるため、主力車種では故障が続発し、アメリカン・ホンダ・モーターは売り物を失ってしまう。そうした中、社用車の代わりに現地の社員たちが使っていたスーパーカブが人々の目に留まり、百貨店シアーズからも問い合わせが寄せられたため、主力をスーパーカブに切り替えた。

広告キャンペーンが的中したのもたまたまにすぎない。キャッチコピーは、UCLA（カリフォルニア大学ロサンゼルス校）の学生がマーケティングの授業の課題としてつくったものを広告代理店が提案したものだったが、アメリカン・ホンダのマネジャーの間では採用に反対する意見も強かった(Richard T. Pascale, "Perspectives on Strategy: The Real Story Behind Honda's Success", *California Management Review*, Spring 1984)。

いかがですか。BCGレポートの分析とはずいぶん印象が違いませんか。

計画的か、創発的か

実はホンダの北米進出の事例は、ハーバード・ビジネススクールのケース教材にもなっています。AケースとBケースの二つがあり、どちらも大変有名です。いずれも、ハーバード・ビジネススクールで最も売れたケースの中に入るのではないでしょうか。

Aケースは、主にBCGレポートを参考にして書かれたもので、経験曲線の重要性を学ぶために作成されました。僕も、MIT（マサチューセッツ工科大学）のMBAプログラムで勉強していたとき、レベッカ・ヘンダーソンという教授（現ハーバード大学ジョン&ナッティ・マッカーサー・ユニバーシティ・プロフェッサー）の「戦略経営」という講義の最終セッションで、このAケースを読み、ホンダが成功した理由をクラスメートと真剣に議論しました。なるほど、こういうことを理解するために戦略分析論を学んできたわけかと感じ入りながら。

ところが、セッションではこの後、ホンダBケースが配られます。そうすると、みんな、読んでびっくりします。「あれ？」って。

というのも、このBケースはパスカルのインタビューをベースに作成されているからです。だから、僕自身もそうでしたけど、学生たちはみんな、あぜんとします。Aケースを読んで、「やっぱりすごいな、戦略分析論は」と思った直後に、Bケースでどんでん返しをくらって、「何なの？これ。俺たち、3カ月間も何を学んできたの？」というふうにがっかりするわけです（笑）。

BCGレポートの分析をベースにしたAケースと、パスカル・インタビューをベースにしたBケースはどこが異なっているのでしょうか。

まず戦略のイメージが異なっています。Aケースの見方では、戦略というものはトップダウンで実行されます。ビッグブレインを持つ頭脳明晰な一部の戦略家が分析し、計画するのが戦略であり、よくコントロールされ、思慮深く未来志向のものが、間を置いて定期的につくり直され、現場に落とし込まれます。これを、僕がINSEADにいた頃の同僚で友人でもあるヘンリー・ミンツバーグ（カナダ・マギル大学教授）は「計画的戦略（deliberate strategy）」と呼びました。

一方、Bケースの見方では、戦略はボトムアップで実行されます。スモールブレインのふつうの人たちが行動していく中で、即興的、自然発生的に生まれるのが戦略であり、継続的な議論を通じて、今まさに必要なものが、直感や勘を頼りにつくり上げられていきます。これをヘンリーは「創発的戦略（emergent strategy）」と呼んでいます。

計画的戦略と創発的戦略、みなさんはどちらが現実的だと思いますか。どちらの戦略によってホンダは北米進出に成功したのでしょうか。

ビジネススクールで伝統的に教えられてきた戦略論の中心は戦略分析です。学生に配布されるケースには、当該企業が置かれた状況や競争相手に関する情報がいっぱい書いてあり、学生はそれらを読み込みながら、自分が正しいと考える戦略を導き出して議論します。

だけど、それって限界があると思いませんか。なぜなら、戦略分析の論理と合理的計画は、ありとあらゆる情報を入手できる「全知全能の戦略家（omniscient and omnipotent strategist）」の存在を想定しています。そういう戦略家が予想と前提の範囲内で策定するのが〝正しい戦略〟であり、策定された戦略は無理なく実行されるものだというふうに前提を置くのが戦略分析です。その根底にあるのは、与えられた情報をベースに戦略家は合理的（rational）に判断できるし、計画した戦略は必ず実現されるという直線的（linear）な思考です。

ヘンリー・ミンツバーグは徹底的なアンチＭＢＡで知られていて、ハーバード・ビジネススクールのケースメソッド教育を痛烈に批判してきました。とりわけ、20代半ばのいまだ組織や経営の現実を十分に知らない若者にケース教材を与え、ケースの中で与えられた情報とファクトをベースにして、〝正しい戦略〟は何なのかを議論させる戦略分析論の講義が、間違った世界観を植えつけ、頭でっかちで傲慢なＭＢＡを生産し、経営を誤らせるのだと（『ＭＢＡが会社を滅ぼす』池村千秋訳、日経ＢＰ社、２００６年）。

しかし、ヘンリーの批判を俟《ま》つまでもなく、組織や経営に少しでも触れている人であれば、現実は十分にわかっているはずですよね。環境は不確実で情報は不完全だから、明日になったら状況は変わるかもしれないし、予想はあくまで予想であって外れるかもしれない。組織は複雑だから、たとえ本社が〝正しい戦略〟を立てたとしても、それが現場でそのまま実行に移されるとは限らない。

したがって当然ながら、ビジネススクール的、ＭＢＡ的な戦略分析は、現実とは乖離《かいり》しているのです。ホンダの北米進出も、計画的戦略ではなく、創発的戦略によって実現したと考える方が事実に近いでしょう。もしも、ホンダが北米市場に進出する前に、ビジネススクールの教授や経営コンサルタントを呼んで、進出計画をプレゼンテーションしていたら、教授もコンサルタントも口をそろえて「そんなのはうまくいかない」と断言していたことでしょう。

教授やコンサルタントだけでなく、みなさんだってそう思われたに違いありません。本田宗一郎が自慢していた２５０ccや３０５ccのバイクによる参入というアイデアですら、すでにブランド力のある欧米の既存メーカーによって占有されている市場の中でよいポジショニングを確立できる可能性は低かったでしょう。まして当時のアメリカ人の目にはおもちゃ程度にしか見えなかったスーパーカブで成功するつもりだなどとプレゼンしていたら、嘲笑の的になっていたのではないでしょうか。

「おそらくうまくいきっこないこと（probable non-starter）」をやってみたらうまくいった、というのがホンダの成功ストーリーなのです。

だとしたら、戦略分析論とは一体何なのでしょうか。みなさんはどう思いますか。

「後づけ」のマジック

タバタ　ＢＣＧレポートは、ホンダの成功要因を悪く言えばこじつけているようにも感じます。

ヤマグチ　私も同感です。実際に起こった出来事を記述するというよりも、ホンダが成功した要因をまず分析し、それに沿ったようにストーリーを解釈し直しているようにも思えます。

野田　いわば「後づけ」ですね。実は、戦略分析論の多くには「後づけの要素」があるのです。うまくいった企業の事例を分析し、成功の理由を後づけで説明するものであり、うまくいくかどうかを事前に説明するものではないのです。一つ面白い逸話を紹介しましょう。

Ｃ・Ｋ・プラハラードとともにコアコンピタンスの概念を提唱したゲイリー・ハメルは、ロンドン・ビジネススクールの僕の同僚でした。

１９９０年代、コアコンピタンスの概念は一世を風靡し、ゲイリーは超スター学者兼コンサルタントでした。そんな彼と一緒に、ＳＭＳ（ストラテジック・マネジメント・ソサエティ）という研究者や実務家が集まる学会に行ったときの話です。出席者の1人が「コアコンピタンスが企業と事業の成功に必要であることは十分に理解しました。では、経営者は、何がコアコンピタンスなのかをどう見極めればいいのですか」とゲイリーに問いただしたのです。

ゲイリーは質問に答える代わりに「今から、みなさんとコイントスをしましょう」と言いだしました。

彼がコインを投げて、100人ほどいた出席者全員が表か裏かを予想する。1回ごとの勝負で、当たった人は立ったまま、外れた人は着席する。そういうルールでした。何回トスしたかはおぼえていませんが、回数を追うごとに、立っている人が半分になり、4分の1になりというふうに減っていき、最後にすべてのトスで表裏を当て続けた1人が残りました。

ゲイリーはおもむろにその人のところに歩み寄り、コインを手渡して、こう言いました。

「おめでとう。あなたにはコイントスのコアコンピタンスがある（Congratulations! You have a core competence of coin tossing.）」

みなさん、どう思われます？

僕は、言い得て妙だなあと感心して聞いていました。

ゲイリー・ハメルたちは、企業の成功事例を分析し、うまくいった要因を抽出して、そこからより一般的なフレームワークを導き出すという研究をしてきました。そうしてたどり着いたのがコアコンピタンスという概念です。

しかし、このコアコンピタンスも後づけの説明であり、やってみないとわからないのです。僕らは成功事例を見て、「あの企業は、○○というコアコンピタンスを生かして戦略を実現した」と言うけれども、それは成功した後でわかったことであり、企業にとって何がコアコンピタンスなのかは事前にはほぼわからない。ゲイリーはそう言いたかったから、コイントスをやって見せたのです。

チャン・キムたちのブルー・オーシャン（バリューイノベーション）戦略を先ほど僕はほめたたえましたが、あのフレームワークこそ後づけの典型例です。

チャンたちの本の中では、米国発の女性専用で手軽なスポーツクラブであるカーブスや、日本発の格安理髪店であるQBハウスの事例が紹介されています。カーブスもQBハウスも、既存のビジネスが当たり前だと思っていた要素の中で不必要なもの（スポーツクラブで言えば、ロッカーや多くのトレーニング器具、理髪店で言えばシャンプー台や理髪師の指名制度など）を低減したり削除したりする一方で、独自の価値（スポーツクラブで言えば、異性の目を気にせず女性だけでトレーニングができる環境や、会員同士の励まし合い、理髪店で言えば、予約なしでの立ち寄り入店、エアーウォッシャーによる毛クズの吸い込みなど）を創出し向上させていったという解説が、戦略キャンバス上のバリューカーブの例示とともになされています。

これも確かに理にかなった説明ですが、では、カーブスやQBハウスが、チャンたちが推奨する戦略分析に従って自社の事業モデルを構築したのかというと違いますよね。アコール社のフォルミュル1もそうです。チャンたちが、自身の理論構築に都合のよい成功した企業の事例を持ってきて、後づけで説明しているにすぎないのです。

ＢＣＧレポートも同様であり、後づけの威力（power of hindsight）でもってホンダの成功を遡及的に説明しています。では、ＢＣＧレポートに果たして意味はあるのでしょうか。

ウィニング・ストラテジーなど存在しない

パク　ＢＣＧレポートにはそれなりの意味があると思います。それは、ホンダの成功の背後にある経済的な論理性にしっかり光を当てているからです。

トヤマ　成功の要因分析がなければ、ホンダに追い込まれた自動二輪車メーカーのライバルたちは、反撃のための戦略が立てられなかったのではないでしょうか。

野田　確かに、もしもホンダに敗れたハーレーダビッドソンが「ホンダはダンピングで成功した」と誤解していたら、その後の復活はなかったでしょう。ホンダの優位性は経験曲線効果を生かしたコストリーダーシップにあるとちゃんと理解したからこそ、ハーレーはコストで競り合うオプションを採らず、上級機種により特化する戦略に舵を切って自社製品の価値を向上させ、戦いの土俵を変えました。また、顧客との関係を強めるために「ハーレーオーナーズグループ」という会を運営し始め、会員に特典を付与したり、会員同士の交流を促進したりしていきました。

つまり、ハーレーダビッドソンはホンダの成功要因を正しく理解し、その理解をベースに戦略を立て直し、成功を収めたというわけです。

ナザーラ　当時の北米バイク市場と同じような競争のダイナミクスが働いている市場で戦っている人が攻撃や防御の計画を作成する際にも、ＢＣＧレポートの分析は大いに参考になるはずです。

野田　その通りですね。では、ＢＣＧレポートにもし問題があるとすれば、それは何でしょう?

ヤマグチ　ホンダが、ＢＣＧが説明したようなことをあらかじめ知っていて、それゆえに成功したのだと私たちが思ってしまうことでしょうか。

マツモト　私もそう感じます。後づけの説明をあたかも現実であるかのように伝えられると、戦略分析こそが成功を導いたように誤解してしまいますから。

野田　みなさん、感度がいいですね。それこそが、ヘンリー・ミンツバーグが懸念する戦略分析論の最大の落とし穴です。もしＢＣＧレポートを読んだ人が、ホンダは経験曲線の効果をあらかじめよく理解し、コストの優位性に基づいた戦略を意図的に立てて実行に移した、というふうに結論づけてしまったら、あるいはそういう結論を暗示したとすれば、致命的な過ちだとヘンリーは批判します。傲慢で頭でっかちな〝自称戦略家〟や、戦略分析ができるようになりさえすれば未来が開けると思い込んでいる〝戦略小僧〟を輩出してしまうＭＢＡ教育は百害あって一利なしと手厳しいのです。

僕自身、ＩＮＳＥＡＤやロンドン・ビジネススクールで戦略論を教えていて、20代半ばぐらいの学生に「ウィニング・ストラテジーを教えてくれ」などと、ときどき言われたものです。その度に僕は頭を抱えて、「ウィニング・ストラテジーなんて存在しないよ」と説いて聞かせなくてはなりませんでした。

「ウィニングと思われる仮説はあるけれども、やってみたらぜんぜん違う結果を招くこともある。君がやるべきことは、仮説を立てる際に必要かつ有効な問いを立てる力を磨くことであって、ウィニング・ストラテジーがあると信じてしまうのは間違っている」と諭したのですが、本当にわかってもらえたのかどうか疑問でした。

実務経験がある程度あれば容易にわかることですが、環境は不確実性とリスクに満ちています。事業をやっていれば、過去の経験が適用できない状況に直面することも少なくありません。また、顧客ニーズや市場がどこに存在するのかは、実際にビジネスを起こしてみなければわかりませんし、本当の大ヒット商品はしばしば市場調査の結果に反する形で生まれます。スティーブ・ジョブズの有名な言葉にも、「多くの場合、人は形にして見せてもらうまで、自分は何が欲しいのかわからないものだ（A lot of times, people don't know what they want until you show it to them.）」とあります。

しかも、組織における意思決定は直線的には行われません。経営企画部門やマーケティング部門が考え抜いて戦略を策定すれば、ただちに実行に移されて成功する？　そんなこと、ありえないですよね。

フクムラ　通常、本部と現場では見えている風景が違っていて、抱えている事情や問題意識が異なりますし、本部から降りてくる方針を現場はむしろ煙たがることも多いです(笑)。

野田 実際の戦略策定と実行のプロセスには、複数の階層に位置する多くのプレイヤー、別々の目的や興味を持っていて、利害が必ずしも一致せず、物事を決める際の優先順位も異なる人たちがかかわっています。そうした多様な人たちが集まって運営されているのが組織というものですから、なかなか一筋縄には行きません。それが、人の協働体である組織の厄介なところです。

現実には、戦略策定と戦略実行は相互に連関しています。そして、戦略が実現するプロセスは、パスカル・インタビューが示しているように、現場での試行錯誤、場当たり的な行動、セレンディピティや幸運に彩られています。

では、戦略分析は役に立たないのか? けっしてそんなこともありませんよね。

戦略分析の効用と限界

ナザーラ 僕は戦略分析論が好きなのですが、それは、仮説を立案するための道具と思考だなと思うからです。事業に乗り出すときや新しい市場を開拓しようとするとき、仮説もなしに「行き当たりばったり」でやるのと、仮説をもって取り組むのとでは、後者の方がよいと思います。

野田 その通りですね。天才起業家であれば、仮説なしでも、直感とひらめきで成功するのかもしれませんが、通常はそうではない。仮説を立て、できるだけ早く実行してみる。うまくいけばよいですが、そうでなければ、なぜうまくいかなかったのだろうと理由を検証する。そして仮説を修正する。仮説がなければ、何が想定通りで何が想定外だったのかということすら明確に意識できないですよね。この仮説立案、試行錯誤としての実行、レビューと検証、仮説の再構築といったプロセスを回すために、戦略分析のフレームワークや戦略思考は重要です。

しかし、あくまで仮説の立案ですから、分析に時間をかけすぎるのは愚の骨頂ですね。特に現在のように環境変化が激しいＶＵＣＡの時代には。このプロセスを早く回せるかどうかがむしろ重要であり、それがアジリティ（俊敏さ）こそが鍵を握ると言われている所以でもあります（たとえば、コロンビア大学ビジネススクール教授のリタ・マグレイス氏の著作『競争優位の終焉』鬼澤忍訳、日本経済新聞出版社、２０１４年）。

なお、ホンダの北米参入をめぐる考察は、戦略論史上における最も重要な議論の一つであり、『カリフォルニア・マネジメント・レビュー』（１９９６年夏号）では、ヘンリー・ミンツバーグが主導する形で「The "Honda Effect" Revisited」(Henry Mintzberg, Richard T. Pascale, Michael Goold, Richard P. Rumelt) という特集が組まれています。その中では、ＢＣＧレポートの作成者の１人であるマイケル・グールドやリチャード・パスカルが、ヘンリーの問題提起に対して、それぞれの立場と意見を述べており、ヘンリー自身も論文を寄稿しています。その一部は、ヘンリーとブルース・アルストランド、ジョセフ・ランペルの共著『戦略サファリ［第2版］』（齋藤嘉則監訳、東洋経済新報社、2012年）でも紹介されているので、関心のある方はぜひ参照してください。

改めてホンダの成功をとらえ直す

さて、みなさんに本当に考えてもらいたいことを問うタイミングがようやくやってきました。「競争優位の真の源泉とは一体何なのだろうか」という問いです。

経営政策はたえず経営者の視点で物事を考えますが、ふつうではない収益を求め、成功を成し遂げたい経営者にとっては、この問いこそが一番重要ですよね。戦略分析は仮説を立てるうえでは役に立ちますが、それだけで成功を約束するものではありません。一方で、偶然（セレンディピティ）、想定外、試行錯誤、幸運（ラック）がすべてかというと、もちろんそうでもない。

こうした観点で、改めてホンダのケースを、北米進出にあたってのマネジャーたちの意思決定や行動の時系列に着目して検証してみましょう。というのも、戦略は、策定から実現までのホンダの組織内におけるプロセスから生まれます。だとしたら、競争優位のエッセンスは、このマネジャーたちの一連の行動がつくり出す、組織のプロセスの中に宿っているのではないのかと考えられるからです。

第1に、そもそも、なぜ、本田宗一郎や藤沢武夫といったホンダの経営陣は北米進出という大胆な決断をしたのでしょうか。日本の他のバイクメーカーはまだ進出していないのに、なぜホンダだけがアメリカに行こうと考えたのでしょうか。この経営陣の決断がなければ、ホンダの北米でのストーリーはもともと存在していないですよね。

当時は外貨の持ち出しが規制されていたため、海外に現地法人を設立する場合は、通産省（現・経済産業省）と大蔵省（現・財務省）の許可を得る必要がありました。しかし、ホンダが求めた資本金100万ドル（当時の換算で約3億6000万円）相当の持ち出しは、大蔵省に却下されてしまいました。先行してアメリカに自動車販売会社を設立していた大手自動車メーカーでさえ苦戦を強いられているのに、ホンダみたいなバイクメーカーがいきなり進出しても成功するわけがない、というのが却下の理由でした。

それぐらい北米進出は無謀だったということです。しかしホンダはあきらめず、担当者が何度も大蔵省に足を運んだ結果、ようやく資本金25万ドルの持ち出し許可が下りたといいます。

第2に、なぜアメリカン・ホンダのマネジャーたちは、目の前に現れた市場機会にすばやく柔軟に適応できたのでしょうか。

すでに見てきたように、本田宗一郎が自信を持っていたのは250ccや305ccのバイクでした。ところが、アメリカ人はオートバイを長距離、高速で走らせるため、ホンダのバイクはエンジン故障が相次いだのでしたね。

だけど、トップは「代わりにスーパーカブを売れ」とは言っていません。たまたまバイヤーから引き合いがあったとはいえ、50ccのスーパーカブが売れるかどうかはわからなかったし、売ったところで本社から評価されるかどうかわからない状況でした。にもかかわらず、アメリカン・ホンダのマネジャーたちは、自主的に判断して主力車種をスーパーカブに切り替えたのです。

第3に、マーケティング戦略のお手本のようなナイセスト・ピープル・キャンペーンはなぜ実現したのでしょうか。

繰り返しになりますが、これはUCLAの学生がつくったキャッチコピーです。しかも、「黒い革ジャケットの男」とは真反対のイメージですし、下手をすると、ホンダのイメージを大きく低下させかねないものでした。

それなのに、ホンダはキャンペーンの実施に踏み切った。現地のマネジャー5人のうち上席を含む2人は躊躇《ちゅうちょ》しましたが、比較的若いセールスマネジャーが「やらせてください」と言って譲らなかったそうです。しかも、アカデミー賞授賞式では、90秒のコマーシャル2本の放映料に30万ドル（約1億円）もつぎ込んだ。

「ホンダCケース」という解釈

この1、2、3は、いずれもホンダという組織における意思決定、決断、行動のプロセスです。では、これらはどれも偶然に起きたことなのでしょうか。それともホンダという会社ならではのプロセスなのでしょうか。

考えてみましょう。敗戦から立ち上がったばかりの日本のベンチャー企業が、アメリカという世界で最も豊かな市場に挑むのです。官庁も反対するし、周りも「そんな無茶なことを」と言う。そんなことが、大きな夢や願望を持たず、等身大の安全な「そこそこ」の経営を目指している会社や経営者にできるでしょうか。

社長が気に入っている商品が売れないときはどうでしょう。現場のマネジャーたちは自分たちの判断で別の商品を売るでしょうか。社長にゴマをすったり忖度《そんたく》したりするような会社であれば、「勝手に別の商品なんて売るわけにはいけない。それは社長の意向とは違うし、成功しても社長は喜ばないよ」などと言って躊躇するのではないでしょうか。

マーケティングや販売の企画会議で、上司が施策に反対しているときはどうでしょう。若手は上司の反対にもめげず、「やらせてください」と手を挙げるでしょうか。そんな若手の挑戦を周囲はサポートするでしょうか。

北米進出の事例を見る限り、ホンダはすべてできています。トップは大きな夢と志を持っていて、周りの反対にもひるむことなく大胆な決断をする。現場は本社の方針に安易に迎合しないし、トップの意向を忖度することもない。上司が反対している施策であっても、若手がやると言えば自由にやらせてもらえる。ホンダという会社をしっかりと眺めたら、この事例だけではなく、日本国内や他のプロジェクトにおいても、似たようなことが起きているのかもしれない。そういうプロセスがさまざまな場面で次々に生じているのかもしれないのです。

そんなふうに組織を眺めていくと、競争優位のエッセンスは、戦略分析でもなく、偶然でもなく、そうしたマネジャーたちがつくり出す組織プロセスの中にこそ宿っていると考えられないでしょうか。「ふつうではない会社」と「ふつうの会社」、「よい経営」と「そこそこの経営」を分ける鍵は何か。それが、まさに組織におけるプロセスにあると考えれば、僕の言う「組織能力」や「経営の質」の意味がだんだんわかってきていただけるのではないかと思います。

組織プロセスに着眼してホンダの事例を解釈するアプローチを、僕は勝手に「ホンダCケース」と名づけています。ホンダの北米進出が成功したのは偶然のように見えますが、偶然にしてはラッキーすぎる。だから、成功要因はきっとほかにある、それは組織プロセスではないのかというふうに考えるのです。

アメリカン・ホンダ・モーターでは、現場のマネジャーたちが創造的なイニシャティブ（自発性）

を発揮し、すばやく学習して市場に柔軟に適応しました。これが一つの成功要因です。

じゃあ、なぜそういう行動ができたのか。それは、ホンダの経営陣が、スピード感にあふれ、起業家精神に満ちた組織をつくりたいという明確な意図を持っていたから、というふうに解釈するのが、僕ら経営政策のプロセス学派が取るスタンスなのです。

本田宗一郎は経営学なんて勉強していなかったでしょう。戦略分析論なんて一切勉強していませんし、起業家精神なんていう洒落た言葉も使わなかったでしょう。だけど、彼はふだんから「世界一を目指せ」とか、「技術で社会に貢献するんだ」「挑戦しろ。試して失敗するのも重要なんだ」というふうに言っていたのではないでしょうか。藤沢武夫も、社員みんながお互いに正しいと思うことを言い合い、決めたことをすぐに行動に移せるような組織をつくりたいという意図を持っていたに違いありません。

こうした経営陣の意図によってつくり出される社内の環境や仕組みを、僕らは「企業コンテクスト（corporate context）」と呼んでいます。これが現場のマネジャーの行動を引き出し、組織内の有効なプロセスを誘発・形成します。戦略分析論が後づけで称賛するような行動は、企業コンテクストが生み出した成果物なのです。

競争優位の源泉はよい組織プロセスにある。よい組織プロセスが常に成功を保証するわけではないけれども、高い確率と高い頻度で成功をもたらしてくれる。そんなふうに考えるのが、僕ら経営政策のプロセス学派が唱えてきた戦略論で、戦略分析論と対比して、より一般的には「組織戦略論

(organizational strategy)」と呼ばれています。

では、企業コンテクストとは一体何なのか。それは、マネジャーの行動やその集積である組織内のプロセスにどんな影響を与えるのか。経営者はどのように組織に介入すれば、より有効な組織プロセスを生み出しうるのか、その際の梃子とは何か。引き続き、ステップ・バイ・ステップで解説していきます。

Conclusion

第1章のまとめ

戦略分析論は競争優位の源泉を分析することで、企業が「ふつうではない収益」をあげ続けるためのフレームワーク、ツール、立てるべき問いを提供してきた。そのアプローチは、仮説の構築と検証に際してはきわめて有効な示唆を与えてくれる。

しかし、真の競争優位は、人の行動、さらにはその集積である「組織プロセス」から生まれる。このプロセスは、非合理的な行動や判断、試行錯誤や偶然、手探りの学習といった要素に彩られており、結果的に競争優位を生み出すものと、そうでないものがある。経営者リーダーが問われているのは、前者をどうやってつくり出すかということだ。

みなさんは、日頃、組織や経営を考えるにあたって、組織におけるプロセスにどのくらい目を向けているだろうか。そのプロセスのよし悪しと、よし悪しを生み出す原因を、どこまで経営者リーダーとしての役割や責任にひもづけて考えているだろうか。

経営政策のプロセス学派は、組織プロセスに対する経営者の関与の可能性に着目し、経営者の意図によってつくり出される環境や仕組みを「企業コンテクスト」と呼ぶ。これが、本書における視座であり、僕らが組織と経営を見る際の出発点だ。

第2章

組織による意思決定と行動のメカニズム

コンテクスト・マネジメントという考え方

Chapter 2

みなさんが所属する企業や組織は、どうやって意思決定や戦略策定をしているだろうか。

個人商店であれば、意思決定も戦略策定も経営者が一人でできるだろうが、組織が大きい場合はどうだろう。ほとんどの意思決定や戦略の策定には、現場やミドルといった階層にいる多くの人がかかわっているのではないだろうか。

だが、現場やミドルの主張は必ずしも一様ではなく、トップと一枚岩でもない。そんな状態で、トップは、現場やミドルの主張にどこまで確信を持てるのだろうか。

さらに言うと、現場から離れているトップは、組織としての意思決定の中身を果たしてどこまで理解できるのだろう。確信も持てず、中身も十分に理解できていない意思決定をした場合、どうやって責任を負うことができるのだろう。

現在、すでに経営を預かっているみなさんは、あるいは将来、経営を預からんとするみなさんはどうお考えだろうか。

本章ではこの問題を掘り下げていく。みなさんも、組織行動についての自分なりの考え方を持つことで、経営者リーダーの仕事や役割に対する理解を深めることができるはずだ。

組織は合理的に意思決定するか

ここからは、組織における意思決定（organizational decision-making）と行動について見ていきます。すでにお話しした通り、経営者リーダーの役割は、組織経営における変数を梃子としてとらえ、そこに介入することによって経営の質を左右する組織能力を高めることです。ただ、介入ポイントを知るためには、その前提として、組織ではどんなふうにして意思決定がなされ、人々はどのように行動するのかというメカニズムを理解しておかなくてはなりません。前回の講義の問題意識に即して言い換えれば、人々の意思決定と行動は組織においてどのように誘発され、その結果、組織におけるプロセスはどのように形づくられるのか。その仕組みを解き明かす必要があるわけです。

組織による意思決定と行動と言われても、ピンとこない方もおられるかと思います。そういう人は、「個人による」意思決定・行動と、「組織による」それとを比較してみてください。

個人による意思決定と行動はとてもわかりやすいものです。たとえば、お昼に何を食べるかを決める場合、みなさんはどうしますか。まずは職場の周りのなじみのレストラン、定食屋、ファストフード店、弁当屋などを思い浮かべますね。つまり状況分析と選択肢の洗い出しです。そのうえで、みなさんは、自分の体調や空腹度合い、食べ物の好み、ランチ代に割ける予算、職場から行って戻ってくるまでの時間などを考慮し、候補の中から店を選んで、自らの足で歩いて店に行き食事をします。「分析→選択→意思決定→実行」という流れですね。

僕ら個人は、人によって程度の差はあるにせよ、こんなふうに合理的に行動します。これを「意思決定の合理的行動主体モデル（rational actor model of decision-making）」といいます。中には、その日のランチで何を食べるかはサイコロを振って決めるという人もいるかもしれませんが、ある程度の想定外を期待し、行く先の候補を六つ選択して、その中からランダムに選ぶと決めている時点で、これも一つの合理的な意思決定であり行動であると言えるかもしれません。

では、この合理的行動主体モデルは、組織における意思決定と行動において成り立つのでしょうか。先に紹介したBCGレポート（あるいはホンダAケース）は、あたかも「成り立つ」かのような考え方に立っています（**図表2−1**）。組織の意思決定や戦略策定は、大きな脳みそ（ビッグブレイン）を持った全知全能の人間が論理的・合理的に分析し、慎重に計画し、実行をコントロールするというふうに考える。計画的戦略の有効性を信じ込み、ウィニング・ストラテジーを追い求める〝戦略小僧〟も同様です。

だけど、組織がそんな単純なやり方で意思決定をしないことは、みなさん、すでにご存じのはずです。そもそも情報は不完全で未来は不確実性に満ちていて、しかも意思決定には、エゴや感情や、異なるプライオリティを持つさまざまな人たちがかかわります。こうした環境でオペレートする複雑な組織では、意思決定の合理的行動主体モデルはほとんど成り立ちません。

図表2－1｜BCGレポート、Aケースのホンダ：合理的モデル

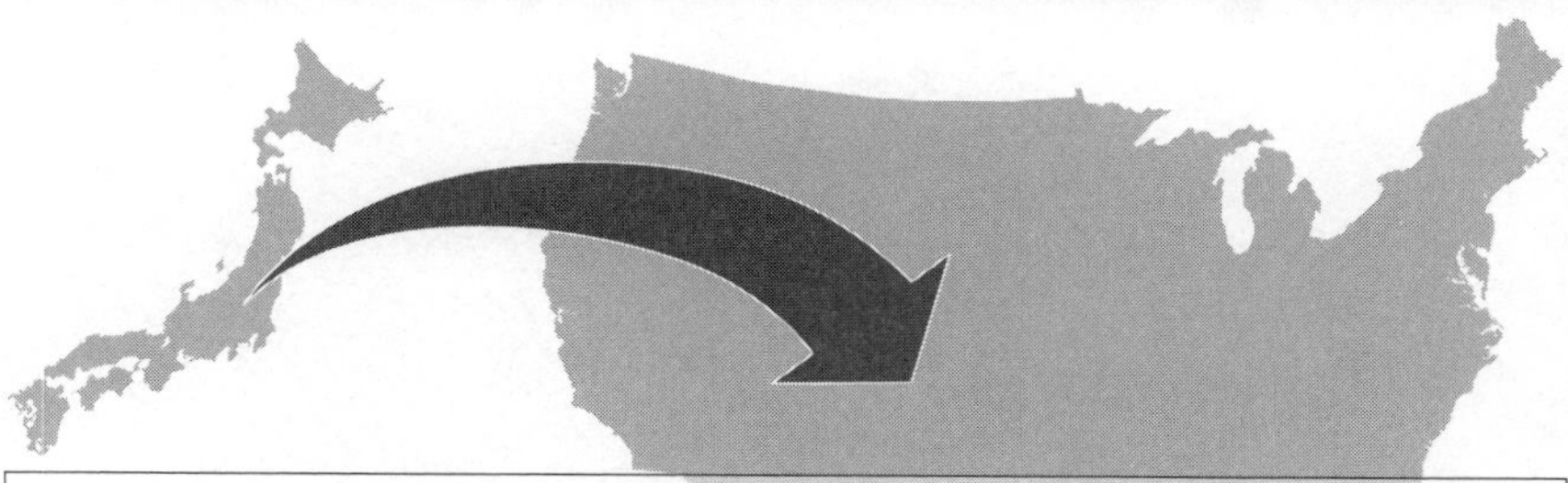

分　　析（戦略優位の源泉としての経験曲線／効果）

▼

選　　択（特定した「緩んだレンガ」を外して、市場参入する）

▼

意思決定（スーパーカブを投入、マーケティング・キャンペーンで援護）

▼

実　　行（着実だが計画的な、地理と製品両面での拡大）

だとしたら、組織はどんなふうに意思決定をするのか。

　この問題については、組織論の領域でさまざまな議論が交わされ、多くの研究がなされてきました。その一つが、スタンフォード大学の教授だったジェームズ・マーチらによる研究です。1976年にマーチはヨハン・オルセンらとともに *Ambiguity and Choice in Organizations*（邦訳は『組織におけるあいまいさと決定』遠田雄志、アリソン・ユング訳、有斐閣選書R、1986年）という本を著して、「ゴミ箱モデル（the garbage can model of decision-making）」を提唱しました。

　マーチらは、実際にスタンフォード大学ではどんなふうに意思決定がなされているのかを観察しました。その結果わかったの

図表2−2｜パスカル・インタビュー、Bケースのホンダ：ゴミ箱モデル

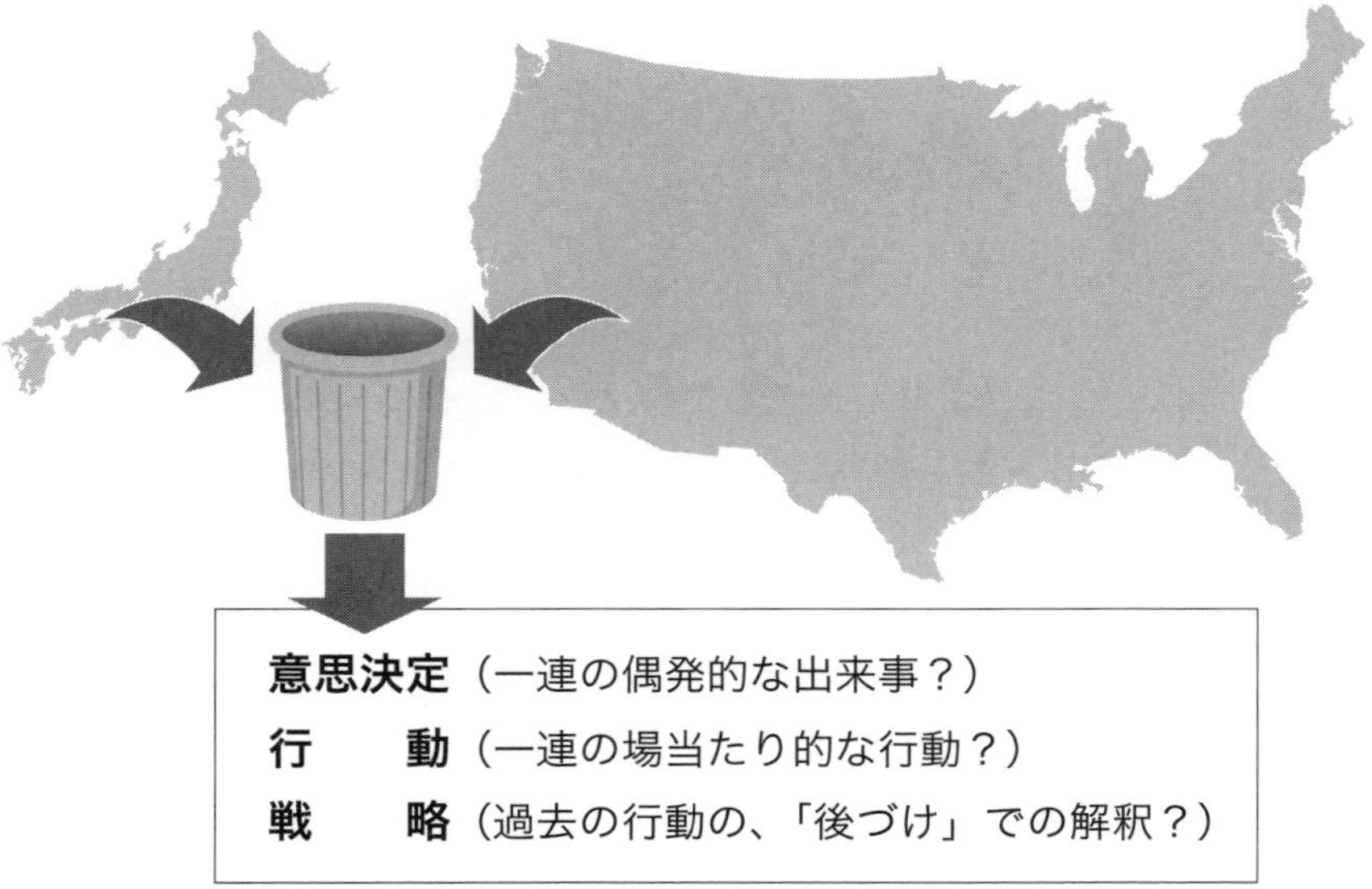

は、意思決定のプロセスには、意思決定以外の実に多くの事柄がかかわっているということでした。プロセスでは標準的な経営の手順が踏まれるものの、その中において何が事実なのかが定義され、過去の歴史の解釈が試みられ、人々の間で栄光や賛美や非難の言葉が飛び交います。そして、多くの人が私利私欲を満たそうとし、あるいは楽しもうとするというのです。

　こうしたさまざまな事柄が、組織が合理的な選択をするにはあまりに厳しい制約を課すのだとマーチらは主張しました。結果、彼らは、組織をゴミ箱にたとえて、その中から最終的にポコンと偶発的に出てくるのが意思決定だというふうに説明したのです（より学問的には、ゴミ箱モデルは、相互に独立した選択機会、参加者、問題、解という四つの決定因がある中、それらの複雑な相互作用から偶発的に決定が下されると説明されますが、ここでは本筋ではないので割愛します)。

このゴミ箱モデルは、リチャード・パスカルのインタビューが明らかにした現実の姿(ホンダBケース)や、創発的戦略に近い考え方ですね。つまり、組織における意思決定は偶発的な出来事であり、行動は場当たり的であるというふうに見なされています(図表2－2)。

新規事業はどうやって立ち上がるか

さて、みなさんはどのように考えますか。

実際の組織では、意思決定の合理的行動主体モデルはほとんど成り立ちえません。しかし、組織が本当にゴミ箱にすぎないのだとしたら、それも厄介なことです。そこでは、トップや経営者リーダーはどんな役割を果たすことになるのでしょうか。トップはどうやって、組織としての意思決定に責任を持つことができるのでしょうか。

実務に精通したみなさんは直感的に、組織における意思決定はトップダウン(top-down)であるとともに、ボトムアップ(bottom-up)でもあることを知っていると思います。戦略には計画的な部分と創発的な部分があることもすでに理解していると思います。そんなみなさんなら、組織における意思決定と行動のプロセスをどのように概念化するでしょうか。これが僕からの問いかけです。

たとえば、先にマッキンゼーの「7S」を紹介しましたが、あれは意思決定のモデルでしょうか。ぜんぜん違いますよね。あれは経営における変数を示したチェックリストにすぎません。でも七つのSは、いずれも意思決定に影響を与える要素ではあるはずです。影響が与えられないのでなければ、そもそも経営者にとってアテンションすべきものではないはずですから。ならば、7Sは組織の意思決定にどんなふうに影響を及ぼすのでしょうか。そこでの相互作用をどう理解すべきなのでしょうか。みなさんが経営者リーダーなら、どんなモデルやフレームワークを頭の中に描いて経営をするでしょうか。


組織における具体例を想定して考えてみましょう。話を簡潔にするため、意思決定のレイヤーは、現場・ミドル・トップの3層とします。

そのうえで、みなさんは素材メーカーで働いているとします。会社では自社の技術的専門性や市場ノウハウを生かして、新規合成物事業に参入したとしましょう。たとえば、炭素繊維複合材料の市場に参入するといったケースをイメージしてください。

この場合、組織はどのように意思決定し、人々はどのように行動するのでしょうか。社内の誰が新規事業を思いつき、誰がそのアイデアを支持し、あるいは誰が反対するのでしょう。戦略はどのようにつくられて実行されていくのでしょう。また、こうした一連のプロセスにおけるトップの役割はどういうものなのでしょうか。

カワカミ　僕は実際に素材メーカーで働いているのですが、こうした場合に開発を思いつくのは、現場や市場に近いボトムの技術者や営業担当者だと思います。そのアイデアをミドルマネジャーに上げて、ミドルとボトムの間で戦略を立てたうえで開発を進め、それがうまくいったら、量産体制を整えるために経営陣に提案しますが、ここで支持する人と反対する人が出てきます。別部門やコーポレートの担当役員たちから「それは本当に売れるのか」といった疑問が呈されて、最終的にはトップが決める。事業化が決まれば、資金や人的リソースを配分するという流れだと思います。

野田　その場合、トップの役割は何ですか。

カワカミ　決めることと結果責任を取ることだと思います。

野田　決めるのは、何をベースに決めるのでしょうか。

カワカミ　ミドルが提案してきた戦略が信頼できるかどうかです。

野田　その戦略が信頼できるかどうかをトップはなぜ判断できるのでしょう。

カワカミ　ミドルが提出する需要予測であったり、それを裏づける顧客の声であったり、あとはミドル自身の熱意や思い、そういったものから判断するのではないでしょうか。

野田　ボトムアップのように聞こえますが、トップダウンの部分はあるのでしょうか。

カワカミ　トップが示す戦略的方向性に対応して、現場やミドルは行動するでしょうから、その点はトップダウンです。

野田　ありがとうございます。もう1人、意見をもらいましょう。

トヤマ　意思決定のモデルとしては、トップダウンでもなく、ボトムアップでもなく、ミドルアップダウンの形でミドル層が主導していくのかなと思いました。ボトムの現場が新規事業のタネを見つけて、上司であるミドルに提案する。ミドルは事業を推進するかどうかを決めてコーポレートと議論を重ね、最後はトップが決断するという流れかなと思いました。

野田　ミドルがボトムとトップの間をつなぐとともに、自身の意向を反映したプロジェクトの実行に自ら従事していくという具合でしょうか。その場合、トップの役割はどういうふうになるのでしょう。

トヤマ　やはり最終的な責任を負うことになると思います。

野田　そうすると、トップは割に合わないですね。トヤマさんがトップならば、ミドルがちゃんとした事業計画なり戦略なりを上げてくるという確証を持てますか。

トヤマ　そこについては、トップが組織の中で行動指針やバリューを掲げて、推奨される行動などを明確にしておくと同時に、実際にそういう行動ができるミドルを抜擢していれば、担保されるのではないかというふうに思います。

定義化のプロセス

野田　ありがとうございます。みなさん、かなり経験豊富ですね。なかなかよい洞察を持たれていて感心しました。

今から僕がご紹介するのは、組織による意思決定と行動を考察するためのフレームワークです。とりわけ、そこでのトップ、つまり経営者リーダーの役割を明確にしている点では、僕が知る限り世界で唯一のフレームワークです。僕の恩師ジョー・バウワーが、企業内の資源配分をめぐる意思決定プロセスを詳細に観察分析し、概念化し、提唱したもので、「コンテクスト・マネジメント（context management）」と呼ばれます。僕たち、ハーバード・ビジネススクールにおける経営政策のプロセス学派はみんなこれを学び、念頭に置きながら研究をしてきました。

ただ、このフレームワークは、日本の実務家向けのビジネス誌や書籍で本格的に紹介されたことがないのです。ジョーのオリジナルな研究書（*Managing the Resource Allocation Process: A Study of Corporate Planning and Investment*, Harvard Business School, Division of Research, 1970）は邦訳されていませんし、少し難解です。ヘンリー・ミンツバーグらが『戦略サファリ［第2版］』の中で一部を紹介していますが、残念ながらその本質を正確には説明していません。

図表2-3｜定義化プロセス

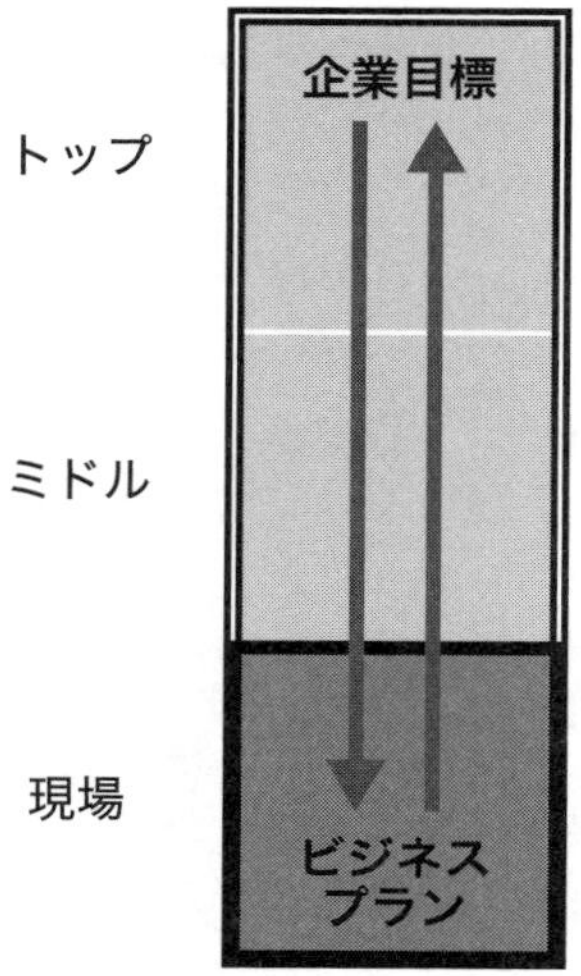

ジョーが、組織における意思決定と行動を概念化するにあたって最初に提示しているのは、「定義化（definition）プロセス」です（図表2-3）。言葉がやや硬くて申し訳ありません。弟子の僕が言うのも僭越ですが、ジョーはあまり言葉選びがうまくないのです。これは、素材メーカーの例で言えば、新規合成物のビジネスプランが最初に浮上する段階に当たります。機会や課題の発見・定義、イニシャティブ（構想）の形成にかかわるプロセスなので、英語では「イニシエーティング（initiating）プロセス」と呼んだ方がわかりやすいかもしれません。

この定義化プロセスを主導するのは、カワカミさんが言われたように、現場に近い第一線の研究者や技術者、あるいは営業担当者です。というのも、企業において現場から遠く離れたところにいるトップは、市場の現状や自社の最新技術についてよく知らないからです。機会や脅威を発見できるのは、顧客や技術に近い人たちであり、市場における自社のポジションの低下や、新たな競争相手の出現、技術革新の実現など、事業と市場・環境の間の齟齬《そご》をきっかけに新規の提案が上がってきます。

現場が上げてくるのはどんな新規提案でもいいのでしょうか。もちろん違います。素材メーカーであれば、現場から「ハンバーガーチェーンを出店したい」という提案は上がってこないでしょう。現場は、トップが語る企業のミッションやパーパス、自社は何者でどんな事業活動をする会社なのかというドメイン設定、さらにはより具体的な企業としての戦略的方向性を理解し、通常はその解釈の範囲内で提案を行うはずです。したがって、この定義化プロセスは認知的（cognitive）な性質を帯びています。

また、このプロセスにおいて、新規提案を行う現場の人たちの意思決定や行動は、さまざまな要素に左右されます。自分の任務やタスクは何なのか、自分が属している部署のマンデート（権限、任務）は何なのかといった認識や、入手可能な情報の範囲に影響を受けるほか、自分はどんな業績や評価に満足感をおぼえるかという意識によっても行動の仕方は違ってきます。会社が将来の柱となるような骨太な事業を期待していることを知っている人は、そうした技術領域・事業機会を探索するでしょうし、会社がすぐにでも成果を見たがっていることを察知した人なら、こぢんまりしていても着実な事業提案を考えるでしょう。また、研究者や技術者の場合、会社の利益のためというよりは、仲間内で自分の専門性や能力を認められたいといったモチベーションで行動を起こす人も珍しくないでしょう。

機動力のプロセス

もっとも、この定義化プロセスによって生み出されるイニシャティブのすべてが採用されるわけではありません。特に大きな企業では多種多様な多くの提案が現場から上がってきますが、そのうち経営トップに提示されて事業化につながるのはごく一部にすぎず、大半は却下の憂き目を見ます。その惨状は死《し》屍《し》累々《るいるい》と言っていいぐらいです。

というのも、プランが経営トップに伝えられ、事業化に至るまでには、さまざまなハードルを乗り越えるための「機動力（impetus）」が求められます。どういうことかというと、現場が頑張って出してきたアイデアが実現するためには、部長や本部長といったミドルのサポートや擁護が必要なのです。この段階をジョー・バウワーは「機動力プロセス」と名づけています。これも言葉が硬いので、「チャンピオニング（championing）プロセス」と呼ぶ方がわかりやすいかもしれません。

現場から上がってきた提案書は、自社のパーパスや戦略志向を反映したものではありますが、その内容はといえば、技術用語や専門用語の羅列であるのが通常であり、トップやその周囲の人たちが読んでも、たいていは訳がわかりません。だから、ミドルは、自身が取捨選択した提案のチャンピオン（擁護者）となり、その内容をトップその他の経営陣が理解できる用語にブラッシュアップします。

では、ミドルはどんなことを考えて、現場から上がってくるプランを取捨選択するのでしょうか。まず見るのはイニシャティブの質ですね。戦略的な優位性があるかどうか、財務的なリターンが得られるかどうかといったことを考えます。それから、立ち上げるプロジェクトが、自分たちの部門が目指す目標や方向性にどの程度フィットするかという検討もするでしょう。

あとは、自分自身にとってプロジェクトがどれほど有益かどうかでしょうか。みなさんは違うかもしれませんが、政治的に立ち回るミドルマネジャーはそんなことばかり考えています。このプロジェクトを立ち上げたら、トップから評価されるかなとか、自分が役員に登用されるためには、ここでこのプロジェクトは成功させておかないといけないな、というふうにいろいろと計算します。したがって、この機動力のプロセスは、本質的には社内政治や駆け引き、ときに権謀術数が渦巻く社会政治的（socio-political）なプロセスでもあります。極端な例を挙げるとすれば、テレビドラマ『半沢直樹』で描かれた「倍返し」の世界です。

また、このプロセスにおけるミドルの意思決定や行動は、自身が社内でどのようなポジションに置かれているか、自身にどのような情報を与えられているかといった事情にも左右されます。そのうえでプロジェクトを擁護しようという判断に至れば、そのプランはいよいよトップに上げられるのです。

さて、それではトップはどんなふうに意思決定をするのでしょうか。組織内でミドル層から上がってくる提案は一つだけではありません。いろいろなものがたくさん上がってきます。そのうちのどれに資源配分するのかをどうやって決めるのでしょうか。すべてに資源配分できれば、それに越したことはありませんが、資源に制約があるという前提で考えてください。

資源配分の普遍的なルール

カナクボ　私なら、企業全体の戦略的な方向性と整合しているかで判断します。

野田　そうですね。でも、有能なミドルマネジャーであれば、誰でも戦略的な整合性は明確にして提案してきますよね。

ウサミ　収益がきちんとあがるか、どの程度のリターンが得られるかで判断するのでしょうか。

野田　ファイナンスの科目で学んだＮＰＶ（net present value：正味現在価値）に基づく財務的評価ですね。さらに言えば、いつ投資資金が回収できるかといったペイバック期間も加味して判断することになるでしょうか。

ミズシマ　私なら、提案してきたミドルマネジャーやそのチームがどの程度の熱意を持ってプロジェクトにコミットしようとしているのかを考えます。

野田　おっしゃる通りですが、洗練された有能なミドルであれば、戦略ストーリーはいくらでも描けるし、数字はいくらでも固められるでしょう。社会的意義も存分に語れるし、パッションを演出することだってできます。だとしたら、トップはミドルマネジャーの何を見て決めるのでしょうか。

ウサミ　ファイナンス理論から言えば、社内のハードルレートを上回る案件に投資すれば、基本的に株主価値は増加するのでしょうが、ここでは全部の提案には資源配分できないという前提ですよね。その場合は判断が難しいですね。

野田　その通りです。

ニッタ　僕がトップならば、そのミドルがどのくらい信頼できるかを重要視すると思います。僕自身はチームのリーダーにすぎないですが、メンバーからの提案を判断するときは、そのメンバーがどれくらい信頼できる人なのかを意識しています。

野田　すばらしい！　今、ニッタさんが言われたことを、ジョー・バウワーは「資源配分におけるバッティング・アベレージ（打率）ルール（batting average rule of resource allocation）」と表現しています。

このルールでは、最後の最後に、トップはミドルの過去の戦績を見るのです。「あいつはこの5年間、いろんなプロジェクトを提案してきたけど、ほとんどが空振りだったな」とか、「こいつはたまにしかプロジェクトを上げてこないけど、必ず実現させてホームラン級の成果を出してきたな」とか、そんなふうにミドルのバッティング・アベレージを見比べて、トップは判断する。ジョーはそう結論づけています。

なぜでしょうか。

組織のトップは、有能なミドルが立案する戦略が最低限の条件をクリアしていることを知っています。数字がきれいに加工されていることもおおよそわかっています。至善館でのファイナンスや管理会計の講義で、みなさんも、事業プランの数字をいじれば、会社が求めるハードルレートを超えるＩＲＲ（internal rate of return：内部収益率）を生み出す計画に容易にブラッシュアップできることを体験されたはずです。みなさん、実際に組織の中で事業提案するときもそうされていますよね。マーケット・ペネトレーション（市場への浸透）の速度を少し上げるとか、獲得できる市場シェアを少し多めに見積もるとか、必要となる人員を少なく見積もるとか、広告宣伝などの経費を低めに設定するとか。「数字をマッサージする（massaging the figures）」と英語ではいいますが、有能なミドルであれば、事業提案を通すために、これを日常茶飯事で行っているはずです。したがって、経営会議の場には、そういう「鉛筆なめなめ」でうまく整えられたプランしか上がってきません。

もちろん、トップは、提案するミドルに対して多面的な問いを投げかけることで、そのプランがどれほど考え抜かれたものであるのかを判断することができますし、やり直しを求めることも当然できます。でも、やり直しの結果、数字上のつじつまが合った再提案がミドルから上がってきた場合はどうでしょう。やはりトップは、数字自体に本当の信頼は置けなくなってしまいます。だからこそ、プラン自体ではなく、プランを提案してくるミドルに対してどれほど信頼を置けるかという観点で資源配分の判断を下すのです。理屈っぽく説明すれば、トップは、〝未来〟に向けた〝不確実〟な新規事業提案の是非を判断するために、〝過去〟における〝確実〟な業績（打率）を代理指数(proxy) として用いるのです。これは、きわめて合理的なアプローチとも言えるでしょう。

ミドルの方も、トップのそういう性向を熟知していますから、自分の打率を維持しようとします。ジョーの前掲書でも、あるミドルがインタビューに対して次のように答えています。

「規模や販売予想や投資リターンなど、すべてのことが判断次第です。私は、自分の判断に基づいて、製品をお蔵入りさせることもできれば拡販することもできます。予想にどれほどの楽観を入れ込むかは私が判断するのです。あなたもご存じのように、あなたがどう思うかによって数字は変わるものですから。

したがって重要となるのは、私の判断にトップマネジメントがどれだけの信頼を築いてきたかです。私のようなポジションにある人間は、たえずこのように考えなくてはいけません。もし上席の経営幹部たちの信頼を失ったら、その人間は企業の中での有用性を失ってしまいます。どんな提案を行ったとしても、その人間の提案が承認されることはないでしょうから。」（筆者訳）

おそらく、この「資源配分における打率ルール」は、トップが意識的あるいは無意識的に実践しているはずです。僕はこれまでに、世界各地の多くの経営者やＣＦＯにインタビューしてきましたが、この話にはほとんど全員がうなずきます。

キシモト　大変興味深いです。実際、僕らの組織でも、「あの役員を通してトップに上げた案件は必ず通る」とか、「あの部長を通して上げると、だいたい却下される」といった話がよくあります。そうした違いは、部長が社長と同じ地方の出身であるとか、同じ大学の出身であるといった人間関係による場合もあるのですが、それ以上に大きく影響しているのは、部長の過去の実績であるように思います。

野田　打率が低いミドルの提案だと、トップは眉に唾をつけて聞きますが、打率の高いミドルの提案なら、恐ろしいことに、どんな内容でも信頼してしまう傾向がありますからね。

ウサミ　トップは自分自身で事業提案の内容を精査し、判断することはできないのでしょうか。

野田　トップが提案の中身を見て「これは当たらないと思う」と反対意見を言い、「僕はこうする方がよいと思うんだ」と逆提案できるかどうかですね。ウサミさん自身はどう思いますか。

ウサミ　自分が精通している分野であれば可能かもしれませんが、大きな企業だと、トップがすべての領域に精通することは不可能でしょうね。

野田　仮にそのトップが技術畑出身であったとしても、最新の技術に詳しいわけではないし、営業出身だったとしても、今は市場からずいぶん離れてしまっていますから、トップの判断の方が優れている可能性は低いかもしれませんね。また、現場が提案しミドルが練り上げたプランに関して、

図表2－4｜ミドルが戦略を事実上決定する

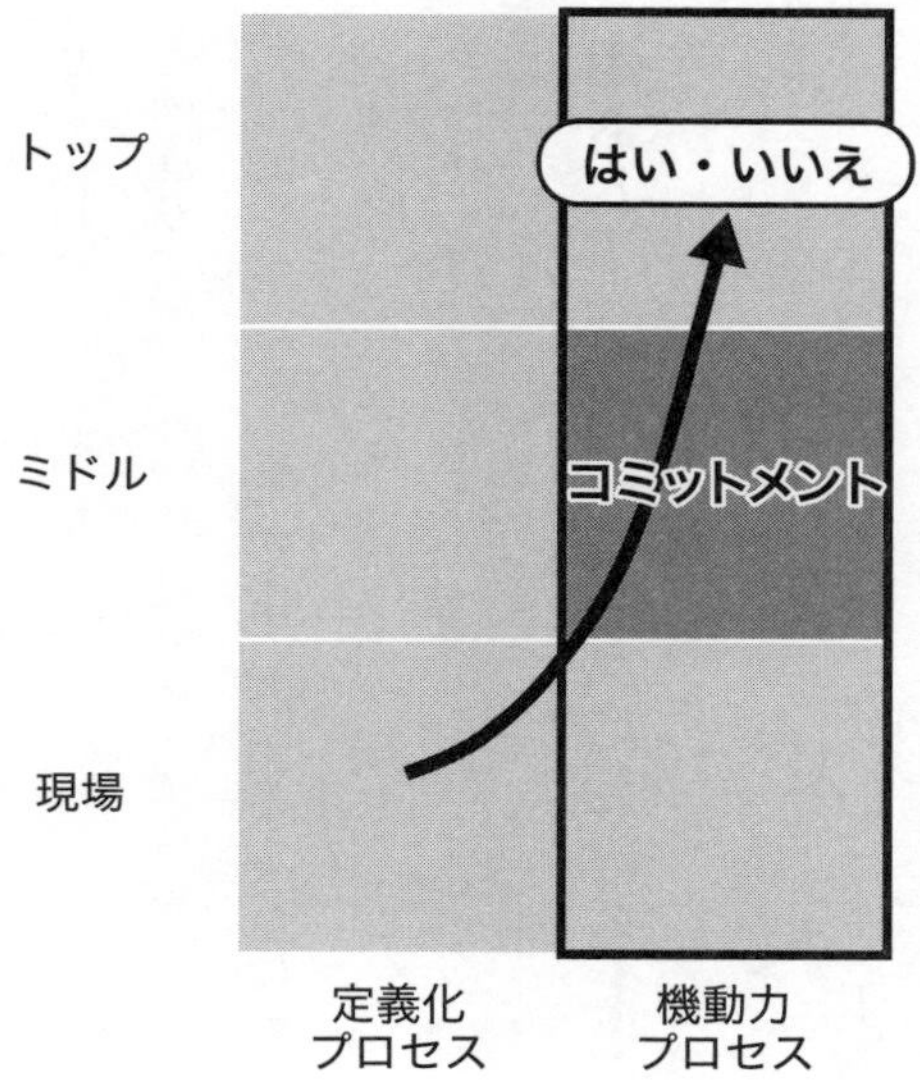

トップが「これは当たらない」という判断を安易に下し、「こうすればいい」などと逆提案してしまうと、現場やミドルのやる気が削がれます。だったら最初からトップがプランを考えればいいじゃないか、何のために現場やミドルがいるのだという話にもなります。だから、トップはプランの詳細には極力立ち入らないし、そんなことは能力的にも時間的にも不可能でしょう。

繰り返しになりますが、もちろん、突き返すことはできます。このプランは戦略的に考え抜かれているのか。数字的な裏づけはあるのか。社会的意義はあるのか。やろうとしている現場やミドルのパッションはどうなのか。そういうことを問いただして、計画を練り直すように指示することはできるし、当然やるべきですよね。でも、練り直されて再提案されてきたプランの中身をトップは本当に理解できるのか。結局は同じことの繰り返しです。

カワカミ　そうすると、事業戦略を実質的に決めているのは、トップではなく、ミドルだということになりますね。

野田　その通りです。バッティング・アベレージの高い有能なミドルマネジャーが事実上の意思決定をして戦略を策定し、その後、計画を実行に移す際にも中心的な役割を果たすのです（図表2－4）。

ボトムアップのプロセスにおけるトップの役割

さて、ここからが一番重要なところです。ミドルが事実上、戦略を決めるのだとすると、トップは困らないでしょうか。トップは組織としての意思決定、つまり戦略についての責任を取らないといけません。ミドルが決めた戦略に対して、トップが何の介入もできず、何の役割も果たしえないのであれば、トップは割に合いません。結果責任だけを負わされることになりますから。

したがって、みなさんに考えていただきたいのは、こうしたボトムアップのプロセスにおける経営トップの役割は一体何なのかということです。

図表2－5｜企業内のコンテクストを形成する

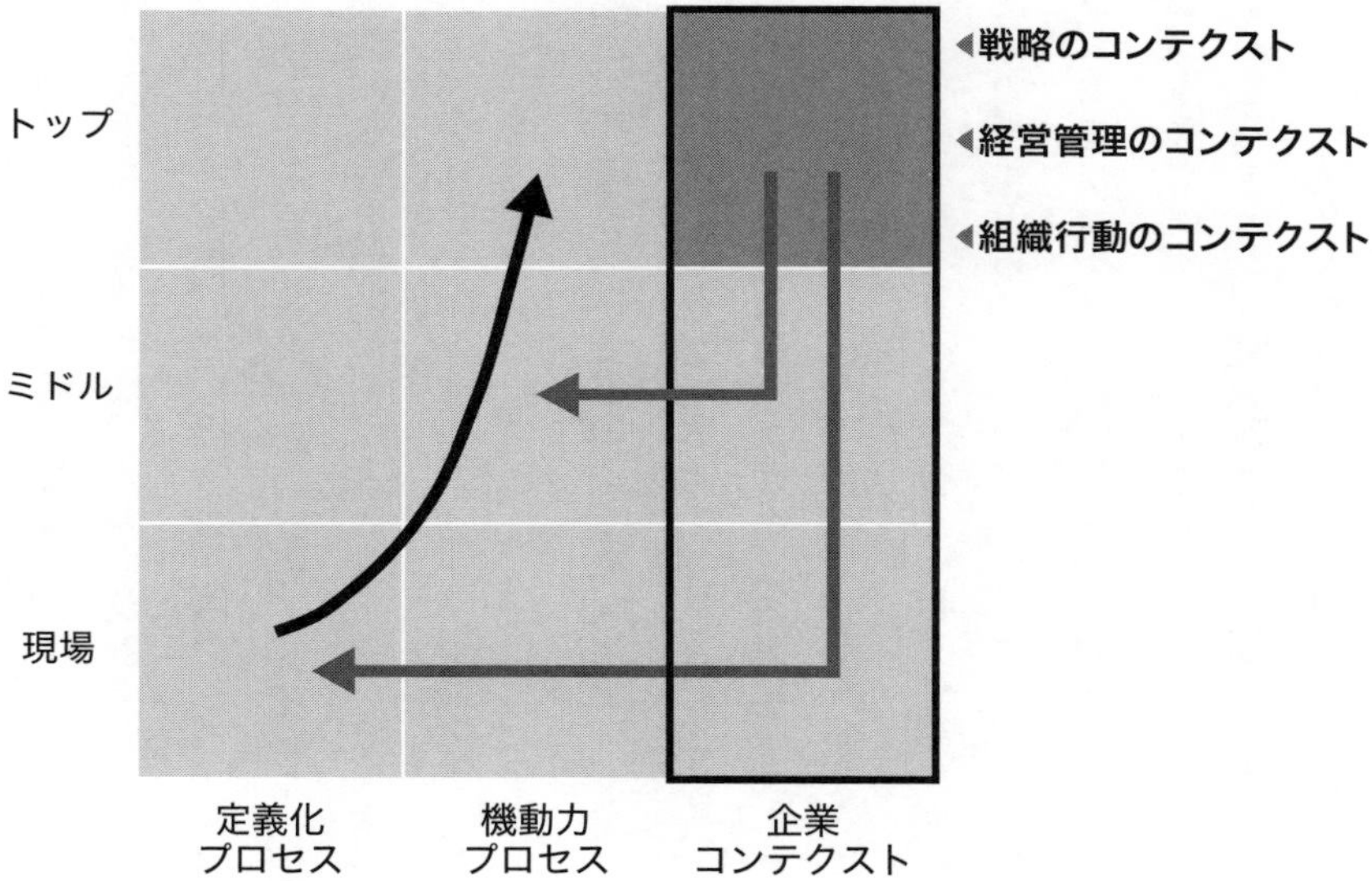

結論から言うと、トップの役割は実はとても重要です。一見、上がってきたビジネスプランに対して「はい」「いいえ」を言っているだけのように見えますけれども、そんなことはありません。トップは、企業理念、パーパス、戦略志向、組織構造、経営管理システム、組織としての人格（社員の行動規範、企業文化や組織風土）といったものの設計や構築を通じて「企業コンテクスト」をつくり出すことによって、意思決定に間接的な影響を与えることができるのです（**図表2－5**）。

定義化プロセス（僕の言葉では、イニシエーティング・プロセス）と、機動力プロセス（僕の言葉では、チャンピオニング・プロセス）で、現場とミドルがそれぞれどのように意思決定し、行動するのかをもう一度振り返ってみましょう。

まず定義化プロセスでは、技術や顧客に近い現場の人が機会や脅威を認知し、イニシャティブを定義していきますが、このとき企業理念やパーパス、企業の戦略志向を自分なりに解釈して行動すると説明しました。トップが自社のドメインを「素材メーカーである」と定義し、「素材技術で社会と地球に価値を創造する」というミッションやパーパスを明確にしていれば、現場やミドルからは、少なくとも「ハンバーガーチェーンを始めたい」といった提案は上がってこないでしょう。これも先に説明した通りです。

現場が、組織においてどのようなマンデートを与えられているかということも、イニシャティブが形づくられる際に影響を及ぼします。研究開発に携わる現場の担当者はすべての技術動向をウォッチしているわけではありません。自身に与えられたマンデートに従って探索の領域を選択します。そして、このマンデートは、トップが設計する（直接設計しなくとも最終承認を与える）組織構造において決定されるものです。組織構造とは、組織において誰が何をするのか、誰が誰に報告するのかを定めたものですから。

また、このプロセスでは、現場の意思決定や行動は、トップが形づくる経営管理システムからも大きな影響を受けます。経営管理システムとは、情報管理システム、事業の計画・予算・業績評価にかかわるシステム、報酬制度や人事制度といったものです。特に人事の制度は重要ですね。トップが現状の打破と未来への挑戦を志向し、リスクテイキングした人が評価されるシステムをつくれば、現場はそのシステムに敏感に反応し、自ずと挑戦的なイニシャティブが上がってきます。その逆であれば、消極的なイニシャティブしか上がってきません。

続く機動力プロセスにおいても、ミドルの意思決定や行動は企業コンテクストに大きく左右されます。トップが示す企業の理念・パーパス、全体の戦略的方向性との整合が取れない提案を、そもそもミドルは選択も擁護もしないでしょうし、ミドルも組織内において与えられたマンデートに沿って忠実に責務をこなそうとします。みなさんも、上司に何かを提案して、「その案件、前のポジションにいたら、ぜひやってみたいんだけど、今のポジションにいる自分にとっては優先順位が低いかな」といった反応に接したことはあるでしょう。

このプロセスにおけるミドルの意思決定や行動は、トップが構築した（少なくとも最終承認した）人事評価システムをはじめとする経営管理システムからも影響を受けますし、他部門のどのような情報が与えられているかによっても変わってくる可能性があります。また、ミドルともなれば、その行動の是非も問われます。トップが定めた行動規範（バリュー）においてチームワークや協働が求められていれば、技術や流通チャネルなどの面で他部署の活動とのシナジーがあるようなイニシャティブをより強く擁護すると考えられます。

経営者による介入の梃子

以上が、ジョーが提唱したコンテクストのマネジメントです。トップは、現場のスタッフがイニシャティブを定義し、ミドルマネジャーがこれをサポートするという意思決定・行動からなるプロセスに、意図してつくり出した企業コンテクストを介して、影響を与えるのです。

このコンテクストという概念はわかりにくいかと思います。日本語では「文脈」と一般に訳されますが、「組織環境」と読み替えた方が理解しやすいかもしれません。

『西遊記』に孫悟空とお釈迦様の有名なエピソードがありますよね。石から生まれた悟空が天界で大暴れしていると、お釈迦様が現れて「私の手のひらから飛び出すことができれば、天界の主にしてやろう」と言う。悟空が觔斗雲《きんとうん》に乗ってブーンと飛んでいくと、行く手に5本の柱が立っている。「ここが世界の果てだ」と思った悟空は柱に名前を書いて戻ってきますが、柱だと思っていたのはお釈迦様の指だった。つまり、孫悟空はお釈迦様の手のひらの上を飛んでいたわけです。

この「お釈迦様の手のひら」がまさに企業コンテクストに当たります。現場やミドルマネジャーの行動は、経営トップが組織内につくり出したコンテクスト（文脈・環境）の中で展開され、コンテクストに影響を受けています。本人たちは孫悟空のように自由に飛び回っていると思っているのですが、実はそうではなく、確実にコンテクストの影響を受けている。ここに、コンテクスト・マネジメントの本質を理解する鍵があります。

ジョーとその後に続いた研究者が確立したフレームワークでは、企業コンテクストは大きく三つに分けて考えられます。

一つは「戦略のコンテクスト（strategic context）」であり、これは自分たちがどのような企業を目指し、何を活動のドメインとし、人と社会にどんな貢献をすると約束するのかといった方向性や目標です。ミッションやパーパス、企業の戦略的方向性、より具体的な戦略目標もここに含まれます。

二つめは「経営管理のコンテクスト（administrative context）」です。情報の管理や共有のシステム（どのレベルの情報に、どの階層のマネジャーやスタッフが、どの頻度でアクセスできるか、あるいは、どんな情報がどのように組織内で共有されるかといった体制）や、予算策定のシステム（中期計画、年次予算、資源配分、業績評価の一連のサイクルや仕組み）、人事管理のシステム（人の評価、昇進、報酬の仕組み）などがこれに相当します。

そして三つめは「組織行動のコンテクスト（behavioral context）」で、これはその企業で奨励される社員の行動や社員同士の関係性を意味しています。これには、行動規範として明示されているものもあれば、企業文化や組織風土として暗黙のうちに共有されているものもあります。

経営者はこれら三つのコンテクストをデザインし、運営し、その中に魂を吹き込むことによって、

図表2－6｜コンテクスト・マネジメントの概念的フレームワーク

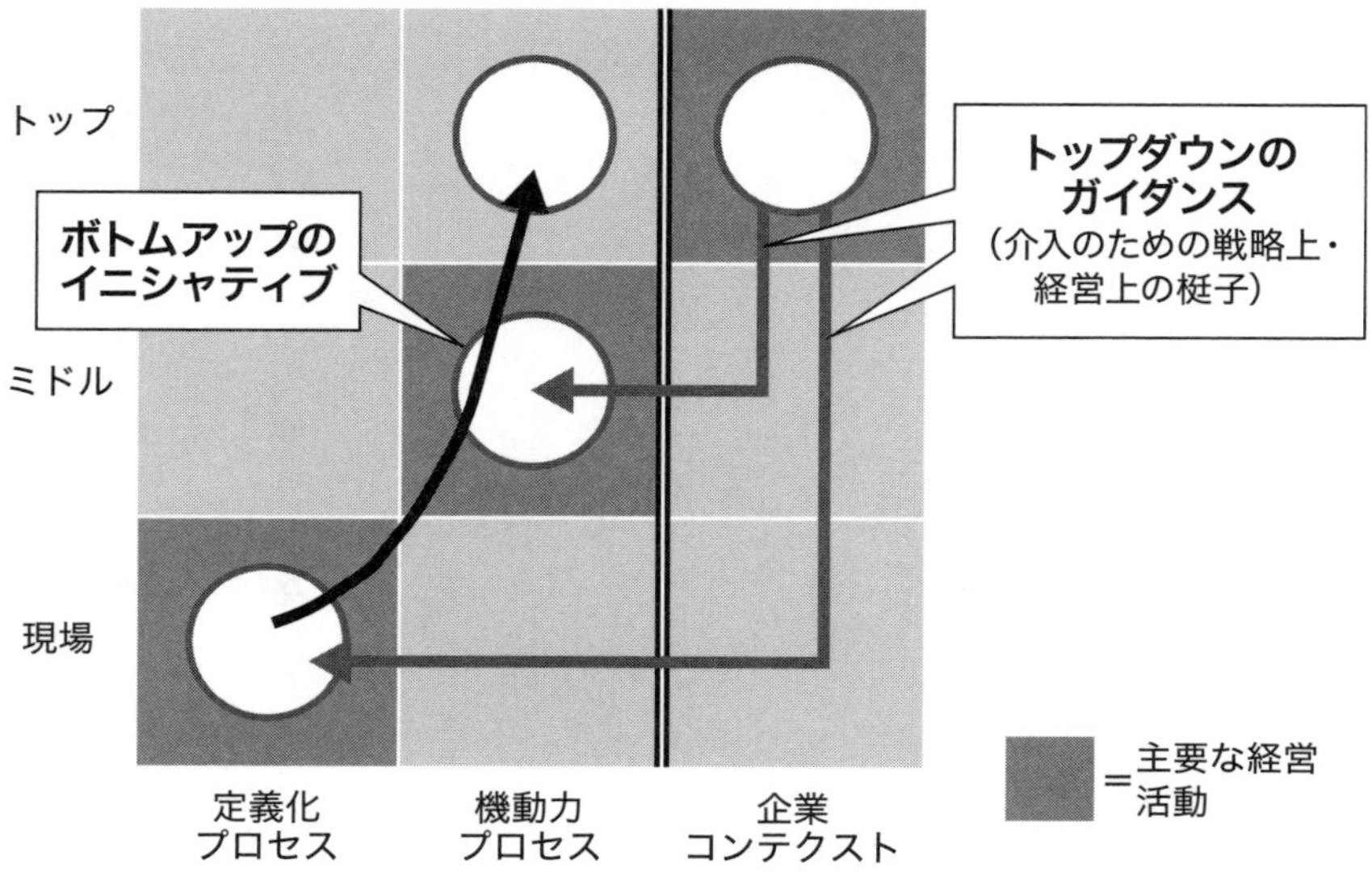

現場やミドルのマネジャーの意思決定や行動に間接的ながらも影響を及ぼし、複数の行動主体の意思決定と行動が集合的に織りなす組織内のプロセスを誘発していくのです。これがコンテクスト・マネジメントの基本的な考え方であり、企業コンテクストの設計・構築・運営こそが、「経営者による介入の梃子（levers for managerial intervention）」となるのです（図表2－6）。

コンテクスト・マネジメントについて、みなさん、どう思われますか。

ミナミ　質問です。定義化プロセスと機動力プロセスが動態としてのプロセスであることはわかるのですが、企業コンテクストというのは、プロセスのように時とともに変わっていくものではなく、むしろ定常というか、変わらないものだと理解すればいいのでしょうか。

野田　大変よい質問です。ありがとうございます。ジョー・バウワーのフレームワークを理解しようとするときに、そこが一番わかりにくい点だと思います。基本的にはミナミさんの理解で大丈夫です（ジョーのフレームワークを継承し発展させたスタンフォード大学のロバート・バーゲルマンによる異なる解釈や定義もあるのですが、紹介すると枝葉に入り込んでしまうので割愛します）。定義化・機動力のプロセスが1年から数年続くのに対し、経営管理や組織行動のコンテクストは、経営者リーダーが変えようと思えば変えられるものの、通常はさほど大きく変わるものではありません。戦略のコンテクストも、戦略目標などは変わることがありますが、事業のドメインや企業のパーパスは変わらないでしょう。孫悟空とお釈迦様のたとえに戻ると、孫悟空の動きがプロセスであり、その動きを誘導しているお釈迦様の掌《たなごころ》がコンテクストなのです。

ヒガシオ　コンテクスト・マネジメントというフレームワーク自体にやや疑問を感じます。僕は起業して、十数人の小さなベンチャーをやっているのですが、何から何まで自分で意思決定していて、コンテクスト・マネジメントはやっていません。

野田　よい着眼点ですね。コンテクスト・マネジメントを理解するためには、少し理論っぽく言うと、組織の意思決定における「情報の非対称性（information asymmetry）」に目を向けなければいけません。

従業員が数十人しかいないような小さな組織の場合には、トップと現場が持っている情報量にさほど差がないですよね。つまり、情報の非対称性が存在していない。その場合、トップは、事業計画の中身も含めて全部自分で決めることができます。

しかし、ベンチャーとしてスタートした組織であっても、成長していく中で社員数が100人、200人と増えていくにしたがって、創業者がすべての意思決定にかかわるのは不可能になり、やがてはコンテクストをマネージする方向へと経営をシフトせざるをえなくなります。なぜなら、事業の拡大にともなって組織内の複雑性と多様性が増していけば、市場や顧客の動向や技術の進展についてのあらゆる情報を、トップが保有し続けるのは不可能になるからです。そうすると、情報をより多く保有しているミドルや現場の役割が重要となるのです。

ただし、大企業においても、M&A（合併・買収）をする場合などは事情が異なります。その意思決定はトップが少人数のチームを率いて行います。この場合、意思決定に必要な情報は、個別の製品、サービス、事業を担当している現場ではなく、業界全体をよく見回しうる立場にいて、買収ターゲットとなる企業や事業をより正確に評価できるトップが保有しているからです。要するに、誰が意思決定をするのかは、そのために必要な情報を誰が多く持っているかによって変わるということです。

コモリヤ　他の講義で、破壊的イノベーションに対する対応はトップダウンで進めるしかないと習ったのですが、そういう場合、コンテクスト・マネジメントはどう関係してくるのでしょうか。

野田　破壊的イノベーションへの対応も、おっしゃる通り、基本的にトップダウンで進められます。ただ、この場合は、情報の非対称性が理由ではありません。破壊的イノベーションへの対応策は既存事業とのカニバリゼーション（共食い）を起こすことが多いため、既存事業に責任を持つ現場やミドルが対応策を考え出すのはほぼ不可能なのです。なぜなら自らの存在意義を否定するようなものですから。

また、そうした際の新たな事業機会の追求は、既存のコンテクストにはそぐわない場合も多くあります。典型例は、銀行などの金融機関がデジタル・ディスラプション（デジタル化による破壊的変化）にさらされているようなケースでしょう。新たに立ち上げるデジタル金融サービスは、初めは収益率が低く、既存の資源配分ルールをクリアできないかもしれませんし、サービスを推進するために必要なデジタルやデータサイエンスの領域に精通した人材は、往々にして従来の銀行員とは別タイプの人たちで、既存の人事システムからはみ出してしまう可能性が大きいのです。

昨今、喧伝されている「両利きの経営」においても、新規事業機会の「探索」は基本的にトップダウンで、既存事業の「深化」はコンテクスト・マネジメントで行うという組み合わせになることが多いのではないでしょうか。

マブチ　創業以来、脈々と受け継がれてきた企業コンテクストを変える必要が出てきた場合、サラリーパーソンの社長にそれは可能なのでしょうか。そこに踏み込んでいくのはかなり難しいのかなと思うのですが。

野田　それは、いわゆる組織変革全般に共通する話ですね。一般論として述べておくと、大きな変革は、このままでは自社が経営破綻に陥ってしまうといった強い危機感を組織の成員が持っていなければ、起こすのは大変難しいです。逆に言えば、大変革を起こすためには、そういう危機感を人為的にでも生み出さなければなりません。

危機感が組織全体に共有されていない段階で、あるいは組織全体に危機感を醸成するのが難しい段階で、コンテクストを変えていく場合は、たとえば問題に直面している小さな子会社や海外の現地法人のような、本社の目があまり行き届かないユニットで変革の成功モデルをつくり、それを本社に逆導入していくといったアプローチに頼るしかないというのが僕の考えです。

ただ、組織内に危機感が広がっている場合でも、サラリーパーソンの社長は、自分自身がいわば従来のコンテクストの中で育てられたコンテクストの産物ですから、歴史的なしがらみがあって、コンテクストを変えるのはなかなか難しい。むしろ、ファンドから送り込まれた経営プロフェッショナルのような、しがらみのない外部者の方がやりやすいでしょう。

ファン　コンテクスト・マネジメントは企業の経営トップだけが行うものなのでしょうか。私はまだミドルまでいかない立場なのですが。

野田　企業コンテクストのうち経営管理のコンテクスト、たとえば人事制度などは会社全体で一律に決めて運用しますから、独立性の高い子会社のトップならともかく、ラインの部長や課長といった立場では、その設計や変更に介入できるものではありません。

しかし経営管理システムの中でも仕事やプロジェクトの進め方に関するものや、戦略や組織行動のコンテクストは必ずしもそうではありません。会社全体のコンテクストが存在する一方で、部長や課長もその指揮権限の及ぶ部下・メンバーに対して、一定程度、（よりミクロながらも）独自の文脈や環境をつくり出すことはできますし、そういうコンテクストに対して部下やメンバーたちはビビッと反応するでしょう。たとえば、仕事の進め方についていえば、優先順位（プライオリティ）を明確にするとか、目標を具体化するとか、意識すべきステークホルダーを設定するとか、制約もふくめ意思決定の諸原則を定めるといったものです（これらの点については、この講義の最終部分で、ネットフリックスなどの事例をひきながら紹介します）。

だから、現場やミドルの立場にいるときからコンテクスト・マネジメントを意識しておくことは、経営者リーダーとしての視座の獲得につながるだけでなく、実際の組織行動を理解するのにも役立つと思います。

ホンダCケースとコンテクストのマネジメント

さて最後に、前回の講義で議論したホンダの事例を、コンテクスト・マネジメントの観点から、もう一度解釈し直してみましょう。

本田宗一郎と藤沢武夫が、当時からコンテクスト・マネジメントなるフレームワークを理解して、戦略・経営管理・組織行動のコンテクストを慎重に設計し構築していた……。なんてはずはありませんよね。でも僕は、二人は、ここで言う企業コンテクストの重要性を直感的に理解していたと思うのです。彼らは、自立し、挑戦心にあふれ、柔軟で協力し合う組織をつくりたいと考えており、その明確な意図を社員たちに繰り返し説いて聞かせていたのでしょう。

現在のホンダは、Hondaフィロソフィーの基本理念として、「自立」「平等」「信頼」を柱とする「人間尊重」と、「買う喜び」「売る喜び」「創る喜び」からなる「三つの喜び」を掲げています。

「人間尊重」は本田宗一郎が強調していた理念で、自律した個性を尊重し合い、平等な関係に立ち、信頼し、一人ひとりが持てる力を尽くすことで、ともに喜びを分かち合いたいという考え方です。

「三つの喜び」は、創業から数年後、1951年12月の『ホンダ月報』に本田宗一郎の言葉として掲載されました。技術者がその独自のアイデアによって、文化社会に貢献する製品をつくり出し(創る喜び)、メーカーとして品質性能がよく、価格が低廉な製品を買い手に届け(売る喜び)、買った人の喜びによって製品の価値を公平に評価してもらう(買う喜び)こと、これを本田宗一郎はモットーとして語っていました。

こうした基本理念に加えて、ホンダでは「まず自分のために働け」「松明は自分の手で(まだ誰も歩いたことのない道を自分の手で切り拓く)」「ノープレー・ノーエラーを排せ(失敗を恐れて何もしなければ、そこに進歩は生まれない)」「ワイガヤ(夢や仕事のあるべき姿について、年齢や職位にとらわれずワイワイガヤガヤ

図表2－7｜もう一つのホンダ（Cケース）：スピードにあふれ起業家精神に富む組織

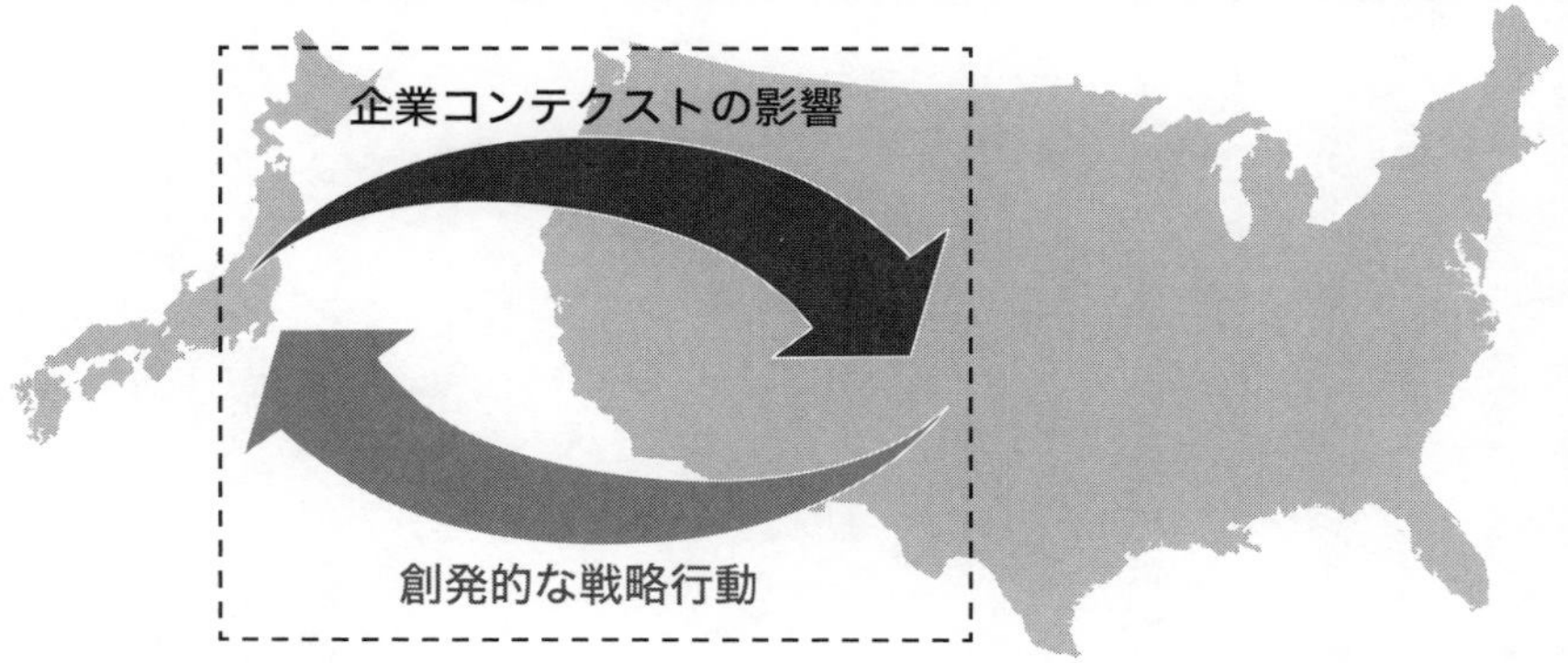

意思決定と行動	企業コンテクストによって導かれた、一見場当たり的な、しかし実際には合理的な一連のふるまい
戦　略	企業コンテクストの産物

と腹を割って議論する）」といった「Honda イズム」が哲学・信念として継承されています（本田技研工業ウェブサイト「Honda イズム」）。

これら創業以来の基本理念、考え方、哲学・信念によってつくり出されたホンダの企業コンテクストが、北米市場進出の実働部隊であったアメリカン・ホンダ・モーターの現場やミドルマネジャーたちの、トップに忖度することなく、臨機応変かつ果敢にリスクテイクする提案や意思決定、さらには行動を誘発したのだと思います。それは、一見、幸運に導かれた場当たり的な振る舞いのように見えますけれども、ホンダの企業コンテクストによって引き出された戦略行動であり、後づけでは合理的と解釈されうるアウトカムを生むものだったと言えるのではないでしょうか（**図表2－7**）。

このように見ていくと、ホンダのケースはさらに理解しやすくなるのではないかと思います。ホンダAケースが合理的行動主体モデル、Bケースがゴミ箱モデルだとすると、僕が命名したホンダCケースは、コンテクスト・マネジメントによる組織としての意思決定と戦略策定だと言えるでしょう。

第2章のまとめ

戦略分析では、企業はあたかも「点」のように扱われる。ホンダはどう行動したか、それに対してトヨタはどんな手を打ったか、そうした中で日産はどう対処すべきかというふうに、それぞれの企業は、戦略策定や組織行動において、あたかも合理的に意思決定をする「一人の人間」であるかのようにとらえられる。

しかし、組織の実際はそんな前提とは大きくかけ離れている。組織は人の協働体であり、その内部は複雑だ。新たなイニシャティブは現場からミドルを通じてボトムアップで起こることが多いが、そこで問題になるのが経営トップの役割だ。経営者リーダーが、そのボトムアップのプロセスに関与することができないならば、組織行動の結果に対して責任を持つことなどできないはずだからだ。

トップはボトムアップのプロセスにどのように関与するのか。この問いに対する示唆を与えてくれるのが、コンテクスト・マネジメントという考え方だ。経営者リーダーは、現場やミドルの意思決定と活動に対して、「戦略」「経営管理」「組織行動」の三つの企業コンテクストを構築することによって、間接的ながらもトップダウンで影響を与えうる。意図した通りの事業提案や活動がボトムアップで生まれるかどうかは保証されないものの、できる限り自身の意図に沿う提案や活動が生まれてくるよう期待し、企業コンテクストの設計と運営に注力する。

さて、みなさんが属している企業の経営陣はどうだろうか。複雑で相互に関連し合う組織行動をどこまで理解して、経営の舵取りを行っているだろうか。

コンテクストのマネジメントという観点から経営を見たとき、経営者リーダーの役割はより明確に浮かび上がってくるはずだ。

第3章

組織能力はいかにして形成されるか

学習する組織／しない組織

Chapter 3

前章では、経営者と社員の関係を、お釈迦様と孫悟空にたとえた。お釈迦様は孫悟空を飛び回らせる。孫悟空は世界の果てまで自由に飛んでいく。少なくともそう自分は思っているが、実際はお釈迦様の掌《たなごころ》の中で飛び回らされている。この掌が企業コンテクストに当たる。

でも、問題はここからだ。お釈迦様と違って、経営者は成長途上にあるふつうの人間だ。正しく判断し、行動するときもあれば、間違えるときもある。あるいは、なすべきことをなさずに放置してしまうこともある。よい掌を差し出して、組織の中の複数の、あるいは無数の孫悟空たちを、自身がよいと思う方向へと飛び回らせることができればいいが、掌の出し方によっては、孫悟空たちはとんでもない方向へ飛んでいき、とんでもないことをしでかしてしまう。

一体どんなコンテクスト（＝掌）を提供すれば、現場やミドルマネジャーたちは、よい結果をもたらしてくれるのだろう。コンテクスト・マネジメントによって組織能力を構築し、よい組織プロセスを生み出すためにはどうすればいいのだろう。

この章では、「学習する組織」を題材に、経営者リーダーの役割と責任について考える。

組織能力を判定する手がかり

最初の講義でも述べたように、世の中には、経営の質が高い企業もあれば、そうでない企業もあります。言い換えれば、経営に必要とされる優れた組織プロセスを生み出す高い組織能力を持つ企業と、そうでない企業があります。

しかし、前の講義で紹介したコンテクスト・マネジメントは、あくまでも組織における意思決定と行動のメカニズムを解明、記述するフレームワークであって、経営に求められる組織能力が優れているかどうかを判定するものではありません。組織能力が優れている組織でも、そうでない組織でも、コンテクスト・マネジメントは機能しているのです。

もちろん、経営者にとって関心があるのは、経営の質を高めるため、組織能力を高めるためのコンテクスト・マネジメントの有り様です。そこでここからは、コンテクスト・マネジメントの枠組みをベースとしながら、優れた組織能力（高い経営の質）とは何か、そこそこの組織能力（そこそこの経営の質）とは何が違うのかというテーマについて考えていきます。

手がかりとするのは「学習する組織（learning organization）」です。企業は、学習するだけのために存在しているわけではありませんから、「学習する組織＝優れた経営」とはなりませんが、組織学習はきわめてシンプルな経営課題なので、有効な組織プロセス、よい組織能力のために求められる企業コンテクストを考える入り口として取り上げる次第です。

さて、「学習する組織」は、1990年代後半に世界的なブームとなった経営のアジェンダで、当時、ロイヤル・ダッチ・シェルをはじめとする多くの企業が、経営プラクティスとして導入しました。システム思考をベースにこの議論を展開したピーター・M・センゲ（MIT上級講師）の『最強組織の法則』（守部信之訳、徳間書店、1995年）や、シェルの経営幹部だったアリー・デ・グースの『リビングカンパニー』（堀出一郎訳、日経BP社、1997年／2002年『企業生命力』に改題）は世界規模のベストセラーとなりました。また、この潮流と並行して、野中郁次郎さん（一橋大学名誉教授）と竹内弘高さん（一橋大学名誉教授、ハーバード・ビジネススクール教授）の世界的名著『知識創造企業』（梅本勝博訳、東洋経済新報社、1996年）も生まれています。センゲの著書は後に増補改訂版『学習する組織』（枝廣淳子、小田理一郎、中小路佳代子訳、英治出版、2011年）として再出版もされています。

話を戻しましょう。

学習する組織とはどういう組織でしょうか。それは、知識を創造、習得、移転する能力を有し、新しい知識や洞察を反映させながら既存の行動様式を変革できる組織です。具体的には、次のような組織プロセスが見られるのが学習する組織と言えるのではないでしょうか。

◇他社のベストプラクティスから貪欲に学ぶ

◇失敗から得た教訓を未来の行動に反映させる
◇過去にとらわれず、環境変化に迅速に対応する
◇組織内で水平・垂直に学習を共有する

これに対し、「学習しない組織」に見られる組織プロセスは以下のものが挙げられます。

◇N－I－Hシンドローム（自分たちは特殊だと思い込む）
◇間違いを繰り返す（いつも同じ発見をする）
◇慣習にとらわれる
◇情報の囲い込みが起きる

なお、「N－I－H」とは「not invented here」の略であり、「よその組織でつくったものは、うちの組織には合わないよ」と決めつけてしまうような姿勢や態度を意味しています。経営幹部たちが「うちの業界は特殊だからね」とか、「うちの会社は特別だからね」といった会話をしているような企業は、「特殊だから」「特別だから」という理由で他業界や他社のベストプラクティスからの学びを暗黙裡に拒否している可能性が高いと言えるでしょう。それがN－I－Hシンドロームです。

それでは、みなさんが所属する組織はどちらでしょうか。みなさんが経営者リーダーであれば、

どちらの組織を構築していこうとするでしょうか。

単純に考えても、学習する組織の方が学習しない組織よりも優れていると思いますよね。したがって、学習しているかそうでないかを見極めることは、組織能力が優れているかどうかを（部分的ではありますが）判定する一つのリトマス試験紙になります。

名門金融機関の不祥事

では、学習する組織・学習しない組織、それぞれにおいて、上記のような組織プロセスを誘発しているのは、どのような企業コンテクストなのでしょうか。これまで説明したように、組織プロセスは、現場やミドルマネジャーの判断や行動によって形成されますが、学習する組織と学習しない組織では、それぞれどのような企業コンテクスト、つまり戦略目標や経営管理システムや組織風土が、どんな現場やミドルマネジャーの判断や行動を誘発しているのでしょうか。これが、ここでの僕たちの問題意識です。

まずは話をわかりやすくするために、学習しない組織の中でも極端な例である「不祥事を起こす企業」に注目してみましょう。日本国内でも海外でも企業の不祥事はしょっちゅう起こっています。

情報の改竄、その事実の隠蔽、臭いものには蓋、挙げ句の果てには内部告発といったパターンが典型的です。そういう組織の中ではどんなことが起きているのか。どのような企業コンテクストが、不祥事につながる社員の判断や行動、そしてその集積である悪い組織プロセスを誘発しているのか。今回はウェルズ・ファーゴ（Wells Fargo & Company）の事例を通して吟味してみます。

ウェルズ・ファーゴは、１８５２年にアメリカ・サンフランシスコで創業した金融機関です。ＪＰモルガン・チェース、バンク・オブ・アメリカ、シティグループと並ぶ全米四大銀行の一つで、２０１７年の時点では全米各地に８６００店舗を構えていました。

経営面では、地域に密着したリテール（個人向け）営業に重点を置いていて、住宅・自動車・学費ローン、デビットカード、保険、中小企業向け融資などで全米屈指の業績を誇ってきました。支店の雰囲気や従業員のサービス態度も評判がよく、顧客に対して複数の商品を売るクロスセリングを得意としてきました。

世界金融危機（２００７～２０１０年）後の規制強化にともない、アメリカの金融機関は高リスクな取引からの撤退を余儀なくされましたが、危機と無縁だったウェルズ・ファーゴのリテール営業は、その高い収益性から「経営の成功モデル」と評されてきました。著名な投資家ウォーレン・バフェット氏が率いる投資会社バークシャー・ハサウェイも、ポートフォリオの主力にウェルズ・ファーゴを据えていました（２０２１年5月に保有株式をすべて売却）。

ところが、この名門金融機関において、２０１６年9月に不祥事が発覚します。顧客の承諾を得ないまま、銀行口座を開いたりクレジットカードを発行したりする行為が横行していて、2015年までの5年間に200万件の口座で不正取引がなされていたことが判明したのです。顧客が自動車ローンを組む際に保険に二重に加入させていたことや、住宅ローンの金利固定期間の延長時に手数料を不正に請求していたことも明らかになりました。

ウェルズ・ファーゴでは、不正営業にかかわったとして約5300人の行員を解雇しましたが、複数の行員はこれを不服として、約26億ドルの支払いを求める集団訴訟を起こしています。

この不祥事をきっかけに、ウェルズ・ファーゴは金融機関・株式時価総額世界一の座をJPモルガン・チェースに奪われました。2016年10月にはジョン・スタンプCEOが辞任に追い込まれました。そして2018年4月、調査を続けてきた金融監督当局が罰金計10億ドルを科すことを決め、ウェルズ・ファーゴはこれに合意したのです。

以上がウェルズ・ファーゴとその不祥事の概要です。

真因は何なのか

ウェルズ・ファーゴの不祥事については、さまざまな観点からの指摘がなされています。

たとえば、ビル・テイラー（ブリガム・ヤング大学マリオットスクール・オブ・ビジネス教授）とマイケル・ハリス（ノースカロライナ大学ケナン・フラグラー・ビジネススクール博士課程）は、「戦略と数字を取り違える」ワナにはまっていたと分析しています。

ウェルズ・ファーゴは、リテール顧客との関係性を重視する（関係性を深めてゆく）戦略を打ち出しており、クロスセリングの件数を業績指標に置き、目標の達成度を測ろうとしていたのです。その結果、クロスセリング自体を本社が戦略として掲げたことは一度もありませんでしたが、現場では数字が戦略に取って代わってしまったというのがテイラーたちの見方です。

さらに彼らは、インセンティブと報酬の仕組みや、販売ノルマとその達成を求める容赦のない重圧、自由放任型のセールス文化も不正の原因だったと述べています。そして、それらはすべて、当時のウェルズ・ファーゴが採用していた業績管理制度に結びついていたと指摘しています。会社が日々のクロスセリング件数を熱心に集計すると決めたとき、従業員は件数の最大化に向けて努力するという合理的反応を示したのだ、というのが彼らの説明です（「目先の数字にとらわれて目標を見失っていないか――ウェルズ・ファーゴの失敗に学ぶ」有賀裕子訳、『DIAMONDハーバード・ビジネス・レビュー』2020年3月号、ダイヤモンド社）。

また、シンクタンク「ニューアメリカ」のスーザン・M・オークスは、金融業界に広がる「セルフ・リライアンス（self-reliance）」のカルチャーに着目しています。これは、部下は困っていても上司に相談できない、上司に相談するような部下は無能扱いされてしまうというカルチャーです。加えてウェルズ・ファーゴの場合、「魂をつぶす文化（“soul-crushing” culture）」も根強く、極端な販売目標を達成するようマネジャーから日々脅されていたという元の従業員の証言も、オークスは紹介しています。もう一つ、オークスが言及しているのが、内部通報のもみ消しや問題の先送りです。というのも、ウェルズ・ファーゴでは不正発覚前に、従業員5000人が署名して、販売ノルマの削減と非倫理的な行為の撲滅をトップに対して求めていたのです。しかし、そうした声はまったく無視され、中には解雇された通報者もいました（Susan M. Ochs, "The Leadership Blind Spots at Wells Fargo", *Harvard Business Review*, October 6, 2016）。

どうでしょうか、みなさん。日本でも2019年に、日本郵政グループのかんぽ生命保険が、顧客に保険商品を乗り換えさせたり、保険料を二重に払わせたりといった不正販売をしていたことが発覚しました。原因の一つは、郵政民営化後に厳しい販売ノルマが課せられるようになったことだとされています。こういう不祥事は世界中で本当にしょっちゅう起こっています。

ここで問われるべきことは、問題の根っこにある真因（root cause）は何なのかです。不祥事が起きると、企業側はたいてい、「不正を働いたのは一部の社員だった」とか「組織ぐるみではない」といった紋切型の釈明に終始します。世間が批判するところのトカゲのしっぽ切りですね。ウェルズ・ファーゴのスタンプCEOもまさにそうでした。彼は2016年9月20日のアメリカ上院銀行委員会の公聴会でも、不祥事は一部の行員が暴走したことによって起きたと弁明しています。

だけど、本当にそうなのでしょうか。5300人もの行員が解雇されているのに、〝一部の悪い行員〟が暴走し、それぞれの判断で不正を働いたと言えるのでしょうか。企業の不祥事は、「(一部の悪い)個人の失敗(individual failure)」か、もしくは「(悪い経営の質がもたらした)組織の失敗(organizational failure)」のどちらかによって起きますが、ウェルズ・ファーゴの場合は一体どちらなのか、それをみなさんには問うてもらいたいと思います。

現場やミドルを暴走させるもの

改めて、コンテクスト・マネジメントのフレームワークに即して考えてみましょう。企業の不正はどこで起きるのか。そう、もちろん現場です。ただし、ミドルがそれに気づかないわけではありません。現場の不正はたいていミドルからの指示やプレッシャーによって起きますし、だからこそ、ミドルはしばしば不正を隠蔽しようとします。

しかし、多くの場合、不祥事は現場やミドルだけが暴走して起きているわけではありません。前の講義で、企業コンテクストをお釈迦様の手のひらにたとえましたが、組織内の孫悟空たちが暴走しているとしたら、それはお釈迦様であるトップがつくり出す手のひら(コンテクスト)の〝傾き〟によって誘発されている可能性があるのです(**図表3-1**)。

たとえば、経営管理のコンテクストで言えば、業績数字偏重の予算システム、過度の成果主義、

図表3－1｜個人の失敗 vs. システムの失敗

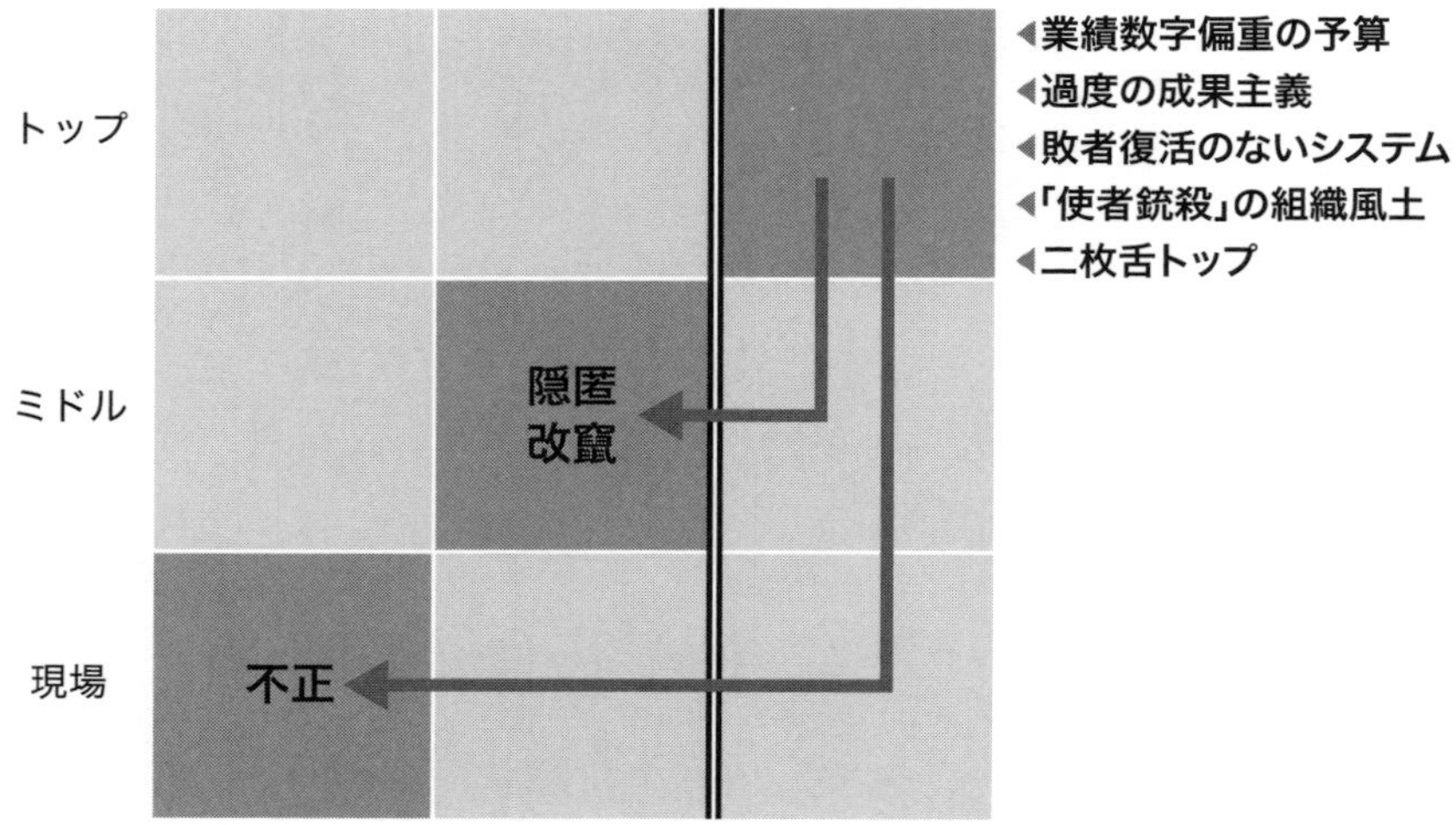

敗者復活が認められない人事制度などが、不正を誘発しやすいコンテクストと言えるのかもしれません。

組織行動のコンテクストで言えば、内部通報を許さない組織風土――英語では「使者銃殺(Shoot the messenger)の文化」といいます――や、顧客との信頼関係が大事と言いながら数字を絶対視するトップの二枚舌がつくり出す、あいまいな行動規範などがそうでしょうか。

また、ウェルズ・ファーゴでは、スタンプCEOが、最低八つの商品を販売するというクロスセルの支店目標を設定し、達成度合いをアニュアルレポートで株主に毎年報告していましたが、これが戦略のコンテクストを実質的につくり上げていたのでしょう。

脱線事故はなぜ起きたのか

国内の事例も見ておきましょう。

2005年4月、JR西日本の塚口—尼崎間で福知山線の上り快速列車が脱線事故を起こし、先頭と2両目の車両が沿線のマンションに衝突して、乗客と運転士の計107人が死亡しました。

みなさんも、おぼえていらっしゃるかもしれませんが、この事故をめぐっても、さまざまな原因が指摘されています。現場は半径約300メートルの急カーブだったにもかかわらず、最新の自動列車停止装置（ATS-P）が設置されていなかったとか、1991年に起きた信楽高原鉄道とJR西日本の列車衝突事故の教訓に学んでいなかった、といったことです。

しかし、2007年に公表された航空・鉄道事故調査委員会（国土交通省）の報告書では、事故の背景事情として、乗務員に対する厳しい管理体制が指摘されています。

事故の直接的な原因は、運転士がブレーキをかけるのが遅れ、超過スピードでカーブに突っ込んだことでしたが、運転士は手前の伊丹駅でオーバーランを起こしていました。列車は伊丹駅から定時より遅れて出発し、運転士は車掌に車内電話をかけて、「まけといてくれへんか」と、オーバーランの距離を短めに報告してくれるよう頼みました。それに対し、車掌は「だいぶと（かなり）行ってるよ」と答え、乗客に対応するために会話を中断したとのことです。それで、運転士は、過小報告の依頼を車掌に断られたと思ってしまい、車掌と指令所の無線に気を取られたまま、制限速度を超えて急カーブに進入し、ブレーキの操作が遅れたと考えられています（「JR脱線事故10年　何度も速度超過　そのとき運転士に何が起きていたのか」産経新聞電子版2015年4月29日）。

運転士の注意がそがれた理由について、事故調は「オーバーランの言い訳などを考えていたため」と推定しています。では、一体何が運転士に起きていたのでしょうか。

この運転士は、社内の「日勤教育」を恐れていたと言われています。日勤教育とは、ミスをした乗務員が勤務形態を日勤に変更して受ける再教育ですが、その内実は、反省文を書かされたり、上司から暴言を浴びせられたり、トイレ掃除をさせられたりといった懲罰的なものだったとされています。

JR西日本にとって、乗客数の多い京阪神近郊の区間はドル箱路線です。ただ、このエリア内は私鉄各社の電車も運行しているため、競争環境が厳しく、JR西日本は過密なダイヤ編成による定時運行を徹底してきました。その一環として実施されていたのが、同社の経営管理システムの一部である日勤教育だったようです。

だとすると、この脱線事故は運転士個人が起こしたとは必ずしも言えないのではないのか。運転士のミスは、利益優先の経営判断や乗務員に対する厳しい管理体制といったJR西日本の当時の企業コンテクストによって誘発されていたのではないのか。まったく推測の域を出ませんが、コンテクスト・マネジメントのフレームワークに沿って吟味すると、そのような解釈も不可能とはあながち言えないのです。

性善でもなく、性悪でもなく

コヤナギ　ウェルズ・ファーゴやJR西日本のトップの責任はどう問われるべきなのでしょうか。

野田　まず、ここでの議論と、刑事訴訟や民事訴訟における議論はまったく別の次元の話であるということをお断りさせてください。実際、ウェルズ・ファーゴのスタンプCEOにも、JR西日本の経営トップたちにも、不祥事を起こす意図はけっしてなかったでしょう。むしろ、不正が発覚したとき、事故が起こったときは、驚き、ショックを受けたのではないかと僕は推測します。実際、スタンプCEOが米議会で証言したときのニュース映像を見ると、彼が事態をまったく想定していなかった様子がうかがえます。

そのうえであえて言うのですが、たえずコンテクスト・マネジメントの観点から経営を見ている経営学者としての僕からすると、どちらの不祥事も起こるべくして起こったように思えてならないのです。トップがコンテクストを通じて社員たちの行動に与える影響は〝間接的〟ではありますが、社員たちはコンテクストが発するメッセージに敏感に反応してしまう。そういう（悲しい）現実があるのだと思います。

アカサカ　なぜ、組織で働く現場の人たちやミドルマネジャーは企業コンテクストに反応してしまうのでしょうか。

野田　本質的で重要な質問ですね。アカサカさんはどう思われますか。

アカサカ　私たち組織人は、否応なく、業績の評価や昇進といったことを気にかけてしまうからでしょうか。

野田　その通りだと思います。より本質的な話をすると、人間の本性が「善」でも「悪」でもなく、「弱」だからだと思います。

少し余談になりますが、一つエピソードを紹介させてください。僕は、とても光栄なことに、日本を代表する経営者リーダーであった京セラ創業者の稲盛和夫さん（故人）のフェロー（稲盛財団フェロー）をさせていただき、その薫陶を直接受けたことがあります。その縁で、稲盛さんが主宰されていた盛和塾（中小・中堅企業の経営者の勉強会）の全国大会にも何度か参加させていただきました。

ある年の大会でのことです。地方に拠点を置く中堅製造業の若手社長が、数千人の参加者を前に次のような経営発表をしたのです。

「人を信頼できず、権限委譲できないのが、前回の大会で指摘していただいた私の経営者としての課題でしたが、自身の経営を真摯に反省し、努力を重ねて、今では右腕を持つこともできました。その人に対する信頼の証として、金庫の鍵を渡して財務経理を任せ切っています」と。

すると、稲盛さんは突然、烈火の如く、顔を真っ赤にされて怒られたのです。「あなたは人に罪を犯させるつもりですか。人は弱い存在なのですよ。金庫の鍵などを預けられたら、魔が差すこともあるはずです。それなのに、あなたは平気でそれを行い、それを、経営者として人を信頼し切ることと勘違いしている」と。

このときのやりとりを通じて、僕は自身の人間観を確立させてもらったと思っています。経営を行うにあたって僕たち経営者は、人間存在の本質をとらえて人と接しなくてはなりませんが、その本質とは「弱」なのです。だから、組織の中に置かれた人間は、トップがつくり出すコンテクストに敏感に反応してしまう。

そういう「性弱説」に立って見ると、多くの企業の不祥事は、「個人の失敗」ではなくて、「組織の失敗」なのだと考えられます。トップがふだんから、不正を許さないようなコンテクストをデザインし、運営し、その中に魂を吹き込んでおくという作為を怠っていたがために、企業の不祥事は起きてしまうのではないでしょうか。コンテクスト・マネジメントの考え方がより一般化し、そして経営者リーダーが、自分たちが意識的にも無意識的にも、作為によっても不作為によってもつくり出してしまう企業コンテクストの影響力をもっと理解するようになれば、組織の失敗は起きにくくなるのではないかと願うばかりです。

学習する組織は何が違う？

話を「学習する組織」に移しましょう。

先述の通り、学習する組織には、他社のベストプラクティスから貪欲に学ぶ、失敗から得た教訓を未来の行動に反映させる、過去にとらわれず環境変化に迅速に対応する、水平・垂直に学習を共有する、といった組織プロセスが見られます。

そういう組織の中では、現場やミドルマネジャーはどのように行動し、どんなふうに対話をしているのでしょう。トップはどのような企業コンテクストをつくり出すことで、こうした現場やミドルの行動を支えているのでしょうか。

抽象的に議論するのは難しいと思うので、実践例を一つ挙げます。アメリカ陸軍が開発した「アフター・アクション・レビュー（ＡＡＲ）」と呼ばれるプラクティスです。

ＡＡＲは、１９７０年代半ば、失敗から教訓を得て未来の行動に反映させる手法として導入されました。「間違いを一度きりで終わらせること」を目的とする、いわば事後学習（learning after doing）の仕組みです。１９９０年代末から２０００年代にかけて、企業各社の間で組織学習がブームになると、当時のロイヤル・ダッチ・シェル、コルゲート・パルモリブ、ＤＴＥエナジー、ハーレーダビッドソンなどが次々にこのAARを経営プラクティスとして導入しました。ハーバード・ビジネススクール教授で若くして亡くなったデービッド・ガービンが念入りに研究しており、僕も以前、ボストンに戻ったときに、彼からプラクティスの映像を紹介され、詳しい解説を受けました。

今回、みなさんには、デービッドの著書『アクション・ラーニング』（沢崎冬日訳、ダイヤモンド社、2002年）の該当箇所を読んできてもらっています。その中の記述にもあるように、アメリカ陸軍では、部隊が作戦や演習を終えると、必ず参加者全員が集まって、その場で議論をします。これがAARであり、議論は、「われわれがやろうとしていたのは何か（What did we set out to do?）」「実際には何が起きたか（What actually happened?）」「なぜそうなったのか（Why did it happen?）」「次回われわれがやろうとするのは何か（What are we going to do next time?）」という四つの質問を軸に展開されます。

それぞれの質問に費やす時間もガイドラインで決まっていて、最初の二つの質問に25％を、3番目に25％を、4番目に50％を割り当てます。振り返りの手順も決められていて、客観的な事実を時系列で検証し、最後に、次回に向けて今後も続けていくことと、変えるべきことを確認します。

AARでは、上官が行うファシリテーションもとても大切で、個人を非難（blame）する場にしないこと、誰かの過ち（fault）を明らかにするのを目的にしないことが「基本ルール（grounded rule）」として定められています。兵士が上官の指示を批判するのも自由ですし、たとえ指揮官であっても、公に自らの過ちを認めることが重要であるとされています。そのため、ファシリテーターは、自身の言動を通じて、正直で（openness）率直な（candor）双方向の対話が行われるよう、トーンをセットするよう期待されており、そうした対話が可能となるように、ＡＡＲでの発言内容は人事評価とは切り離されています。

デービッドの著書の中では、ある中級将校が次のように語っています。

「ＡＡＲで我々があれだけ率直に話ができる理由の一つは、上官たちが、自分が聞きたい答えを聞くだけでなく、何が本当に問題なのか、部下が本当に考えているのは何なのかを知りたがっているという状況をつくり出しているからだと思う。何か事実を隠しているとか、完璧に正直ではないとバレた場合には、自分のキャリアが危うくなる。誠実さや率直さに欠ける人間は軍務から離れていく。昇進できないからね」と。

さらに、アメリカ陸軍では、部隊ごとのＡＡＲの結果が他の関連部隊に伝えられ、失敗からの教訓が共有されるほか、上層部にも報告されて、陸軍全体に学びが蓄積されます。

また、「ＣＡＬＬ（Center for Army Lessons Learned）」という組織学習の特殊部隊も設置されていて、スキルを持つ専門家が世界中に派遣され、戦術レベルから戦略レベルに至るまでの情報を集め、分析し、学びを抽出しています。これらの情報や教訓は、「ＪＬＬＩＳ（Joint Lessons Learned Information System）」と呼ばれるウェブ上のプラットフォームを中心に、司令部のみならず全世界の部隊に共有されています。

ＣＡＬＬ本部では、恒常的な課題の根本原因を掘り下げたり、各部隊の学び合いを促進したり、陸軍の成功にかかわる大きなトレンドを見定めたりもしています。オペレーションは進化を続けていて、デジタル時代にふさわしく、AARの対話記録（テキスト）のビッグデータを、AIを活用して解析するといった試みも始まっているようです。

経営者リーダーを目指すみなさんは、このAARという実践例からどんなことが学べると思いますか。学習する組織、つまり失敗を認め、その原因を追求し、そこから抽出された教訓（レッスン）が組織内で広く共有されていくような組織には、どんな特徴があるのでしょうか。そこでの経営者リーダーに求められる役割や行動とはどんなものなのでしょうか。

人の行動、組織プロセス、コンテクストの相互関連を掘り下げる

シンハ　僕自身もそうですが、現場のスタッフたちは、ふつう、間違いをオープンに認めたくないと思います。それでペナルティを科されたり、降格させられたりするとキャリアの終わりですから。

野田　そうですね。だからAARのプロセスにおける経験や意見の共有や議論は、人事評価からはまったく切り離されて管理されているのですね。オープンに間違いを認めたり、上司の指示や判断を批判できるように。

カワカミ　ただ、そうはいっても、会話についての記憶は残りますから、失敗が何らかの形で評価につながっていくといったことはないのでしょうか。

野田　人間ですから、そういう側面はあるにはあるでしょう。上司の側に「あいつはいつもドジを踏むやつだ」という印象が残るとか。「あそこで俺を批判しやがって」という恨みが生じるとか。

カワカミ　だとすると、ＡＡＲのような活動を企業でやっていくうえでは、ミドルマネジャーたちの言動が重要となると思います。最初のうちは、現場の人間が失敗をざっくばらんに話せていても、半年ぐらいたって、「やはりお前はできないやつだ。俺のチームにはいらない」なんていうレッテルをミドルに貼られる人が出てきたら、みんな萎縮すると思いますし、それ以降は、みんなオープンに話さなくなります。

野田　その通りですね。では、ミドルマネジャーたちが二枚舌を使わないようにするには、トップはどうしたらいいと思いますか。

カワカミ　トップ自身が、過ちを自己申告した現場やミドルたちを罰しないこと、むしろ失敗がオープンになり、原因が究明されることを評価するようなＫＰＩを設定するといったことでしょうか。

ニールセン　私の職場は逆なのです。日系金融機関のグローバル人事部門で働いているのですが、失敗しないことが何より重要という雰囲気が漂っているのです。一回失敗すると、それまでどんなに頑張っていても、上に上がれなくなります。まさに反面教師です。その意味では、人事評価システムが、ミドルが現場から失敗を拾い上げ、レビューすることをサポートするようなものになっている必要があると思います。

野田　人事評価が減点主義ではなく、加点主義になっていたり、失敗しても敗者復活で昇進していけるような仕組みが整っていたりすれば、AARに参加する現場やミドルマネジャーは安心して話せますね。ウェルズ・ファーゴやJR西日本とは違う状況が生まれるでしょう。そのほかにはどんなことが必要でしょうか。

オモテ 現場がいつでもミドルに進言できるとか、現場が失敗したときに、反省すべき点をミドルが肯定的にフィードバックするといったコミュニケーションも必要だと思います。

野田 重要なポイントです。そういったコミュニケーションを促すには、人事評価システム以外に何が必要となるのでしょうか。

オモテ ミドルやトップが、聞きたくないこともきちんと聞く姿勢を持つことでしょうか。

野田 その通りですね。特にトップの日々の言動は重要です。

僕は、日本IBMの社長・会長を務めた北城恪太郎さん（現名誉相談役）に過去20年以上にわたってお世話になっていますが、その北城さんは「ATM（明るく、楽しく、前向きに）」をモットーにされていて、「年に3回しか怒らない」とおっしゃっています。トップがいくら「悪い情報でも上げてくれ」と言っていても、そういう報告を聞いて怒ってしまうと、その後は誰も悪い情報を上げてこなくなる。だから、内心では怒っていても、いつもニコニコして話を聞くのだと。ただ、それだけでは威厳を保てないので、年に3回だけは徹底的に怒る（笑）。そんなふうに話しておられました。つまり、「Shoot the messenger（使者銃殺の文化）」とは真逆のことを北城さんは心がけてこられたのだと思います。こうしたトップの言動も、学習する組織の企業コンテクスト、とりわけ組織行動のコンテクストをつくり出していくうえではとても大事です。

議論を続けましょう。次に、失敗や成功といった教訓を組織内で共有していくうえでは、どんなことが有効でしょうか。

失敗や成功を共有するために

ホソイ　やはりアメリカ陸軍のＣＡＬＬのようなナレッジを共有する専門組織や、知識の共有システムが有効だと思います。
野田　そのほかには?
ササモト　やはり組織風土ではないでしょうか。現場の失敗を共有する風土、失敗から立ち直った現場を評価する風土、成功事例を取り上げて組織全体で共有する風土が必要だと思います。
ショウジ　私も、組織風土が大切だと思います。トップは、挑戦を奨励する風土を醸成しなければなりません。
野田　確かに組織風土は大切ですが、この言葉はともすればマジックワードのように使われてしまうので、もう少し具体的に考えてみましょう。
みなさんも経験されたことがあるかと思いますが、営業職や知的専門職の人たちって、自分の持っている情報や知見をあまり他人とシェアしたがらない傾向がありますよね。情報や知見を持っていること自体が自身の武器になりますから。そうした人たちの行動を情報や知見の共有に向けて変えていくためには、どんな仕組みがあればいいでしょうか。

ササモト　僕なら、情報や知見を共有した人にインセンティブを与えます。僕はコンサルティング会社で働いていますが、会社では、コンサルタントがつくり出したナレッジをグローバルの同僚に共有すると評価される仕組みが運用されています。たとえば、アメリカのコンサルタントがデジタル・トランスフォーメーション（ＤＸ）の経営プラクティスを集めてプレゼンテーションのパッケージを作成したとします。それを自社のポータルに上げて、アジアやオセアニアでも使われるようになると、プレゼンパッケージをつくったコンサルタント本人が評価されるといった具合です。

野田　軍隊の場合は、失敗が自分たちの生死にかかわりますから、他者から学ぶこと自体にインセンティブが組み込まれているのでしょう。しかし、企業では必ずしもそうではないから、情報や知識の共有にインセンティブをつけた方がいいということでしょうか。

ニッタ　インセンティブも確かに重要ですが、お互いに助け合うとか協力し合うといった関係性がないと、うまくいかないんじゃないでしょうか。インセンティブによる損得だけで人が動くのはあざといというか、組織がギスギスするというか。本当の学びが起こるとは思えないのですが。

野田　とても重要な視点ですね。では、トップはそのためにどんなことをすればいいですか。

ニッタ　自分の部署も大事だけど、組織全体がもっと大事だという意識づけでしょうか。

野田　組織が大きくなると、それぞれの部門意識が強くなり、メンバーシップの概念がユニットの壁を越えて共有されることが難しくなります。したがって、ミドルマネジャーたちが、ともに同じ船に乗り、同じ目的を共有する仲間なのだという意識を持っていることが大事ですね。では、そのためには何が必要でしょうか。

シマノ　一体感を醸成するためには、経営幹部を定期的にローテーションするとか、組織全体で共有すべき行動規範をつくって徹底的に浸透させるといった方法もあると思います。

野田　大変よい視点です。みなさん、だんだんとコンテクスト・マネジメントの感度が身についてきたようですね。

今回は組織学習を例に、学習する組織と学習しない組織を対比してきましたが、コンテクスト・マネジメントの重要性を再確認していただけたかと思います。経営トップはどのようなコンテクストを設計し、運営していくべきなのか。どうすれば現場やミドルマネジャーのよりよい行動を誘発し、有効な組織プロセスをつくり出せるのか。たえず、こんな具合に考えてみてください。

そして、これを機に、みなさんも自社の企業コンテクストを見つめ直してみてください。トップはどんなパーパスや戦略的方向性、目標を掲げているのか（戦略のコンテクスト）。情報共有システムや人事評価システムはどうなっていて、失敗からの学びを全体で共有できる仕組みはどの程度整っているのか（経営管理のコンテクスト）。行動規範（バリュー）はどのようなものが定められていて、トップの言動は、現場やミドルの率直かつ誠実な行動をどのくらい促せているのか（組織行動のコンテクスト）。これら一連のことを考えてみてもらいたいのです。
みなさん、質問や意見はありますか。

仕組みや制度に魂を吹き込む

シンタク　ＡＡＲに関連してお聞きしたいことがあります。確かに魅力的な経営プラクティスではあるのですが、日本の企業、とりわけ製造業も、カイゼンやＴＱＣ（全社的品質管理）で、組織学習のサイクルをきちんと回しているように思うのですが。

野田　確かに、日本の企業の方々にＡＡＲの話をすると、「そういうのはうちの会社でもやっています」といった反応がしばしば返ってきます。ただ、カイゼンやＴＱＣは現場のオペレーションレベルの事後学習であって、マネジメントレベルの事後学習となるとどうでしょうか。失敗から学ぶ仕組みや情報を共有する仕組みがマネジメントレベルで運用されているかというと、あまりされていないのではと僕は思うのですが。

ミヤザキ　私は商社で働いていて、海外投資案件の評価にもかかわっているのですが、各案件の進捗をシステマティックに捕捉して、レビューを行い、学びを得ているかというと、答えはノーだと思います。特に海外事業から撤退するときなどは、失敗の原因を深く分析してから次の進出先を決めなければいけないはずなのに、これもなかなかしっかりとはできていません。うまくいったときは、みんな成功をアピールしますが、失敗したときはカメのように首を引っ込めて、嵐が通り過ぎるのを待っているように見えます。

サクラダ　うちの会社では、失敗した海外進出を決めたのが前の社長だったり、出世頭の役員だったりすると、みんな声を出しません。

野田　みなさん大変ですね（笑）。戦略性の最大の敵は政治性です。政治性と闘うには、一にデータと事実。二に論理、三にトップの意志が不可欠です。粗探しをして足を引っ張るのではなくて、より高い経営の質を実現するために、客観的事実とデータに基づいてレビューを行い、論理的に教訓を導き、全社で共有する。「言うは易く、行うは難し」ですが、トップの本気のコミットメントと覚悟があれば可能です。逆に言えば、トップのコミットメントなくしては実現不可能なものです。

ミカミ　われわれの会社では「部門ごとにマネジメントレベルでＰＤＣＡを回せ」と言われていて、毎月、レビュー会議をやっていますし、ＫＰＩも設定しています。大規模プロジェクトで大きな赤字を出したら、反省文を何十ページも書いたりもしています。ただ、社員が高いモチベーションを持ってやらないと、レビューもルーティン化しますし、反省文の作成もすぐに形式化してしまうのです。

野田　いつの時代のどんな組織でもそうですが、仕組みや制度は手段にしかすぎません。もちろん、手段を整えることは大切ですけども、その手段を何のために運用するのかという目的や意義をしっかりとトップや経営陣が説明して共有し、本来の目的が失われることのないよう、コミットメントし続けることが不可欠です。

ＫＰＩの設定についても同じことが言えて、僕は、ＫＰＩそのものよりも、ＫＰＩを考えるプロセスに本当は一番意味があるのだと信じています。単に本社がポーンと現場にＫＰＩを示すだけでは、現場はその意味を理解せずに、与えられた指標だけを追うことになりかねません。けれども、ＫＰＩを設定する目的はそもそも何で、その目的のためにどういうＫＰＩを設定すべきなのかを現場に考えてもらうと、設定の目的がはっきりするし、現場は納得して行動します。

いかにして仕組みや制度に魂を吹き込み、いかにしてその目的や意義を組織の成員に理解してもらうか。これは組織学習に限らず、経営のあらゆる局面において大切なことだと思います。真の経営は、トップのリーダーシップと継続的なコミュニケーション、それなくして成立しえないものです。

Conclusion

第３章のまとめ

この講義は、経営には質があるという前提からスタートしている。経営には、よい経営とそこそこの経営があり、よい経営にはよい組織プロセスがともなう。そしてよいプロセスを実現するために必要なのが、優れた組織能力である。

コンテクスト・マネジメントは、よい経営とそこそこの経営の違いを理解するにあたって重要な視点を提供してくれる。トップは、よい企業コンテクストを設計・構築・運営することによって、現場やミドルマネジャーたちのよい行動を誘導し、支え、奨励し、よい組織プロセスをつくり出すことができる。本章ではその一例として、組織学習を切り口に、あるべきコンテクスト・マネジメントの形を考察した。

みなさんが属している会社は「学習する組織」だろうか。それとも「学習しない組織」だろうか。もし学習しない組織になってしまっているとしたら、それを学習する組織に変えられるだろうか。その際には、企業コンテクストの何を変えることが有効なのだろうか。

いつの時代も、経営者リーダーの挑戦は、自社の経営の現状と真正面から向き合い、未来に向けて本気でコミットメントすることに本質がある。

第4章

組織の成長と経営のジレンマ

組織と経営管理システムの有用性

経営者は、企業コンテクストを設計し、構築し、魂を吹き込むことで、現場やマネジャーの創発的な活動に、（間接的ながらも）大きな影響を及ぼすことができる。これが前章までの学びだ。

では、みなさん自身は、自社の企業コンテクストにどれほどの意識を向けてきただろうか。自社の経営企画、財務、人事などの部門が設計している仕組みや制度の有用性をどう理解し、どう評価しているだろうか。

仕組みや制度は時間の経過とともに硬直化する。組織や経営が直面する課題に対処するためにつくられたものであっても、しばしば本来の意味が忘れ去られ、自己目的化してしまう。また、仕組みや制度の中には、その意義が十分に吟味されないまま、他社に倣って、あるいは単に流行に乗ってパッチワーク的に導入されたものも含まれているかもしれない。

したがって、経営者リーダーを目指して成長していくためには、自社で運用されている仕組みや制度を鵜呑みにして受け入れずに、その有用性を問い直す力を獲得する必要がある。そのためには、組織と経営が根源的に抱える課題は何なのかを理解するところから始めなければならない。

経営管理システムの有用性を見直す

今回と次回の講義はやや趣が異なります。今回は経営管理のベーシックスを、次回は企業全体戦略を概観します。

前の講義で、コンテクスト・マネジメントのフレームワークについて解説した際に述べた通り、企業のトップは、戦略目的、方向性や目標、組織構造、経営管理システム、組織としての人格といったものを通じて「企業コンテクスト」をつくり出すことにより、組織の意思決定に影響を与えます。企業コンテクストは大きく「戦略のコンテクスト」「経営管理のコンテクスト」「組織行動のコンテクスト」から構成されます。

こうした企業のコンテクストを、みなさんはふだん、どの程度意識して仕事をされていますか。起業家の方や、事業会社や子会社の経営責任を負っておられる方、あるいは経営企画などの部門におられる方などは別ですが、多くのビジネスパーソンにとって、企業のコンテクストは与えられるものであり、それを当たり前のものとして受け入れてはいても、その有用性に意識を向けることはあまりないのではないでしょうか。そこで、今回は、自社の組織構造やその中で日常的に回っている経営管理システムが一体何のためにあるのかを、改めて経営者視点で考えてもらいたいと思います。

企業が設計・構築するものには必ず存在理由があります。戦略目標にしても、組織構造にしても、経営管理システムにしても、組織の行動規範にしてもそうです。企業コンテクストを構成するそれらがどんな経営課題に答えるために存在しているのかを、経営者リーダーは理解する必要があるのです。

組織と経営管理システムを工夫する

最初から複雑で大きな組織を想定して考えるのは難しいので、単一の事業を営んでいた企業が「多角化」を通じて大きくなっていく過程を見ていきましょう。経営者はどんな課題に直面し、その課題に対応するためにどんな工夫を重ねていくのか、その結果、どのような企業コンテクストが構築されていくのかを考えてみましょう。

その前に、実際に経営者が突きつけられる課題、対応しなければいけない課題を列挙しておきます。特に学問的に確立した説があるわけではないので、ここでは僕が勝手に以下の八つに整理しておきます。

①どんな組織構造を採用するか。
②誰にどこまでの責任を持たせるか。
③本社は何をするか。
④全体的な戦略計画をどのように立てるか。
⑤どのように資源配分するか。
⑥事業のモニタリングと進捗管理をどうするか。
⑦業績評価をどのように行うか。
⑧会社全体としての一体感をどうやって保つか。

まず課題①の「どんな組織構造を採用するか」です。事例を設定して考えてみましょう。

みなさんが、近年、経済発展が著しいインドネシアで、缶詰食品を製造、販売する会社を創業したとします。事業は順調に成長し、この度、ペットフードの事業に新規参入することになりました。

さて、ここからはインタラクティブにテンポよく進めていきます。どんどん議論に参加してください。もともと缶詰事業を始めたときは、どんな組織構造でスタートしたのでしょうか。

ナザーラ　開発部門、製造部門、販売部門に分かれていたと思います。

野田　そうですよね。「機能別組織（functional organization）」ですね。「U-form」ともいいます。Uは

「unitary（単一の）」の略です。少し硬い学問的な言葉では、「集権的職能別組織」とも呼ばれます。社長であるみなさんの下に、開発、製造、販売という三つの部門があって、それぞれ優秀な人がヘッドを務めます。

日本を代表する経営プロフェッショナルで、僕が大変尊敬しているミスミグループ本社の三枝匡さん（第2期創業者）は、商売の基本サイクルを「創って、作って、売る」というふうに表現しています。開発部門が創って、製造部門が作って、販売部門が売る（『V字回復の経営［増補改訂版］』日経ビジネス人文庫、2021年）。みなさんがインドネシアで創業した会社でも、そうやって缶詰事業を伸ばしてきたはずです。

じゃあ、新たにペットフード事業を始めるにあたってはどうでしょう？　何が問題になりますか。

ナザーラ　このまま開発、製造、販売にそれぞれ缶詰とペットフードの両方をやってもらうのか、それとも缶詰の組織とは別にペットフードの組織を立ち上げるのかを選ばなくてはなりません。

野田　どちらかを選ぶと。既存の機能別組織のまま、缶詰とペットフードの両方をやったとしたら、どういう問題が起きますか。

ナザーラ　そうすると意思決定が……。

野田　開発部門の責任者は開発の、製造部門の責任者は製造の、販売部門の責任者は販売の意思決定をする。何が問題ですか。

ミカミ　缶詰とペットフードでは、事業の戦略や規模や、事業に投入する資源が違います。それを機能別組織のままで一緒にやってしまうと、開発も製造も販売も、どちらにどういうふうに注力すべきなのかがわかりにくくなるのではないかと思います。

カワモト　私が部門の責任者だったら、すでに市場で成功している缶詰の方をどうしても優先させたくなると思います。

野田　なるほど。新規事業のペットフードの方にはなかなか手が回らないと。確かに、機能別組織のままで新規事業を立ち上げるのは難しいと、僕もＭＢＡの学生の頃に教わったおぼえがあります。でも、仮に立ち上がったとしたらどうでしょう。缶詰とペットフードの両方をそれぞれの機能部が担当していたら？

ミヤザキ　お客さんからクレームが来たときに困ります。たとえば「缶詰に異物が混入していた」とか「味がおかしかった」といったクレームが販売に寄せられたら、販売は製造に伝え、製造は開発に伝えますが、誰も缶詰の品質に一気通貫で責任を持っているわけではありません。

野田　実際に経験されたかのようにリアルですね。その通りですね。クレームが寄せられたときだけでなく、事業の競争力が失われそうになったときも同様です。たとえばペットフードのコストが競合に比べて高くなっていたら、その原因を突き止めて対処しなくてはなりませんね。ところが各部門からは「販売の人数が多い」「開発が遅れている」「製造ラインが悪い」というふうにバラバラに意見が上がってくるわけですよ。これでは、コストが高くなっている本当の原因はなかなか突き止められません。

図表4－1｜企業成長・多様化と機能別組織（U-form）の問題の顕在化

◆もともと機能別組織構造により一つの商品サービスを提供

◆経済成長の中での新しい商品サービスや事業への参入

◆同時に顕在化する経営管理上の問題

✓それぞれの商品サービスや事業についての責任の所在が不明確

✓それぞれの商品サービスや事業において、機能を横断した調整が困難

✓資源配分プロセスが利益代表による取り合いに

✓トップマネジメントの負担がきわめて大

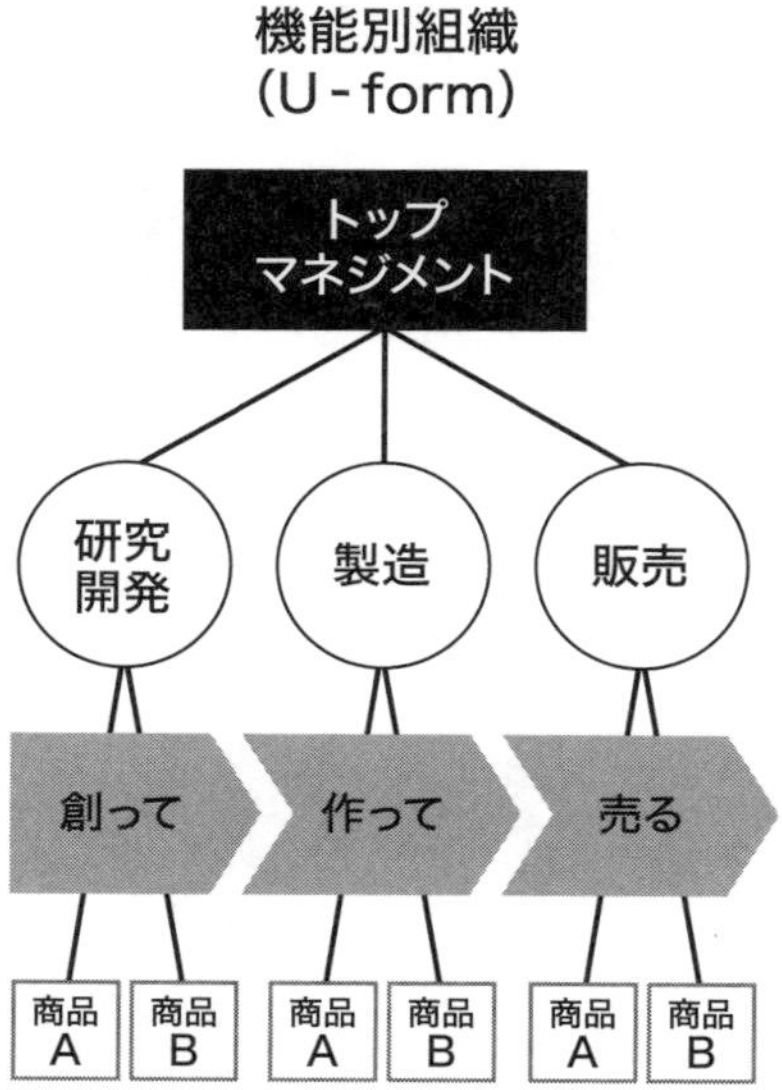

また、販売、開発、製造がそれぞれ他部門を非難しているような状況では、いちいちトップである社長のみなさんが間に入って調整したり、問題解決に当たったりしないといけないですよね。結果的に、市場からのフィードバックにタイムリーに応えることができなくなるし、コスト競争力のある魅力的な商品をスピーディに届けて、お客さんを満足させることもできなくなる（**図表4－1**）。三枝さんが、顧客を起点に「創って、作って、売る」を一気通貫させ、このサイクルを「早回し」する重要性を再三説かれているのはそのためです。

どうしますか。成長段階に入った企業が、既存の事業に新たな事業を追加して多角化を図ろうとするときは、どういう組織構造にしますか。

ナザーラ　やっぱり並行の組織をつくります。

野田　缶詰の組織とは別にペットフードの組織をつくるのですね。そしてペットフードの組織の中にも?

ナザーラ　開発と製造と販売の部門を置きます。

野田　そういうことですね。ものすごく単純な話です。

事業部長の責任、本社の役割

今は缶詰事業に続いてペットフード事業を始めるという想定で議論しましたが、別の新規事業を起こす際も同じです。インドネシアでは豊かな中間層が拡大しています。そうした機会をとらえ、起業家精神にあふれるみなさんが、新たにレストランチェーン事業とホテル事業に参入したとする。その場合も、レストラン事業部とホテル事業部にそれぞれ「創って、作って、売る」という商売の基本サイクルを組み入れます。

では、次は課題②の「誰にどこまでの責任を持たせるか」です。各事業部長にどんな責任を持たせますか。

ショウジ　利益の責任を持たせます。

野田　利益責任。ほかには？

ファン　品質。

野田　品質責任。ほかには？

カワモト　人事の責任を持たせます。

野田　人事責任。ほかには？

ナカシタ　投資。

野田　投資責任。事業部は自分たちで商売のサイクルを回して、競争相手と戦って稼いでいるのだから、投資も自分たちでやりたいですよね。そうじゃないと利益責任も品質責任も負えない。事業部長からすれば、当然の発想ですね。

しかし、みなさん、そうやって各事業部長に事業戦略もオペレーションもすべて一式任せたとすると、創業者であり社長であるみなさんは何をするのですか。

ナザーラ　事業部を束ねて活動を調整します。

野田　それを「本社」といいますね。本社機能。じゃあ、次の課題③「本社は何をするか」です。品質も利益も事業戦略も事業部長たちに任せた。本社の役割って何ですか。

スギシタ　モニタリング（監視）ですか。

野田　ほかには？

フナイ　サポートをします。

野田　モニタリングとサポートはずいぶん違いますね（笑）。どんなサポートですか。

フナイ　経理や会計です。

野田　なるほど。ほかには？

ファン　人事のサポートをします。採用とか配置とか評価をします。

野田　だけど、さっきカワモトさんは「人事責任も事業部長に持たせたい」と言っていました。それなのに、本社から事業部に人事担当者が送り込まれてきたら、事業部長は秘密警察に監視されコントロールされているような気持ちになるかもしれませんね（笑）。

ヤナギサワ　そういう場合は、本社人事と事業部人事の棲み分けが必要だと思います。たとえば、本社が評価して配置を考える人材プールと、事業部が評価する人材プールを分けるといったやり方が考えられるのではないでしょうか。

野田　なるほど、いいですね。

組織は戦略に従う

野田　今、みなさんと、テンポよく10分ぐらいでディスカッションした内容は、成功した起業家

（創業経営者）が必ず経験することです。創業者を継いだ、サラリーパーソンの経営者であっても、自分の在職中に自社が大きく成長するときには同様の経験をするでしょう。多くの経営課題に直面し、経営のプラクティスを発展させる必要に迫られるのです。

また、みなさんと議論した内容は、20世紀に経営学が向き合ってきたテーマでもあります。どういうことかというと、もともと世界中のほとんどの企業は機能別組織で成り立っていました。どんな企業も、開発・製造・販売の機能を持つU-formによって商品やサービスを提供していたのです。

しかし、企業が成長して多角化した場合はどうなるか。機能別組織のままだと、先ほど見たように、複数ある商品やサービスについての責任の所在があいまいになります。それぞれの事業を機能横断的に調整することも困難になります。

それから機能別組織では、資源配分プロセスが政治化しやすくなります。開発部門は研究費を取りたがりますし、製造部門は工場に設備投資をしたがりますし、販売部門は販促費用を使いたがります。それぞれの部門のヘッドが利益代表として資源配分を争うのです。そうすると、トップマネジメントの負担がきわめて大きくなってしまう。というのも、機能別組織では、各部門間の最終調整ができるのはトップただひとりだからです。たとえば、日本の自動車メーカーの中には、今でも巨大な機能別組織であり続けている企業があります。商品は自動車だけですから。この場合、ありとあらゆることをトップが決裁しなくてはいけなくなるのですが、これはかなり大変です。

アメリカでは、経済発展を背景に１９２０年代ぐらいから企業の多角化が進みました。そうした

図表4－2｜事業部制組織（M-form）の出現

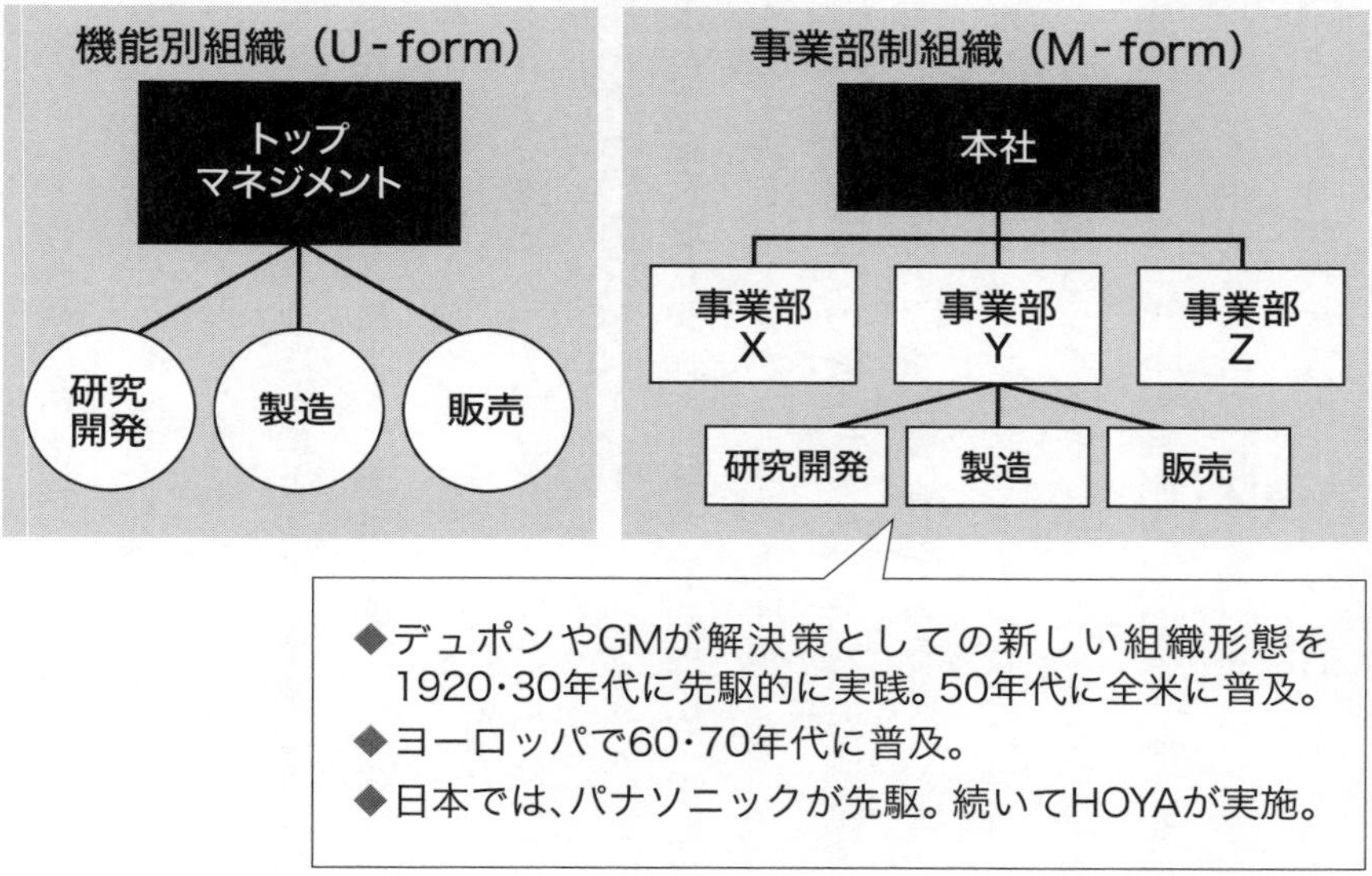

中、デュポンやゼネラルモーターズやシアーズ・ローバックといった大企業が、試行錯誤の末に新たなマネジメントプラクティスとして開発し、先駆的に導入したのが、「事業部制組織」、別名「M-form, multidivisional organization」です（**図表4－2**）。アメリカでは30年代、40年代、そして第2次世界大戦後の50年代に、大企業がどんどん事業部制組織へと移行していきました。

ちなみに、U-formやM-formという用語を生み出したのは、ハーバード・ビジネススクール教授で経営史の泰斗だったアルフレッド・D・チャンドラー（故人）です。僕も博士課程でお世話になりました。チャンドラーが残した有名な命題は、「組織は戦略に従う（Structure follows strategy）」です。

彼は、アメリカ企業が多角化戦略を追求していく中で、U-formが機能不全を起こし、組織構造はM-formへと移行していったと結論づけたのです。つまり、「組織（事業部制組織）は、戦略（多角化戦略）に従った」というわけです。

21世紀に生きるみなさんにとって、事業部制は当たり前の組織構造ですね。でも発明というのは、誰かが発明することによって当たり前になるのであって、昔は事業部制などという経営プラクティスは存在しなかったのです。

ヨーロッパでM-formが普及していったのは、第2次大戦からの復興によって経済発展が進んだ1960年代、70年代でした。

日本企業はかなり遅れていて、最初に松下電器産業（現パナソニック）が、次いで光学レンズ・機器メーカーのＨＯＹＡがM-formを採用したのが始まりと言われています。ただその一方で、日本には、本当の意味でのM-formになっていない企業も多く見受けられました。たとえば、各事業部がさまざまな商品を開発、製造しているけれども、販売は分社化された子会社がすべて担っているようなケースです。パナソニックも、日本における事業部制のパイオニアと言われる一方で、販売は長く別会社が担当していました。これは経営学的に見れば、きわめて不完全なM-formです。

１９９４年、ソニーが「社内カンパニー制」を導入して注目を集めましたが、経営学者の間では、ようやく日本企業も本当の意味でのM-formを採用するようになったという受け止め方でした。その後、２０００年代に入ってからは、日本でも多くの企業が本格的なM-formへと組織形態を変えてきています。

　それはともかく、M-formは経営における革新でした。

　では、M-formがもたらしたものは何でしょうか。それは「経営の新しい規律（discipline）」です。日々のオペレーションと戦略的意思決定を分離する、それぞれの事業部に「自律性（autonomy）」と「自己責任（accountability）」を持たせる、本社は投資効率を考えて資源を配分する。これらが新たな規律として確立されました。

　ただ、先ほどナカシタさんは「事業部に投資責任を持たせたい」と言いました。どうでしょうか。事業部に投資の権限をすべて与えてしまうと、どうなるでしょう？　もう一度、インタラクティブに進めていきましょう。ナカシタさんからどうぞ。

「経営の新しい規律」は機能するか

ナカシタ　事業部に投資の権限を与えてしまうと、どこかの事業部がお金を使いまくってしまうかもしれませんね。
野田　自分たちで稼いだお金なら使ってもいいじゃないですか。
ナカシタ　でも、その事業部が今後も成長し続けるかどうかはわかりません。

野田　なるほど。本社はやっぱり全体最適を考えてお金を使いたいのですね。事業戦略やオペレーションは事業部に任せてもいい。だけど、企業全体をどうやって成長させていけばいいのかを本社は考えなくてはいけないですし、そのためには投資の権限を握っておかなくてはいけない。そういう話ですね。

さて、この考え方、一見よさそうに思われますが、問題はありませんか。

みなさんがインドネシアで起業して、だいぶ月日が流れたとします。缶詰事業に始まってペットフード事業に参入、それからレストランチェーン事業とホテル事業を立ち上げ、年間の売り上げは日本円換算で４００億円を超えています。従業員数はパートタイマーも含めて２５００人に達しました。しかし、何か問題はありませんか。経営者にとってはどんなことが悩みの種になるのでしょう。

ワタナベ　僕の会社でもそうなのですが、事業部が不満を抱えるようになります。「うちの事業部はたくさんの投資を必要としているのに、本社は別の事業部に注力してリソースを割いている」というふうに。

野田　結構起こりがちなことですね。たとえば日本の半導体産業が衰退した理由の一つには、東芝や、富士通、日本電気（ＮＥＣ）といった電機メーカーが、自社の半導体部門への投資を、全体最適を考慮して躊躇したからとも言われています。半導体業界にはサイクルがあって、サイクルが上向くタイミングで一気に投資を行い、規模を確立して、コスト競争力を実現する必要があります。

韓国のサムスン電子などはトップが大胆な投資を行っていましたが、日本の電機メーカーは、半導体事業が利益を出していても、他の事業部で赤字が出ていたりすると、サムスンに匹敵するだけの投資を本社が許さなかった。事業が儲かったときには利益を吸い上げ、事業が損を出したときには、追加の投資を許さなかった。それが日本の半導体産業の衰退の一因であるとも言われています。

話を戻しましょう。経営者の悩みには何がありますか。

サクラダ　多角化した企業をトータルで見られる後継者人材がなかなか育たないのが悩みではないでしょうか。

野田　なるほど、そういう悩みもありえますね。ほかには？

ニシオカ　本社が現場から離れてしまって、自分が正しい全体戦略を立案できているのかどうかが見えなくなるのでは？

野田　とてもよいポイントです。④の「全体的な戦略計画をどのように立てるか」という課題が経営者に突きつけられるのです。

M-formがもたらした「経営の新しい規律」は一見よさそうです。日々のオペレーションについては事業部に責任を持たせ、本社は全体のことを考えて戦略を立案するわけですから。みなさんがインドネシアに設立した会社も、多角化した当初はうまくいっていました。ペットフード事業への参入は、トップであるみなさん自身が絵を描いて戦略を決めたわけだし、レストランやホテルの事業を立ち上げる際にも、トップであるみなさんや右腕左腕の経営幹部が社内外のいろいろな人に会ってプランを立てたのでしょう。

だけど、しばらくたち、事業がどんどん拡大していくと、トップや経営幹部にはわからなくなるのです。各事業の現場で何が起きているのか、市場の動向はどうか、顧客はどんな商品やサービスを求めているのか、競合はどんな戦略を取ろうとしているのか。そういうことが十分に見えなくなります。そうすると全体的な戦略計画を立てられない。組織内で世代交代が起きている場合などはなおさらです。

また、トップは⑤の「どのように資源配分するか」という課題にも直面します。たとえば、みなさんが来年は背伸びして、全体で５００億円の売り上げと60億円の利益を達成したいと考えたとします。どうやって目標を立てて、どうやって各事業部と合意するのでしょうか。

パク　売り上げ５００億円をブレークダウンして、各事業部に割り振ります。

野田　缶詰とペットフードは１５０億ずつ、レストランとホテルは１００億ずつというふうに、本社からトップダウンで押しつけますか。

ヤマグチ　僕なら押しつけたりはしません。各事業部にどれくらい達成できそうなのかをヒアリングして、ボトムアップで積み上げます。

野田　そうすると、各事業部が「うちは80億ぐらいです」とか「60億ぐらいです」などと言い出したら、５００億にはまったく達しないかもしれないですね。事業責任者はそれぞれの事業の結果責任を負わされていますから、トップや本社との間で合意した目標に業績が届かなかったら、ボーナスがもらえないどころか評価が下がり、ひどい場合にはポジションを外されてしまうかもしれません。だから、目標はできるだけ低めに設定したいわけです。

でも、トップであるみなさんには、事業部長が設定したがっている目標が低めなのかどうかがわからない。株主や投資家に説明を求められる以上、目標を立てないわけにはいきませんが、各事業部の状況が十分に見えないため、全体最適の資源配分はとても困難になってしまいます。結果、どうなるでしょう。

M-formでは、ともすれば「分権」と「集権」が繰り返されます。本社が事業部をグリップするべきか、それとも事業部に権限委譲するべきかという選択を常に迫られ、なおかつこの選択には正しい答えが存在しないため、多くの企業では分権化と集権化との間で、まさに振り子のように揺れるのです。

僕は、ＩＮＳＥＡＤ在籍中に、パナソニック（当時は松下電器産業）の経営幹部にインタビューしてケース教材を作成しましたが、同社の歴史においても、あるときは全体最適を考慮して本社が事業部をグリップし、その結果、事業部から活力が失われると事業部に自由と裁量を与えるという具合に、集権と分権が繰り返されました。

葛藤を乗り越えるために

M-formでは、本社と事業部の間でたえず葛藤も起きます。現場から遊離した本社では、顧客や競合や市場が見えず、事業部とのコミュニケーションも円滑に進みません。事業部も本社とのコミュニケーションに悩まされます。自分たちで稼いだお金は自分たちの事業に投資したいのに、本社からの制約があってそれは容易にかなわないからです。だから、本社と事業部との間では、目標や資源配分をめぐる駆け引きがしばしば繰り広げられます。

このような本社と事業部の葛藤に対応するために、経営者リーダーはどうするのでしょうか。零細企業であれば、トップが鶴のひと声で決めたり、経営幹部数人との話し合いでエイヤッと決めたりすることもできるかもしれませんが、ある程度の規模の企業になるとそうはいきません。

そこで必要となるのが経営管理システムです。みなさんが所属する企業でも、中期計画を策定し、年次予算を立て、それらに基づいて資源配分をするというシステムが必ず回っているはずです。もちろん、そのやり方は企業によってそれぞれ異なります。

まず中期計画と年次予算の結びつきや整合性はどうなっているのか。ある企業では、中期計画と年次予算はまったく別々のものになっています。そういう企業では計画策定という年に一回の〝お祭り〟が終わると、その中身は、次のお祭りまで、ほぼ顧みられることがないかもしれません。3年間にわたる中期計画の達成目標を3等分して、それを各年の年次予算に反映させている企業も存在するでしょうし、中期計画の初年度が年次予算となり、残りの計画は、毎年の業績や環境変化に応じて修正・変更するローリング形式を採用している企業もあるでしょう。

予算の合意についてはどうでしょう。これには、先ほどヤマグチさんが話したような事業部からボトムアップで積み上げていくやり方、パクさんが話したようなトップダウンで事業部に割り当てるやり方、あるいは、その両方を組み合わせて本社と事業部が合意に向けて交渉するといったやり方もあるでしょう。おそらく最後のやり方がより一般的でしょうか。

資源配分はどうするのでしょうか。無借金を貫いて原資は自己資金に限定するのか、ＩＲＲがハードルレートを超えているのであれば、株主にとっての価値は創造されますから、財務の健全性を損なわない範囲で（最適資本構成を勘案しながら）積極的に借り入れを行うのか。事業部のキャッシュフローについても、本社が１００％吸い上げるのか、事業部が自ら再投資するのを認めるのか、事業部が稼いだものの半分までは事業部裁量とし、残り半分は本社に吸い上げるのかといったことを考える必要があります。株主価値の観点からは、本社が当然１００％吸い上げるといった論理になるかと思いますが。

配分にあたって採用する尺度（メルクマール）もいろいろです。純粋に投資収益率に基づいて決めるのか、パーパスや企業全体戦略に沿って決めるのか、あるいは昨今の潮流ですが、社会的インパクトを勘案するのか、はたまた事業責任者の声のデカさがものを言うのか。配分対象となるユニットは、事業戦略を策定する事業部か、別途設定する戦略事業単位（strategic business units：SBU）か、それとも個別のプロジェクトか。これもやり方はいろいろありえます。

さらに話を続けると、⑥の「事業のモニタリングと進捗管理をどうするか」という課題も浮上します。とりわけ経営として回避すべき事態は、「最終四半期のサプライズ」です。第4四半期に入ってから「どうやら予算が未達っぽい」と気づくことは経営にとっての悪夢です。そうなってはもう遅いから、定期的に事業をモニタリングし、進捗を管理しなくてはいけない。では、その際のやり方はどうするか。週次や月次で営業活動のパイプライン管理を考えるのかもしれません。どんなデータをどのタイミングで集めるのかを決めておいて、より精緻な業績管理システムを構築するのも選択肢の一つです。

それから⑦の「業績評価をどのように行うか」という課題もあります。たとえば缶詰事業部長が「今年は好調でした」と報告してきたとします。だが、果たして本当にそう言えるのか。自社だけでなく、業界全体が好調だっただけなのではないか。ホテル事業の業績が悪化したとする。だけど、それは自社が振るわなかったからなのか。感染症が拡大したため、業界全体が低迷しているのではないか。そうした諸事情も考えなくてはいけないとすれば、各事業部の業績はどういうふうに評価すべきでしょうか。あくまでも結果を見る？　業界内の他社と比較する？　それともプロセスを重視する？　みなさんがトップならば、どんな評価のスキームを組むのでしょうか。

図表4－3｜本社と事業部間の葛藤

◆本社のフラストレーション
- ✓現場からの遊離（顧客、競合、市場が見えない）
- ✓事業部とのコミュニケーション・ギャップ
- ✓事業部とのゲーミング

◆現場のフラストレーション
- ✓本社とのコミュニケーション・コスト
- ✓最適戦略の遂行の制約

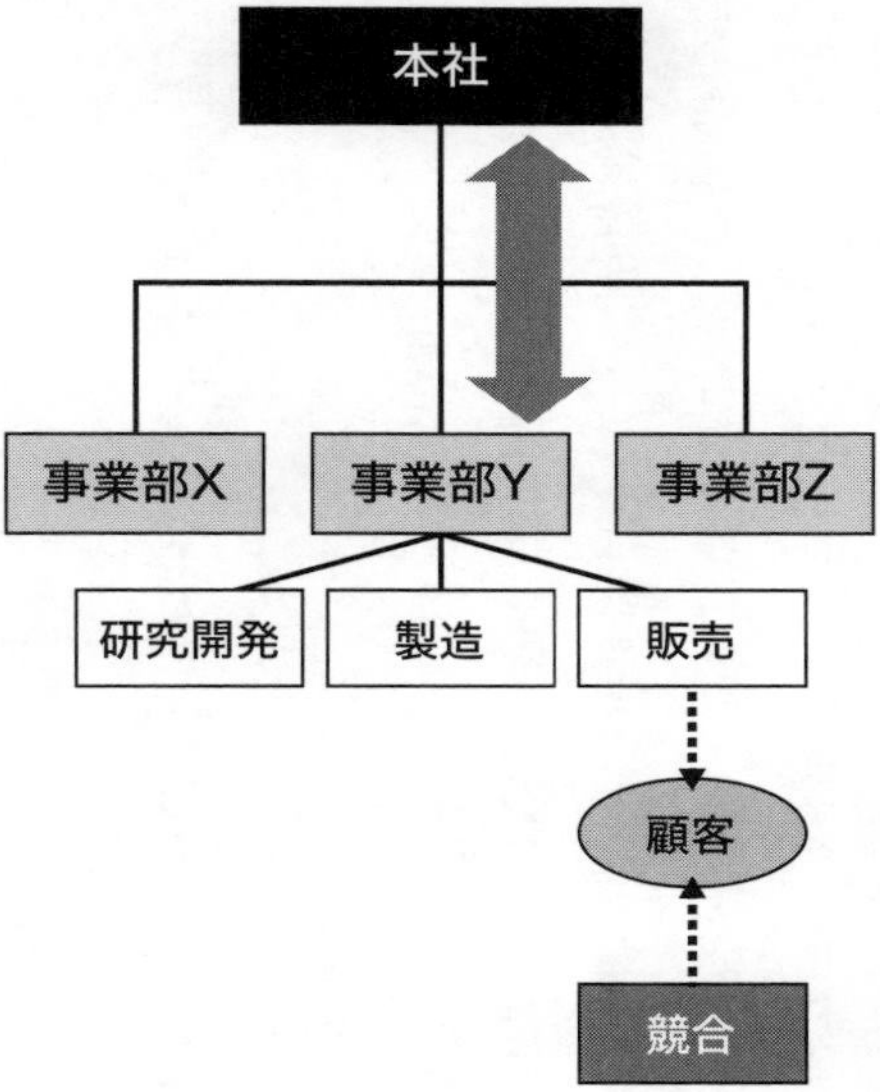

より詳細に見ていくならば、業績を測る指標をどうするのかも考えなくてはなりません。本社、事業部、さらにその中の事業ユニットなど、組織のレベルによって、それぞれ責任を持ちうる業績が異なります。本社には全体の経営数字を、事業部には事業ごとの経営数字を、事業ユニットには、売り上げだけでなく、顧客満足度、製品の歩留まり率や在庫の回転期間など、さらに細かな指標（KPI）を設定するでしょう。また、財務業績は過去の活動の結果にすぎませんから、非財務の視点を取り入れたバランス・スコアカードを用いるなどして未来の実力も把握しなければいけないでしょう。

もう一つ、M-formは縦割りになりやすいという弱点も抱えています。そのため経営者は、⑧の「会社全体としての一体感をどうやって保つか」という課題にも向き合わなくてはなりません。みんなで力を合わせてインドネシアで事業の幅を広げ、会社を成長させたにもかかわらず、組織から一体感が失われたら、一緒にやっている意味がなくなってしまいます（**図表4－3**）。

どうすればいいのでしょうか。これにもいろんなやり方があります。非公式な事業部横断の活動を立ち上げるとか、人と事業と組織を束ねるミッション（企業理念）を明確にするとか、外部視点に立って、顧客と社会に提供する価値をパーパス（存在意義）として定義するとか、行動指針としてのバリューを示し、社員の行動を束ねるといったアプローチが挙げられます。

自社のコンテクストを鵜呑みにしない

経営管理システムをはじめとする企業コンテクストのあり方に、「これだ」という絶対的なものはありません。ある程度の幅の中に複数の、場合によっては無数の選択肢があります。

中でも経営管理システムはあくまで手段であり、企業が抱える戦略上、組織上、経営上の課題を解決し、葛藤と向き合うために設計・構築・運営されるものでしかありません。そして、企業にとっての課題は、企業が置かれた制度環境（文化特性も含む）、業界構造、競争条件、技術をはじめとする独自のリソースなどによっても大きく異なっており、解決の仕方や向き合い方も、それぞれの企業に特有なものとなります。経営に求められているのは普遍解ではなく、固有解なのです。したがって、経営管理システムは、経営トップが自身の哲学とアスピレーションをベースに、何を重視するのか、どのレベルの経営を目指すのかを考え抜いて、自ら選択するものです。

もちろん、過去からの慣行は考慮する必要があるので、まったくの白紙で決めるわけにはいきません。大きな組織であれば、経営者リーダーが単独で決めるものでも、決められるものでもなく、CSO、CFO、CTO、CHROと一緒に議論して決めたり、彼ら彼女らに委ねたりする部分も当然あるでしょう。しかし本来は、経営者リーダー自身が、少なくともその結論について理解し、納得し、社内外で語れるものでなくてはならないと思います。

たとえば、かつての松下幸之助氏や稲盛和夫さん、あるいは現在、僕が大変親しくさせていただいているアイリスオーヤマ会長の大山健太郎さんのような創業経営者は、経営において卓越されています。それは、起業家として自ら商品やサービスをつくり上げただけではなく、人を雇い、給与体系を整え、帳簿を見ながら自ら決算を行い、さらには事業が成長する中において組織の体制を自分の頭で考え、次々に現れる課題を解決していくことを通じて、経営管理システムの数々をハンズオンでつくってこられたからだと思います。そして、経営が抱える葛藤と向き合いながら、企業コンテクストに魂を吹き込み続けてこられたからでしょう。見てこられた風景と経験の量が、一部の事業や機能しか担当せずに突然トップに立つサラリーパーソンの経営者リーダーとはあまりに違うのでしょう。

しかし、だからといって、サラリーパーソンの経営者リーダーは、過去につくられた自社の慣例をまったく疑問視することなく継承していいのか、経営システムの構築や運用を誰かに丸投げしていいのか。そんなことはないと思います。

したがって、僕はみなさんに、若い頃から、自社の企業コンテクスト、とりわけ組織構造や経営管理システムを鵜呑みにして受け入れるのではなく、自ら経営者リーダー視点でそのよし悪しをたえず評価し、「自分が経営トップならばこうするのに、こう変えるのに」というシミュレーションを頭の中で繰り返しておくよう期待し、この講義を行っています。


ただし、ここで留意すべきことがあります。それは、経営管理システムをはじめとする企業コンテクストの設計を精緻にやればやるほど、組織は硬直化するということです。計画のための計画や分析のための分析が横行しますし、スタッフ機能が肥大化し、自己増殖します。つまり大企業病が蔓延《まんえん》するのです。これもまた、世界の企業と経営がたどってきた道筋です。

1970年代から80年代にかけて、アメリカでは大企業の業績が低迷しました。その主な要因は、経済成長の鈍化や、勢いを増しつつあった日本企業からの挑戦といった環境の変化とされていますが、大企業病の蔓延も一因だったのです。

当時のアメリカ企業では、ビジネススクールでMBAを取得した「ウィズ・キッズ（whiz kids／神童）」と呼ばれる人たちが、次々に採用されていきました。そういうMBAホルダーは、M&Aや事業ポートフォリオの再編などを担当する企業戦略・事業開発部門や、中期計画や年次予算策定、事業戦略策定などを担当する経営管理部門に、〝若手参謀〟として入り込み、肩で風を切ってオフィス内を歩き、クラスルームで得た知識をひけらかしながら、さまざまな情報を集めて分析し、2×2で選択肢がマッピングされた美しいプレゼン資料をつくり、論理的に帰結された提案を次々に行っていきました。

このように、現場での行動や挑戦よりも、本社や管理部門での分析と計画の文化が優先されたことが、当時のアメリカ企業における大企業病の蔓延にもつながっていたのだと思います。

繰り返しますが、組織構造や経営管理システムは、あくまで目指す経営を実現し、課題を乗り越えるための手段にしかすぎません。手段が目的化するのは、組織においては一番恐れるべきことです。経営者リーダーたらんとするみなさんには、何よりもこの点を念頭に置いて、歴史の蹉跌《さてつ》を乗り越えていただきたいと思います。

改めて、経営の質に目を向ける

さて、これまでの議論では、「よい経営／そこそこの経営」の違いという「経営の質」については一切ふれてきませんでした。以降では、M-formにおいて、本社は、事業部とのやりとりで抱える経営のジレンマ、とりわけ資源配分をめぐるジレンマにどう向き合い、資金をより有効に活用するとともに財務業績を向上させていけるのかという挑戦を取り上げたいと思います。つまり資金の有効活用と財務業績の向上が、ここで取り上げる経営アジェンダであり、このアジェンダにうまく対処できるのが「よい経営」、そうでないのが「そこそこの経営」という位置づけです。

この経営アジェンダを達成することを目的とした場合、「本社と事業部の関係（relationships between corporate office and business divisions）」をどんなふうに構築し、両者はどのようなコミュニケーションを交わすべきなのか。マネジャーたちにはどんな行動が求められ、その行動を誘発するためにはどんな企業コンテクスト（とりわけ経営管理システム）の設計と構築が求められるのか。それが、ここでの問題意識です。

抽象的な議論ではなく、実際の事例を見ながらの議論でなければ理解が難しいと思いますので、僕がＩＮＳＥＡＤで現役の研究者だったとき、研究パートナーのフィリップ・ハスペスラフ（当時はＩＮＳＥＡＤの教授、現在はベルギーのブレリック・ビジネススクールの名誉学長）たちとともに調査したキャドベリー・シュウェップス（現キャドベリー、以下ＣＳと略記）における経営プラクティスの変遷を紹介しながら、議論を進めたいと思います。

ＣＳは、ロンドンに本社を置く、菓子と飲料の世界的なメーカーでした。１９９０年代の終わり頃から、僕は、同社のジョン・サンダランドCEOやボブ・スタックCHROらの協力を得て、彼らの経営プラクティスを詳細にリサーチしました。とりわけフォーカスしたのが、トレバー・バセットという砂糖菓子を扱う事業ユニットです。ここからは扱う事象がきわめて複雑で、議論も経営実務に基づく深いものになるので、みなさんも真剣に考えてください。

戦略なき予算中心主義と「差異の文化」

まずは、1990年代半ばにおけるCSの状況を確認しておきます。

1995年、CSは「英国で最も称賛される企業」に選ばれ、グループの経営は順風満帆に見えていました。その一方で、株価は同業他社よりも低迷しており、株主総利回り（TSR）も、飲料や製菓の事業を手掛けるグローバル企業群の中では最低水準でした。

この頃のCSは、経営政策の決定にあたって、年次予算をその中心に置いていました。本社が何よりも重視していたのは年間売上高の拡大です。ただ、一応、5年間の業績予測は示されていましたが、その中身は緻密な戦略分析に基づいたものではなく、2年目から5年目までに示された予測は、その後の実績と大きく乖離していました。しかも、新製品の開発導入や生産能力の拡大は、「投資申請」という別プロセスにおいて承認されていたため、5年間の中期経営計画は、初年度の予算を除き、資源配分プロセスや戦略策定プロセスとまったくリンクしていなかったのです。

また、本社はビジネスや市場から遠く離れていたため、事業部が抱える複雑な問題を理解していませんでした。事業部の短期実績が予算の数値を下回った場合や、下回りそうになった場合は、本社が事業部に理由を問いただし、「売り上げ目標を達成せよ」というメッセージを最終的に送る程度でした。

その結果、組織全体に広がっていたのが、予測値と実績値のズレだけに着目する「差異の文化(culture of variance)」です。「予算を達成する」というメンタリティにどっぷり漬かっていた事業部のマネジャーは、目標を控えめに設定するのが常でした。しかも事業部は、目標と実績の差異についての言い訳を取り繕う術を、時間をかけて身につけており、たとえ差異が生じても、現場の実態に精通していない本社が反論するのは困難でした。したがって、予算を達成できなかった事業部のマネジャーが解雇されたり配置転換されたりすることもまれでした。

当然、これでは本社・事業部間の信頼関係が確立されません。本社は「事業部はゲームをしている」と疑ってかかり、市況に関係なく増収を要求する。事業部は本社の独断的な管理に悩まされ、ますますゲームに走る。まさに悪循環です。

そうした中、CSグループの砂糖菓子部門であるトレバー・バセットでは、営業利益が94年のピークを境に減少し始め、事業責任者のジョン・テイラーを中心にさまざまな策を講じます。しかし、テイラーは戦略的方向性を見極めようとするものの、配下の機能別マネジャーの意見が一致しません。拡大した製品ポートフォリオの見直しは、製品のバラエティに慣れた消費者や小売店からの反発を恐れる流通担当マネジャーの賛同を得られず、プッシュ型からプル型へのマーケティング戦略の見直しは、（必要となるブランド認知形成のためのメディア販促投資が）短期的に収益を圧迫するため、マーケティングマネジャーに受け入れられません。ブランドを絞り込むプランも、販売量の一時減による設備稼働率の低下を危惧する生産・製造部門のマネジャーから反対されました。

テイラーのジレンマと苦悩は高まります。そもそも部門が直面している問題を本社にどう伝えればいいのかもわからないし、本社が何を考えているのかもわからない。そんな状況だったのです。

経営管理システムの構築が生んだ「説明責任の文化」

ところが、2000年代初頭のCSでは状況が一変していました。株主価値経営（value-based management）の手法を参考に「価値創造のための経営（Managing for Value：MfV）」というプログラムを導入したCSの経営は、大きな変貌を遂げていたのです。

2000年以降、CSが株主利益の持続的な創出を図るために取り組んだのは、組織構造の変更と業績管理システムの導入です。

組織構造については、長年続いてきた「飲料事業」と「製菓事業」という2部門体制が解体され、

6つの地域別組織に再編されました。それぞれの地域には「経営委員会」が置かれ、議長、国別子会社社長、地域の財務やマーケティングや人事を担当するディレクターで構成されました。

新たに業績管理システムも標準化されました。これは、「目標設定」「戦略策定」「業績契約」「実現とモニタリング」「資源面での合意」という五つの要素からなっていました。どういうものだったのか。順を追って説明します。

まず全社目標は、本社のCEOと経営委員会が毎年設定します。価値創造目標と経済的利益（エコノミック・プロフィット）の達成に向けた4カ年計画が、4年ごとに株主価値を倍増させるというグループ目標と結びつけられる形で立案され、本社から地域経営委員会に、地域経営委員会から各国の事業部に伝えられます。

戦略策定は、各事業部と地域経営委員会、地域経営委員会と本社経営委員会の「対話（dialogue）」を通じて行われ、事業部は4年間で価値創造目標を達成していくためのイニシャティブを考案します。イニシャティブは、事業ユニットと本社の双方が合意できる「実行イニシャティブ」と、まだ十分には熟していない「開発イニシャティブ」に分けられ、それらの価値に基本事業の価値を加えた数値と、価値創造目標の差が、埋めるべき「価値ギャップ」として明らかにされます。

そのうえで、業績契約においては、事業責任者は、実行イニシャティブによる価値の実現と、開発イニシャティブに取り組む際のタイムスケジュールの尊重を確約し、これに対して本社は、マーケティングや設備投資、人員確保や買収などに必要となる資源を提供することを確約します。

実現に関する対話では、戦略に合わせて定められたマイルストーンとＫＰＩを四半期ごとにチェックしながら、契約において示されたコミットメントが実行されているかどうかをモニタリングし、2カ年の業績予測を更新してゆきます。そして、戦略遂行の進捗を見ながら、本社から事業部に対して資源が配分されていくわけです。従来は、年次予算中心の議論だけだったのが、中長期的視点に立って戦略策定が議論されるようになったのです。

また、戦略策定、業績契約、実現という一連のプロセスでは、事実に基づいた対話が非常に重視されるようになりました。事業部のマネジャー側は、直面する問題に対して複数の解決のための選択肢を提案することを求められ、本社や地域の側も単に一方的な意見を述べるのではなく、対話を通じて、事業部の課題解決に貢献することを求められるようになりました。

さらには、有能な基幹人材を会社に定着させて株主の利益を守るために、業績に連動した報酬制度も整備されました。グループの経営幹部トップ35人の報奨は、ＣＳの株主総利回りを、国内外で急成長している他の消費財メーカーの数値と比較することによって決まりました。その下の幹部層150人には、会社の補助を受けて自社株を購入する資格が与えられました。

こうした改革が進んだ結果、ＣＳでは本社の役割が急速に修正されていきます。それまでの数値による管理で事業体をコントロールする役割から、事業体のマネジャーたちの思考を高め、視野を広げるべく、彼ら彼女らをコーチすると同時に、イニシャティブの実現を側面支援する役割にシフトしていったのです。本社と現場の間には信頼感が醸成され、「差異の文化」は解消されて、事業体が目標達成に対して責任を負う「説明責任の文化（culture of accountability）」が次第に生まれていきました。

では、CSでこのような経営改革に寄与したものは何だったのでしょうか。それは、1996年にCEOに就任したジョン・サンダランドによるリーダーシップです。サンダランド自身、事業責任者を務めていた頃は「販売量の増加によって成長を実現する」という信条の持ち主だったのですが、「CEOの椅子に座ると、世界の見方が変わる」と証言しています。CSの置かれている状況と経営の実態をすばやく把握した彼は、株主価値経営に舵を切り、「5年以内に株価を2倍にする」と社内外に宣言してMfVプログラム推進の先頭に立ちました。

さて、みなさんは、このCSの事例をどう解釈しますか。資金の有効活用と財務業績の向上という経営アジェンダの観点から評価するとすれば、サンダランドの変革前のCSは「そこそこの経営」、変革後が「よい経営」という位置づけとなるでしょうか。変革の背景には、当時の主流だった株主価値経営への傾斜が見て取れますから、会社は株主だけのものでないと考える方々の中には、違和感を抱く方もおられるでしょう。僕も、株価の2倍上昇を目的化することには、当時から、大きな違和感をおぼえていました。

ただ、日本では、株主価値重視の潮流が波及するのが欧米より遅れたことから、2000年代後半から2010年代前半になって、「ROE（自己資本利益率）経営」の名のもとに、資本効率の向上と財務業績の達成に初めて真摯に向き合うようになった企業も多いように思います。企業価値の向上を図るためにROE8%以上の達成を求めた「伊藤レポート」(『「持続的成長への競争力とインセンティブ～企業と投資家の望ましい関係構築～』プロジェクト最終報告書」座長：伊藤邦雄、経済産業省)も2014年の提言です。

したがって、このCSの事例から浮かび上がってくる経営のアジェンダは、みなさんの所属企業が過去10年の間に対峙してきたものと重なる部分が多いのではないかと思います。

資源配分プロセスを透明化する

オカ　食品メーカーの財務部門で働いていますが、10年ぐらい前までは、1990年代半ばのCSのように売り上げ重視だったと上司から聞いています。当時は各事業部が、小売店のシェルフ(棚)シェアを確保し続けるために、たいして代わり映えしない新商品を、利益率は二の次とばかりに次々に発売していて、商品ポートフォリオが拡散し、結果的に骨太なブランドが育てられなかったそうです。

この数年はROE経営の名のもとに投資資本効率が重視されるようになり、本社と事業部の間では、短期的な売り上げや利益、市場シェアについてやりとりするだけでなく、中期的なブランドマーケティングについての議論も交わされるようになってきました。株主価値を倍増させること自体を目的に置くのは、私も間違いだと思いますが、財務規律が経営の質を向上させるという点については共感します。

カワカミ　うちは、いくつかの会社が合併して再出発した化学関係の会社なのですが、合併時に始めたのがまさにこの仕組みづくりで、私も本社の経営企画部門でそれに携わりました。

できた仕組みは、中期経営計画をまず策定して、それから年次予算を回していくというものです。複数の事業を展開している事業部もあるので、事業のくくりごとに、ある程度の大きさの事業体を十数個設定し、各事業体と本社が対話をしています。対話ではA4用紙で2枚程度のテンプレートを使って、中期計画のレビューを踏まえつつ、年次計画とその進捗を説明するようになっています。

ただ、こうした表面的な仕組みはできているとはいえ、一番弱いと感じているのが、本社と各事業体の間の約束、CSの事例で言う「業績契約」です。約束が達成できなかったときの責任が必ずしも明確になっていません。

野田　なぜですか。

カワカミ　原料の市況によって業績が左右されてしまうからです。一応、事業体の側に説明責任はあるのですが、原料価格が高騰していたら、業績を達成できなくても仕方ないだろうという空気が会社全体に漂っています。

野田　それはあらゆる企業や事業に共通の課題ですね。業界全体の業績の変化をベンチマークして事業体の業績を評価するとか、世界レベルの同業者（ピアア）、とりわけその事業に特化している企業（ピュアプレイヤー）の業績を比較に用いるといった工夫は考えられませんか。

カワカミ　できればいいのですが、弊社が国内ナンバーワン企業なので、国内の業界全体の業績をベンチマークに使ってもあまり違いがなかったりしますし、海外の同業者は、それぞれ置かれている制度環境が異なるので、なかなか比較が難しいです。ベストとは言えなくても代替となるような指標を設定することが必要だとは思っていますが。

野田　業績契約があいまいな状態で、CSにあったような「差異の文化」が組織内に蔓延していくと、結局、言い訳の上手い人が出世することにもなってしまいますね。特に経営がグローバル化し、社歴の浅くてプロ意識の強い人材が多くなった組織では、やはり業績に関する客観的で透明な基準やルールが必要でしょうね。

ニッタ　僕らの会社でとりわけもめるのが資源配分のところです。マテリアル系の会社なのですが、中核事業が全社の8割ぐらいの利益を出していて、その事業部では「自分たちが稼いだお金は自分たちで使いたい。自分たちの事業に再投資したい」という意向が強いです。

野田　本社は、事業部や子会社の利益を100％吸い上げているわけですよね。それをゼロベースで本社が戦略的に配分すればいいのではないですか。

ニッタ　そうすると、中核事業体の側に不満が残ります。中核事業体の幹部たちの社内での発言力も強いため、本社もある程度、斟酌《しんしゃく》せざるをえません。

野田　それは、資源配分に（社内）政治性が入り込んでしまっているのですね。歴史的な経緯があるのでやむをえない部分もあるのでしょうが、できるだけ客観的なルールを設定し、政治性を排して、透明で全体最適を最優先した資源配分を実現できるかどうかが挑戦ですね。言うのは簡単で実現は難しいのは百も承知の上ですが。

ちなみに資源配分を戦略的に行うときは、事業を共通のメルクマールを使って評価することも重要です。たとえばペットフード事業とホテル事業という異なる事業への投資をどう評価するのか。英語では比較できないもののことを「apples and oranges（リンゴとオレンジ）」と表現しますが、ペットフード事業とホテル事業もそうです。事業の特性が異なっていて比較が容易ではありません。しかし、株主価値を評価軸に置くとシンプルになります。ペットフード事業への投資とホテル事業への投資をそれぞれ株主価値に換算するといくらになるのかを考えると、「リンゴ」と「リンゴ」の比較になるからです。

僕は1990年代後半、研究者としての5年間を、「株主価値経営が経営とガバナンスに与える影響」の国際比較研究に費やしました。CSの経営分析もその一環でした。当時、僕は株主価値経営にきわめて懐疑的であり、総じて経営にネガティブな影響を与えるのではと想定して、ベルギー人、カナダ人の研究者とタッグを組み、共同研究をスタートさせたのです。

ところがインタビューをしても、サーベイの結果を見ても、想定外の結果ばかりでした。日米欧の企業の大半で、経営陣のみならずミドルマネジメントもほぼ異口同音に、株主価値というシンプルなメルクマールは経営の透明性と納得性を高め、社内のオープンな対話を促進するとともに、事業ユニットのアカウンタビリティ（責任）を向上させると回答したのです（Philippe Haspeslagh, Tomo Noda, and Fares Boulos, "Managing for value. It's not just about the numbers", *Harvard Business Review*, July-August 2001）。

正直、初めは戸惑いましたが、世界で卓越した経営をしている企業はそれほど多くないのだ、それだけ改善の余地がある企業が多いのだと変に納得したのをおぼえています。同時に、シンプルで透明性の高い経営がいかに重要かということも思い知らされました。

ニッタ　おっしゃる通りで、事業評価のメルクマールを設定する際は客観性と透明性が重要だと思います。現在は、企業ミッションやパーパスへの整合性を確認したうえで、まずＷＡＣＣ（weight average cost of capital：加重平均資本コスト）とＲＯＩＣ（return on invested capital：投下資本利益率）を評価し、さらに収益の安定性と成長性を見て資源配分しようとしています。

ただ、うちの場合は、10年単位のロングタームで考えるべき事業と、２、３年の勝負で競争優位を考えていくべき事業が混在していて悩ましいところです。

野田　ボラティリティ（リスク）とリターンを、時間軸も含めて総合的に勘案したメルクマールを設定できるかどうか、そこにまだ課題が残っているというわけですね。

「なぜ?」を繰り返し、対話の質を上げる

ミヤザキ　私は商社の経営企画部門で働いていますが、私の会社でも予算や資源配分をめぐる議論が十分に深まっているようには見えません。各事業部は、一定のフォーマットに基づいて中期や年間の事業計画を説明して、経営会議の承認を得ることになっていますが、そこでの議論が表層的だと感じています。

というのも、経営会議に出てくる担当役員は各事業の生え抜きばかりなので、自分が所管している事業のことはわかっていても、よその事業についてはほとんどわからないのです。特に、業界における規制や取引慣行、顧客動向や技術の特性といった具体的な話になるとまったくわからない。だから、担当役員たちは互いの事業計画にあまり口を出したがらないのです。

野田　経営会議で、事業が提供する価値の本質、主要他社と自社との比較、競争優位の源泉の掘り下げ、業界の変化を見据えた事業戦略の選択肢などを議論することはできないのでしょうか。

技術や顧客、規制などについての詳細な議論を求めているわけではありません。A4用紙1、2枚のシンプルなテンプレートをつくっておき、3年後の達成目標、それと現状とのギャップ、必要なアクションプラン、そのアクションの実行にあたって考慮すべき落とし穴や障害、それへの備え

などを骨太に議論するのです。各事業部のトップや担当役員が自分の言葉でプレゼンし、他の幹部はその論理の一貫性を問い、納得するまで掘り下げていく。そういうことはできないのでしょうか。

ミヤザキ　ご指摘の通りですが、うちの問題はもっと根深いかもしれません。経営会議のメンバーが戦略的、論理的に突っ込んだ議論をしないのは、よその事業に口を出すと、自分のところにも口を挟まれるからです。まるで、お互いに介入しないという不文律が出来上がっているかのようです。

野田　それは、組織風土にかかわる、より根本的な問題ですね。残念ながら、それはシステムやメルクマールを変えるだけでは打破できないですね。経営トップの率先垂範によって経営幹部のマインドセットと行動を変えるしかない。

ヒグチ　大変考えさせられます。私の会社は、祖父が創業した非上場会社ですが、売り上げ規模も大きく、事業も多岐にわたります。私は財務を所管しているのですが、年次計画において本社と事業部が予算と資源配分について合意していても、その後、本社の経営陣あるいは事業部主導で計画外の案件が出てくると、その都度、追加で議論が行われ、投資支出が承認されていきます。

野田　詳細をお聞きしないと十分にはわかりませんが、90年代半ばのCSに近い状況ですね。当時のCSでは、中期計画や年次予算はあっても、実際の資源配分は「投資申請」プロセスで行われ、結果的に「プロジェクト・ベースでの資源配分（project-based resource allocation）」になっていました。中期計画、年次予算、資源配分が、それぞれバラバラでデカップリングしていたのです。それが2000年代には、「戦略ベースの資源配分（strategy-based resource allocation）」に変わりました。

戦略ベースの資源配分では、本社と事業部が中期計画の進捗評価と年次予算策定における対話を通じて、それぞれの事業部の事業戦略について合意し、それをもとに資源配分が行われます。もちろん経営は生ものですから、状況変化や想定外の展開は当然起きえます。追加の投資案件が挙がってきたとしても、そのこと自体は問題ではありません。問題は、追加の投資案件において、中期計画や予算における戦略策定との整合性がきちんと吟味されるかどうかです。それが吟味されないなら、何のために中期計画を立て、年次予算を組んでいるのかと言わざるをえない。

さらに言えば、半年後や翌年の経営会議においても、先に合意した事業戦略と現状との乖離をきちんとレビューし、今後の挑戦について議論することが必要です。ここで肝心なのは、事業部の責任を問うだけでなく、本社が事業部の思考をどこまで助けてあげられるかです。「業績はどう？」「あまりうまくいきませんでした」「それはなぜ？　もともとの想定と何が違ったの？」「かくかくしかじかです」「そうなったのはなぜ？」「これが一番大きな要因です」「それが本当なら、何が対応策となりうる？」という具合に、事実と数字に基づいて「なぜ」を繰り返すことで、対話の質は上がり、相手の思考が深まるのを手助けすることができるのです。こうした対話が実現すれば、本社と事業部の間に信頼感と一体感が醸成されていくのではないでしょうか。

ホシ　私は家電メーカーに勤めていますが、経営会議でいったん事業計画が合意されると、その後、数字はあまり顧みられることがなくなります。事業の進捗を評価するＫＰＩも、計画とのリンクが十分ではないまま設定される傾向があります。

野田　本来は、事業計画だけでなく、ＫＰＩについても本社と事業部間で合意するのがよいでしょう。そして、そのＫＰＩは、事業部内で計画の実行に当たる人たちのよりよい判断を導き、その行動をエンパワーするものであるべきです。

前回の講義でもお話ししましたが、ＫＰＩは指標や数値の中身自体も重要ですが、それ以上に設定プロセスも重要です。本社や事業部の企画とか財務のスタッフがＫＰＩを考えて現場に伝えるだけでは、単なる管理になりかねません。現場からすれば、ＫＰＩの背景にあるロジックがわからないまま、ただ指標や数値を押しつけられても、やらされ感と不満が募るばかりです。

大切なのは、現場の人たちに自分でＫＰＩを考えてもらうことです。そうすると、現場の人たちは、自分たちが携わっている業務が会社全体の経営とどう関連しているのか、自分たちの業務で鍵となる変数は何なのか、その中で自分たちの努力によって変えうるものは何なのか、したがって自分たちはどんなことに注力すべきなのか、といったことを考える機会が得られます。つまり、ＫＰＩを考えるプロセス自体が業務改善や人材育成につながるわけです。

サクラダ　質問というよりは感想です。自社では経営会議に出席する幹部のために、スタッフが一生懸命資料をつくり、お手元資料として用意します。場合によっては、シナリオや想定問答まで全部スタッフが準備するのですが、これが経営幹部たちのマッスルを弱らせ、経営の質を劣化させているのではと心配になってきました。

野田　その通りですね（笑）。経営会議だけでなく、入社式のスピーチも統合報告書のトップメッセージなども同じです。スタッフが原稿や想定問答集を念入りに用意し、場合によっては、トップはあんちょこを読み上げるだけの場合もあります。トップは多忙ですから、ある程度の準備をスタッフに任せるのはやむをえないとは思いますが、トップが自分の頭で思考し自分の言葉で語ることができないと、経営の質の向上などおぼつかないです。みなさんには、将来、自分の頭で考え、自分の言葉で語る経営者リーダーになっていただきたいです。

ゲームの横行をいかにして防ぐか

ファン　私はベトナムの企業で働いているのですが、本社と事業部や海外子会社の間に不信感があり、両者の距離が離れていると感じています。ＣＳの事例にも出てきた数字をめぐるゲームが横行していて、事業部長や海外子会社のトップは低めの数値目標を設定したがっていますし、本社はそれを知っていて高い目標を押しつけようとします。高めの目標を引き受ける責任感が強い事業部長や子会社トップがわりを食うといったことも起きがちです。

野田　そうした駆け引き（ゲーミング）は、万国共通の問題です。普遍的な解決策はありませんが、たとえばジャック・ウェルチ（２０２０年に死去）がＣＥＯだった時代（１９８１〜２００１年）のゼネラル・エレクトリック（ＧＥ）では、このジレンマをストレッチ目標の設定で克服せんとしていました。予算は本社と事業部の合意によって設定されていましたが、予算目標を超えるストレッチ目標が、本社主導で、事業部に有無を言わせない形で、マクロ経済指標や将来あるべき姿などをベースに設定されていました。事業部はもともと手堅い成長を志向しがちですが、ストレッチはこれを打破し、事業運営にイノベーションを促さんとするものです。予算の上振れ・下振れは人事評価や報酬に反映されますが、ストレッチ目標は達成したら上乗せ（ボーナス）評価されるという加点主義になっていました。

また、株式会社リクルートは、「合算（がっさん）」という経営プラクティスを実施しています。予算は、中長期の戦略と連動して、事業ユニット長（事業責任者）と経営ボード（本社）とで合意するのですが、運用に特徴があるのです。事業ユニット長は、単に予算達成を目指すのではなく、中長期の成長戦略投資を最適化するために着地予測精度を求められています。そのため予算を大きく上振れして達成しても必ずしも経営手腕が高いと評価されるわけでなく、むしろ経営ボードから、〝事業の見通しが読めていない〟と見なされることもあります。

これに対して、事業ユニット長の部下である現場の人たちは、個人ごとに設定される目標の達成度合いが高ければ高いほどプラスに評価されます。現場の人たちは、プラスの評価を得ようと一生懸命頑張りますから、事業ユニット長は事業が対峙するマーケットの見通しや部下の力量を日頃からよく見極めておいて、そのギリギリのラインを見定めて、予算目標の立案や着地予測を申告しなくてはいけないのですね。下手に低く設定すると、〝マーケットが見通せていない〟、〝部下の力量を十分に把握していない〟と見なされてしまうのです。
僕は世界中のいろんな企業の経営プラクティスを研究してきましたが、その中でも、見通しの精度にも焦点をあてるリクルートのアプローチはとても興味深いものです。
ほかに感想や意見はありますか。

ナカムラ　僕は人事部門で働いています。ＣＳの事例で印象的だったのは、本社と事業部が業績契約を行うときに、事業計画を遂行するにあたって必要となる人員についても対話を行い、合意をしていることでした。弊社ではそんな議論をしたことがなかったので、大変興味深かったです。

野田　資源配分のマネジメントの先駆的研究者である僕の師匠のジョー・バウワーにＣＳの話をしたときも同じような反応でした。「今までお金の配分についての議論はさんざんしてきたが、人という資本の配分についてはシステマティックな経営プラクティスはなかった。その点、ＣＳの事例はとても興味深い」と。

事業計画を実現していくにあたって、短期的にどのような人材が必要となるのか、その手当てはどこまでできているのか、不足分はどう獲得するのか、中期的なパイプラインは十分なのか、後継者育成はどうするのか。そういったことを、中期計画や年次予算と関連づけながら議論するのはきわめて有効なやり方だと思います。ＣＳでは、ＣＥＯのサンダランドをＣＨＲＯのボブ・スタックがサポートする形で変革が進められたこともあってか、資源配分が人材面でも勘案されていたのでしょう。大変重要なポイントです。

オペレーティング・システムを通じた経営人材育成

ＣＳの事例を通じて、経営管理システムの重要性についてかなり深く考えることができました。経営企画や財務の仕事に携わっておられない人にとっては、この分野はとっつきにくいかもしれませんし、日本企業の経営全般においてもかなり弱い部分だと僕は思います。だからこそ、将来の経営者リーダーたらんとするみなさんには、ぜひ問題意識を持ち、感度を磨いてもらいたいのです。

さて、ここまでの議論でも理解していただいたと思いますが、本社と事業部の対話（ダイアローグ）は、人材育成や経営の質の向上とも深く結びついています。この点も日本企業ではほとんど認識されていないので、最後にＧＥの事例を引きながら、補足させてください。

ＧＥは、１９９９年に『フォーチュン』誌が「20世紀最高の経営者」と評したジャック・ウェルチのリーダーシップのもと、長く世界の経営のお手本とされてきました。ウェルチの後継者であるジェフ・イメルトの時代においても、２０１２年にＩＣＴ技術を活用した産業サービスであるインダストリアル・インターネット構想を発表するなど、デジタル化の潮流の中で既存の大企業が活力を失っていくアメリカにおいて、唯一、万有引力に逆らって革新を続ける企業として注目を集め続けてきました。

ところが、イメルトの任期（2001〜2017年）の終盤から業績が急速に悪くなり、株価も低迷し、2018年には、とうとう、ダウ工業株平均を構成する30銘柄からも外されてしまいました。その後、外部から迎えたラリー・カルプが会社の3分割を発表するなど、かつての栄光はすっかり消え失せてしまいました。

そのため、GEの事例を持ち出すと、「今さらですか」と感じる方もおられるかもしれませんが、僕は、一世を風靡したGEの経営プラクティスからは、正面教師としても、反面教師としても、日本企業が学ぶべきところが今でも多いと信じています。

たとえばウェルチ時代のGEは、先ほどお話ししたストレッチ目標を定めて経営が目指すレベルをたえず高めていく経営方針、社員に求められる行動のあり方をバリュー（行動規範）として明確にし、何十万人もの社員を同じ方向にベクトル合わせする経営手法、バリューとパフォーマンスの2軸をベースにトップ・中間・ボトムの3カテゴリーで人材を評価するナイン・ブロックと呼ばれる人事システム、2年続けて下位10％に評価された社員を半ば強制的に退社させるボトム10％ルール、生産性向上のためのシックス・シグマ、業務プロセス改善と現場の社員のエンパワメントのためのワークアウトなど、きわめて特徴的な多くの経営プラクティスを実践してきました。

これらのプラクティスについては、株主価値全盛時代の産物であり、製造業として輝かしい歴史を持つGEを結果的には崩壊に導いたとの批判もあります。でも、みなさんには内容を理解していただいたうえで、ご自身でその是非を評価いただきたいと思いますので、時間が許せば、ジャック・ウェルチとスージー・ウェルチの共著『ウィニング 勝利の経営』（斎藤聖美訳、日本経済新聞出版社、2005年）を手にとってみてください。

ただ、ここで僕がGEを持ち出すのは、その経営プラクティス全般を議論したいからではなく、この会社が経営人材を数多く輩出してきたことに注目しているからです。アライドシグナルのCEOに転じたローレンス・ボシディ、ホーム・デポやクライスラー（現フィアット・クライスラー・オートモービルズ）のCEOを歴任したロバート・ナルデリ、3MやボーイングのCEOを務めたジェームズ・マクナニーなど、GEからは（その経営手腕の評価については賛否両論がありますが……）世界的に著名な経営者が次々に現れました。

GEの人材輩出については、ニューヨーク州クロトンビルに開設したコーポレートユニバーシティや、幹部候補生をハイフライヤー人材としてプールして、事業ユニットや子会社の長にファーストトラックで抜擢する発掘・育成・登用システムの効果がしばしば指摘されてきました。

しかし僕は、GEにおいて「オペレーティング・システム（operating system）」と呼ばれる中期計画・年次予算・資源配分・業績評価の一連のプロセスにこそ、鍵があると考えるのです。

GEでは、クロトンビルで四半期ごとにCEC（corporate executive council、経営役員会議）というミーティングが行われます。最初は前年と前の四半期のレビュー、次は今四半期の予算の提案、最後はその予算の承認と資源配分についての議論という具合にミーティングは進められます。

このCECに参加する事業統括者は、「ピット」と呼ばれるすり鉢状の教室の底に立って、自身が担当する事業を取り巻く経営の現状、競争の環境や見通し、選択肢と事業部の戦略、人員配置も含めた実行プランなどをプレゼンするのですが、その際に、目の前に座っている経営幹部（かつてならジャック・ウェルチたち）から矢継ぎ早の質問攻めに遭うそうです。

経営幹部たちの中には事業統括の前任者や前々任者がいて、中には、現在の統括者よりも事業のことがよくわかっている人もいます。だから、ピットでプレゼンする側は、自分が担当している事業の展望を、事業環境、競合、技術、オペレーション、人事労務、財務経理など、あらゆる点に目を配りつつ考え抜いておかないと、とても幹部たちに太刀打ちできない。しかも、そこでまともなやり取りができなければ、翌年、自分はそのポジションにいられないかもしれない。そんなプレッシャーから、ピットに立つ事業統括者の中には、発表時に緊張のあまり声や身体が震える人もいます。

といっても、その様子を僕は直接見聞きしたわけではありません。GE本社のコーポレートオフィサーだった三谷宏幸さん（至善館教授）らから話をお聞きし、GEのCECは、事業計画をとことん議論する場であるとともに人材を見極める場、後継者育成の機会になっていると教えてもらいました。

さて、みなさんがピットでプレゼンする事業統括者だったらどうしますか。日本企業の経営会議でよく見られるような、部下が準備した資料をだらだらと読み上げ、質問への回答は部下に任せるといったやり方では当然通用しません。そもそもピットに担当の部下を連れてくることはできませんから、データや数字はすべて自分の頭の中に入れておき、それらを自分で徹底的に咀嚼し、自分の言葉で説明できるようになっていないと、矢継ぎ早の質問には到底耐えられるものではありません。

そのためには、CECに出席する前、あるいは日頃から、自分の右腕である数人の幹部、配下のより小さなユニットの責任者や財務・人事・技術・オペレーション・法務の責任者たちと、CECと同じレベルの突っ込んだ議論をしておかないといけない。そうするとどうなるでしょう。右腕たちも、その下の部下たちと、同じレベルの本質的な議論を重ねておかないといけなくなるのです。

僕は、この高いレベルでの対話（ダイアローグ）とその連鎖こそが、経営者人材の育成において最も重要だと信じています。経営者は日々のマネジメントの中で生まれるもので、人材育成の研修それ自体から生まれるものではないのです。

この講義全体を貫くテーマである「経営の質」は、中期計画、年次予算、資源配分、業績評価といった仕組み（システム）の表面《おもてづら》をただ眺めているだけではわかりません。一連のシステムがどう運用され、本社と事業部の中でどんなコミュニケーションや対話がなされているのか。そうした組織内のプロセスに目を向けないと、本当の意味での経営の質のよし悪しは見えてこないのです。

「仏つくって魂入れず」ということわざもあるように、仕組み自体に意味があるわけではありません。仕組みは手段であり、大事なのは、その手段がどんな目的のためにつくられ、どのように運用され、人々のどんな行動を生み出しているのかということです。その意味でも、経営のプロセスに目を向ける必要があるのです。

第4章のまとめ

企業コンテクストの設計は経営者の専権事項だ。

本章では、経営者が突きつけられる問いを八つ挙げたが、みなさんが経営者であれば、それらにどう答えるだろうか。

そしてみなさんなら、戦略目標、組織構造、経営管理システム、組織文化といったコンテクストの構成要素をどんなふうに設計するだろうか。「よきに計らえ」とばかりに部下に丸投げにするのではなく、コンテクストを自分の頭で考え、自分の言葉で語れる経営者になるためには、どうすればいいのだろう。

企業コンテクストを設計する術を身につけるのは、経営者になってからでは遅い。若い頃から立場に関係なく、組織と経営の現状を客観的に評価し、自分が経営者ならどうするのかを問い、シミュレーションを続けることが求められる。

と同時に必要となるのが、設計されたコンテクストが、果たして本当に、経営と組織が不可避的に抱える矛盾を減らし、経営の質を向上させうるものになっているかという一段と深い洞察だ。コンテクストは組織の内部にどんな影響を与え、それによって本社と事業部の間のどんなやりとりや対話を実現しているのだろうか。

そうしたプロセスへの視点と理解が、企業コンテクストに魂を吹き込めるかどうかの鍵となる。

Chapter 5

第5章

企業と経営者が直面する経営の課題

企業全体戦略と本社の役割

前章では、多角化した企業の経営を、主に経営管理システムの観点から考察した。本章では角度を変え、企業全体戦略を入り口に議論を進める。

既存の企業全体戦略のフレームワークは、株主価値経営を根本に置いている。その是非はともかく、そのフレームワークが問いかけるのは、企業における本社と事業部の関係と、本社の役割だ。

本社は何のために存在するのか。どういうタスクを担い、どのような経営アジェンダを追求すべきなのだろうか。みなさんは、日頃、これらの問いをどう意識しているのだろうか。

企業が激しい環境変化の波にさらされる中、本社のタスク、さらには経営が向き合うアジェンダは一段と複雑かつ困難なものとなっている。

それがどんな葛藤や挑戦を突きつけるのか。経営者リーダーの視点で考えてみてほしい。

なぜ、複数の事業を同一の傘の下に置くのか？

今回の講義では、視点を変え、みなさんに「企業全体戦略（corporate-level strategy）」について考えていただきたいと思います。

一般的に大きな企業はいくつもの事業を手掛けていますが、一つひとつの事業はそれぞれの「事業戦略（business-unit-level strategy）」を追求します。マイケル・ポーターのポジショニング理論も、チャン・キムのブルー・オーシャン戦略も、こうした事業レベルの戦略をめぐる議論です（ちなみにリソース・ベースト・ビューも、基本は事業戦略をめぐる議論ですが、コアコンピタンスに代表される論考などは、企業全体戦略の領域に重要な示唆を与えています）。

これに対し、企業全体戦略は、いくつもの事業を束ねる全体にとっての戦略です。ただ、そうすると、素朴な疑問が浮かびます。そもそも、企業はなぜ複数の事業を同一の傘（corporate umbrella）の下に置き、いくつもの製品やサービスを提供しているのでしょうか。複数の事業を営む企業に所属しておられる方は、この質問にどう答えますか。

この質問は、自社の企業全体戦略を経営者リーダーの視点でどのように評価するかという問いも含んでいます。そもそも、何が「よい企業全体戦略」なのでしょうか。「悪い企業全体戦略」との違いは何なのでしょうか。評価するにあたっては、「よい企業全体戦略」、あるいは「正しい企業全体戦略」の基準が、自身の中で確立されていなければならないのです。みなさんは、企業全体戦略の「よさ」や「正しさ」を測る具体的なメルクマールを持っておられるでしょうか。

抽象的に議論しても難しいので、具体例を見ていきましょう。

1992年、僕は妻とともにニューヨーク・マンハッタンに住んでいました。その頃、妻は商業銀行に勤めており、アメリカ企業への融資やフィナンシャルサービスを担当していたのですが、ある日、仕事から帰宅して、こんなことを問うのです。

「今日、ある会社のIRミーティングに行ってきたのだけど、この会社の企業全体戦略って、いいと思う?」

アニュアルレポートを見ると、その会社は当時五つのビジネスを手掛けていました。タバコ、ウイスキーなどの蒸留酒、水栓金具や金庫、ステーショナリー・オフィス機器、ゴルフ用品、この五つです。

みなさんなら、この質問にどう答えますか。この会社の企業全体戦略をどう評価するでしょうか。

コヤナギ　よい戦略とは思えません。五つの事業がそれぞれ持っているリソースを全社で共有するのが難しいのかなという印象を受けます。商品の売り先もそれぞれ違うし、売り方のノウハウも違っています。この会社を経営しろと言われても、正直やりたくないですね。

ミヤザキ　いろいろな事業を手掛けることでリスクヘッジしているのではないかなと思いつつも、それぞれの分野が違いすぎているので、シナジーが期待できない気がしました。

野田　なるほど、面白いですね。お二人の考えだと、リソースの共有やシナジーが期待できるかどうかが、よい企業全体戦略と悪い企業全体戦略を見分ける基準になるわけですね。

シンハ　でも、商品には共通の顧客がありそうですね。中年のビジネスパーソンが好みそうなものが多いです。

野田　顧客にワン・ストップ・ショッピングを提供するというロジックでしょうか。でも、タバコ、お酒、金庫、ビジネス手帳などのステーショナリー、ゴルフ用品は、確かにおじさん向けと考えられなくもありませんが、水栓金具はどうですかね。そもそもタバコ、お酒、ゴルフ用品はB to Cですが、水栓金具は住宅施工業者向けのB to Bですね。それに、タバコ、お酒、ゴルフ用品はおじさん向けといっても、同じ場所や同じチャネルで販売できるわけでもない。ブランドもまったく別々ですし。

シンハ　確かに、そう言われてみればそうですね。

野田　少し補助線を引きましょう。この会社、最初に何のビジネスからスタートしたと思いますか。

ニールセン　タバコ？

野田　そう、タバコ事業から始まった会社です。でも、なぜこんなにいくつもの事業を抱えているのでしょうか。

ニールセン　80年代、90年代と、アメリカがだんだん禁煙社会になってきて、タバコ事業だけでは経営が立ち行かなくなったから多角化したのでしょう。

野田　タバコ会社が事業を多角化していくとき、トップはどんなことを考えますか。

カワカミ　愛煙家たちはなかなか禁煙ができないので、タバコの値段は上がっていっても、需要はすぐには減りませんし、かなりの利益があがります。その利益を使って、成長が期待できる事業に投資していき、成長を維持したいと考えます。

PPMは正しい企業全体戦略だろうか

野田　まさにその通りです。この会社は、みなさんもよく知っている「プロダクト・ポートフォリオ・マネジメント（product portfolio management：PPM）」に従って、経営を行っていました。アメリカン・ブランズ（American Brands）という会社でした。もともとの社名は、アメリカン・タバコ・カンパニーです。

でも、当時、アメリカン・ブランズの経営者は、ＩＲミーティングで「私たちはＰＰＭをやっている」とは説明していなくて、「私たちは多くのブランドを運営しており、米国一、ブランド・マネジメントに長けた会社である」というのが投資家に向けたアピールでした。企業全体戦略は、自

図表5－1｜PPM

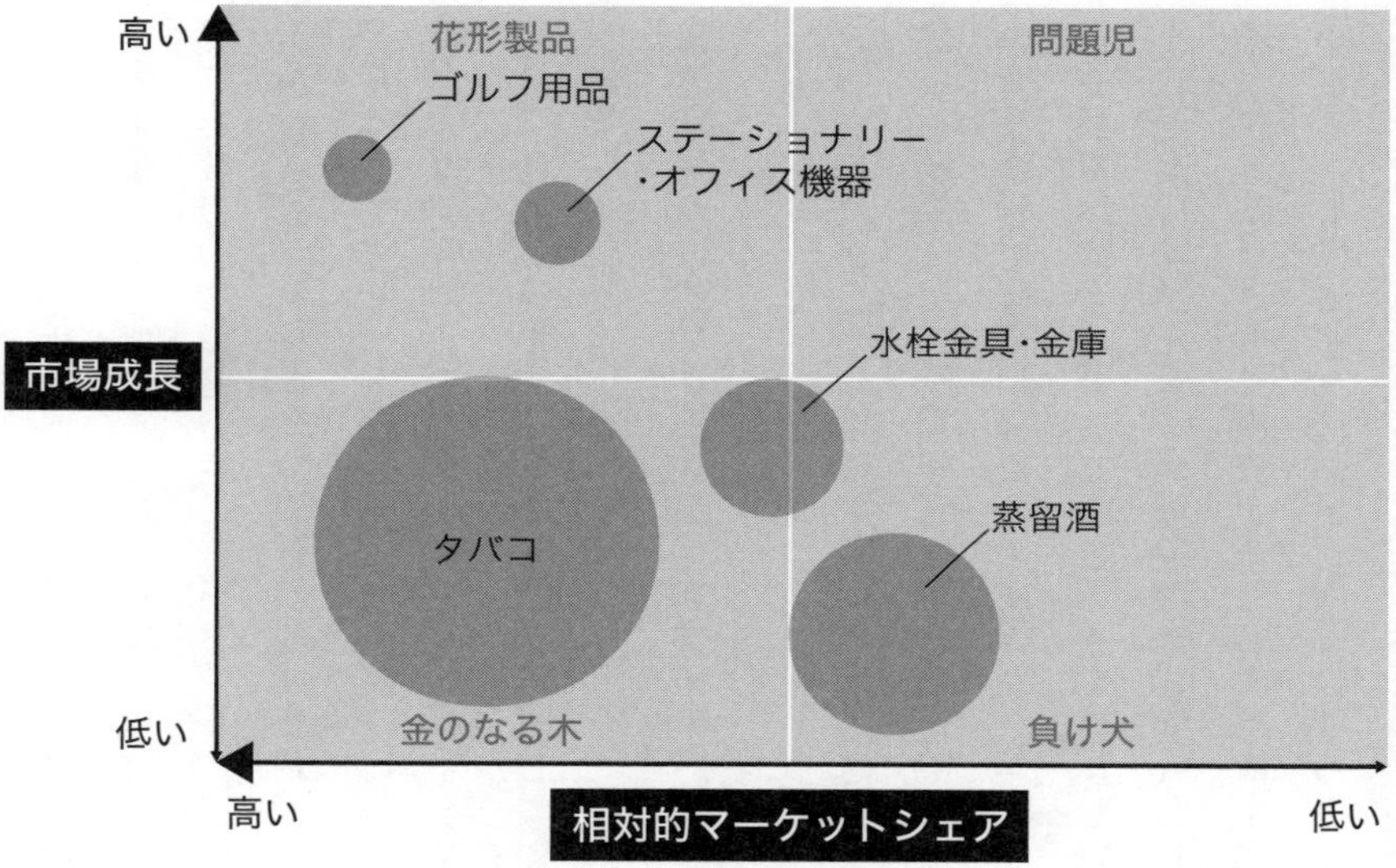

社の既存の事業ポートフォリオを正当化するために、いわば後づけでつくられることが多いのですが、同社もその一例だったと思います。実態はＰＰＭです。

ＰＰＭは、みなさんもご存じのように、１９７０年代にボストンコンサルティンググループ（ＢＣＧ）が提唱したマネジメント手法、フレームワークです。縦軸を市場成長率、横軸を相対的マーケットシェアとする4象限をつくり、各象限を「問題児（problem child）」「花形製品（star）」「金のなる木（cash cow）」「負け犬（dog）」と名づけて、自社の事業や製品をプロットしていく。「金のなる木」でできるだけキャッシュを稼ぎつつ、「負け犬」を切り離し、「問題児」を「花形製品」に育てていく、そういう考え方に立っています（**図表5－1**）。

1970年代から90年代にかけては、このPPMの全盛期でした。世界中の企業がやっていましたし、日本企業もやっていました。日本には今でも、トップマネジメントの頭の整理のために、経営企画部門がこの手法に基づいて資料をつくっている企業もあるはずです。

にもかかわらず、みなさんの印象では、PPMはよい企業全体戦略とはあまり感じられないようですね。どうしてでしょうか。

コヤナギ　やはりリソースの共有やシナジーを無視しているからだと思います。

野田　半分、合っています。シナジーを考慮していないというのは、PPMに対する大きな批判の一つでした。

パク　資源配分のガイドラインが、ファイナンスの講義で習ったIRRのコンセプトと異なっています。

野田　はい、それがもう一つの大きな欠陥とされてきたことです。PPMは、企業がキャッシュの創出と需要を組織内で自給自足しながら安定的な成長を遂げるという手法です。けれども、現在の英米流の企業経営では、自分たちでキャッシュを生み出して、それを組織内にうまく配分しながら、安定的な成長を持続させていこうというのは正しいアプローチとは見なされません。すでに何回か議論しましたが、ファイナンス理論では、WACCから計算されたハードルレートを超えるIRRを生み出すプロジェクトに投資することで、株主価値は創出されると説明されますから、そのためには借金してでも投資すればいい。何も自社の手金で自給自足をする必要はないのです。みなさんが海外のＩＲミーティングで「私たちはＰＰＭで企業全体戦略を運営している」という話をしたら、投資家に笑われてしまうと思います。

90年代に登場した企業全体戦略

話を戻しましょう。アメリカン・ブランズの企業全体戦略はどうもよい戦略には見えません。実際、同社は、１９９７年にフォーチュン・ブランズ（Fortune Brands）に社名変更し、２０１１年には会社を分割しています。蒸留酒部門は、紆余曲折をへてサントリーが買収しています。

では、正しい企業全体戦略とはどういうものなのでしょうか。

とても不思議なことなのですが、あれだけ戦略論を熱心に議論してきたアメリカ発の経営学においても、１９９０年代前半までは、企業全体戦略という概念は存在していませんでした。

ＳＷＯＴ分析の提唱者の１人として知られるハーバード・ビジネススクールのケネス・Ｒ・アンドルーズは、１９７１年に*The Concept of Corporate Strategy*という本を著し、ビジネススクールでは経営戦略の定番教科書とされてきました。しかし、その中でも、多角化企業の企業全体戦略というものは存在せず、それは個別の事業戦略を束ねたものでしかないと説明されていたのです（邦訳書は『経営幹部の全社戦略』中村元一、黒田哲彦訳、産能大学出版部、１９９１年）。

PPMが、かつてあれだけ熱狂的に受け入れられたのも、複数の事業を束ねる企業の経営者たちが、自社の事業ポートフォリオをどう構築すればよいのか、どのように個別の事業をとらえ、どのような指針で経営に臨めばよいのかがわからなくて困り果てていたところに、明確な枠組みが示されたからなのでしょう。

企業全体戦略の枠組みが登場したのは1990年代に入ってからで、株主価値経営の興隆と時を同じくしています。アメリカでは、ハーバード・ビジネススクールで僕の指導教官だったデビッド・コリスと同僚のシンシア・モンゴメリーのコンビが提唱し（邦訳書は『資源ベースの経営戦略論』根来龍之、蛭田啓、久保亮一訳、東洋経済新報社、2004年）、並行して英国では、アシュリッジ・ストラテジック・マネジメント・センターのマイケル・グールドとアンドリュー・キャンベルの2人が中心になって議論を展開していきました（Andrew Campbell, Michael Goold, and Marcus Alexander, *Corporate-Level Strategy: Creating Value in the Multibusiness Company*, Wiley, 1994 未邦訳）。僕の知る限り、企業全体戦略のフレームワークは、今に至っても、基本的にはコリスやグールドらが提示したものしか存在していません。ちなみにグールドは、ホンダのBCGレポートの著者として紹介した人物です。

あらかじめお断りをしておくと、企業全体戦略のフレームワークは、「企業は誰のために存在するのか」という根源的な問題と明確にリンクしています。そして、90年代に登場した彼ら彼女らのフレームワークは、「企業は株主のものである」という英米流の株主価値経営を根本に置いています。残念ながら、ステークホルダー論に拠って立つ企業全体戦略の理論は存在しませんから、「企業は株主だけのものではない」と考えておられる方も、これらのフレームワークを出発点にして、自分自身の考え方を発展させるしかありません。

前置きはここまでにして、既存の企業全体戦略のフレームワークを、コリスやグールドたちの議論を統合しながら、僕なりに解説していきたいと思います。

本社と事業部の関係を整理する

まず前提からお話ししましょう。このフレームワークでは、企業経営においては、「競争は原則としてビジネスレベルで起きる」という前提に立ちます。また、複数の事業を傘下に置く企業の本社は、各事業に対して〝コスト〟と〝制約〟を課しているというふうに考えます。

なぜなら、事業部と違って、顧客との直接の接点を持たない本社は、基本的に一義的な価値は生み出さない存在だからです。にもかかわらず、各事業部は、本社のスタッフ部門で働いている人たちの人件費や出張費、コーヒー代やお弁当代を含む会議費まで負担しなくてはいけません。しかも、事業部が「あれをやりたい、これもやりたい」と思っていても、本社は許すとは限りません。だから事業部の側からすれば、本社は、費用の負担を押しつけ、投資と資源配分において制約を課すばかりの存在に見えるのです。

では、企業が複数の事業を束ねているという状態を、株主はどう見るのでしょうか。基本的に歓迎しません。なぜなら、株主は自分たちで投資ポートフォリオを組めるからです。投資リターンを最大化したい株主は「自分たちが投資ポートフォリオを組む以上のプラスがなければ、企業に多角化なんかしてもらわなくてもいい」というふうに考えます。「株を保有しているだけなら、環境変化によって経営方針を変更せざるをえなくなっても、人員整理や工場閉鎖といった面倒なことは考えなくてもいいし、いつでも迅速に自分たちでポートフォリオを組み換えられる」というのが株主のロジックです。ＰＰＭに対する株主からの批判も、こうしたロジックに基づいています。

したがって、複数の事業を傘下に置く企業が株主の満足を得るためには、本社が各事業部に課すコストと制約を上回る価値を各事業部に対して付与して、株主が投資ポートフォリオを組む以上の価値を創出する必要があります。本社による事業への価値の付与、これを「コーポレート・バリュー・アッディド（corporate value added）」と呼び、本社が存在しているのはこの役割を果たすためだというふうに結論づけられるのです。逆に、本社による付与価値が、本社が事業部に課すコストや制約よりも小さければ、株主からは「そんな経営はごめんだ」と言われてしまいます。

つまり、本社がビジネスと株主の両方に価値を付与できていてこそ、「企業優位（corporate advantage）」が構築できたと言えるのです。グールドたちはこれを、「事業部（子ども）に対する本社（親）の優位」という意味で、「parenting advantage」とも呼んでいます。

途中ですが、いったんここで質問を受けましょう。

存在意義の違いが戦略を左右する

サクラダ　株主にとっては、企業が多角化するよりも、自分たちの投資ポートフォリオを多角化した方がいいというのはよくわかります。だけど、企業側からすれば、本業のビジネスが頭打ちになりそうな場合に、自社の持続的な成長のために、できるだけ本業に近い領域から多角化を進めていくというのは、生き残りのための一つの重要な戦略だと思うのですが、それでも株主の判断の方が優先されるのでしょうか。

野田　先ほどお断りした通り、正しい企業全体戦略とは何かという問いは、企業は何のために誰のために存在するのかという問題と明確に関連します。したがって、「企業は社員や社会のために存在する」とか「企業は永続すること自体に意味がある」というふうに考えるのであれば、多角化によって生き残りを図るのは当然の戦略です。

でも、株主のロジック、株主価値の観点からは、それは正しい戦略とは認められません。そもそもの目的が違うのですから。いくら経営陣たちが生き残りや持続的成長という目的を主張しても、株主はあくまでも株主価値の最大化という目的を主張し、議論は平行線をたどります。

みなさんとは、僕が担当する至善館1年次の最初の必修科目「企業論：企業とは何か、誰のために存在するか」で深く議論しましたが、近年、企業経営はアメリカにおいてすら大きく変容してきています。株主価値一辺倒の考え方が見直され始め、従業員や取引先のウェルビーイング、地域社会の健全な発展、地球（プラネット）の修復など、複数のステークホルダーに向けた価値の創出が重要視されるようになっています。資本主義の行き詰まりと歪みが増大する中、企業は社会的役割の再考を迫られ、自社の存在意義（パーパスやミッション）を経営の中核に位置づけるようになっています。統合報告書においても、環境、社会や第三者に及ぼす負の外部性（externality）を認識することが不可欠となり、財務・非財務を含めた経営マテリアリティ（materiality）と向き合うことが喫緊の課題となっています。だから今後は、シェアホルダー論ではなく、ステークホルダー論をベースにした企業全体戦略のフレームワークも必要とされるでしょうし、生まれてくるでしょう。

しかし残念ながら現時点では、この「本社による価値付与」の概念をベースにした英米流のフレームワークしか存在していないと僕は理解しています。みなさんが、自身の企業哲学に基づき、独自の基準をつくっていくしかないのです。

パク　PPMは時代遅れだというお話でしたけども、私が以前所属していた企業では、経営企画部門が、PPMのフレームワークで事業を分類した資料を作成していたのですが。

野田　戦略論のフレームワークはどれもそうなのですが、その本質や目的、前提や限界が何なのかを理解して使う限りは、まったく問題ありません。たとえば素材メーカーの中には、多様な事業を抱えている企業が多くありますよね。そういう企業の経営者や経営企画担当者が、自社の事業ポートフォリオの現状を、成長性や収益率、さらには事業規模の観点から「見える化」して、それぞれの事業が産業サイクルのどの局面にあり、どんな競争ポジションで、どのような梃子入れが必要となっているのかを考えるのには、PPMによる分析は今でも有効だと思います。三枝匡さんの『戦略プロフェッショナル』（日経ビジネス人文庫、2002年）においても、PPMの独自の使い方が紹介されています。

本社による価値付与の類型

本論に戻りましょう。本社による価値付与という観点から企業優位を確立するためには、どういったやり方があるのでしょう。多くのビジネスパーソンは、しばしばリソースの共有とかシナジーの実現と言いがちですが、リソース共有やシナジーだけが企業優位の源泉ではありません。企業全体戦略には、異なる企業優位に立脚した複数の類型（archetype）があります。ここでは、僕流のアレンジと用語で、順を追って紹介させてください。

企業全体戦略の一つめの類型は、かつての「買収型コングロマリット」を典型例とするものです。この戦略で本社が事業部に付与する価値は、安い資金や経営のノウハウなどです。

たとえば、1988年に英国の化学メーカー、インペリアル・ケミカル・インダストリーズ（I

CI）に敵対的買収を仕掛けて世間を驚かせたハンソン・トラスト（現ハンソン）は、70年代、80年代に一世を風靡したコングロマリット企業で、初めの頃はファミリー経営の中小企業をさかんに買収していました。ファミリー経営の中小企業は、後継者難や経営力不足、資金調達の制約に悩んでいます。ハンソン・トラストはそういう企業を買っては、本社から経営人材を派遣するといった形で経営ノウハウを提供するとともに、自社の信用力を梃子に資金を安く供給していました。

ただ、この場合の本社による付与価値はそれほど大きくはありません。たとえば、ルイ・ヴィトンを筆頭に70以上のハイブランドを抱えるLVMHグループでは、グループ企業（「メゾン」と呼ばれます）が伝統を尊重しながら高いクリエイティビティとクオリティを維持できるように、本社がさまざまな経営支援を継続します。しかし、ハンソン・トラストのような場合、経営ノウハウの提供は、傘下の事業部となった買収先に管理会計や業績評価などのシステムをいったん導入してしまえば、とりあえずはそれでおしまいです。資金もたえず必要とされているわけではなく、一度提供してしまえば当面は不要です。

そうするとどうなるでしょう。この企業全体戦略を追求する場合には、本社は事業部に課すコストと制約をミニマイズする必要があります。繰り返しになりますが、企業優位は、本社が事業部に付与する価値が、本社が事業部に課すコストと制約を上回ることで実現するからです。実際、かつてのハンソン・トラストの本社は人員規模がきわめて小さく（数十人）、かつ基本的に事業部のオペレーションには口を出しませんでした。買収された会社の社員たちは、ハンソンに買収されたのかどうかがわからないぐらい、それまで通り自由に事業を運営することが許されていました。

こうした企業全体戦略類型における本社の役割を、僕は「規律のある内部資本市場（disciplined internal capital market）」と定義しています。本社が、あたかも資本市場の主のごとく、ポートフォリオを構成する各事業に投資と資源配分を行う。事業部は数字による管理のサポートを受けつつ、独立した事業運営に努める。それが、この類型における企業優位（本社による価値付与）となります。

シナジー企業の中枢神経としての本社

企業全体戦略の二つめの類型、それは、先ほどから何度も話が出ている「シナジー型企業」です。シナジーとは、１足す１が２以上になることをいいます。具体的には、リソースの共有、あるいはスキルの移転を通じて、範囲の経済（economics of scope）を実現します。

この企業全体戦略を実行している企業の中で一番わかりやすいのは、ウォルト・ディズニーでしょう。映画事業から生まれたミッキーマウスのキャラクターを、テーマパーク事業にもホテル事業にもクルーズ事業にも生かしています。

あるいは、かつてC・K・プラハラードとゲイリー・ハメルがコアコンピタンス企業の代表例として挙げたキヤノンも、オプティクス（光学）とメカトロニクス（機械）の技術をさまざまな事業に生かしてきたシナジー型企業に当たります。

また、伝統的な広告サービスに加えて、デジタルマーケティング、イベント開催、ＩＲやサステナビリティ関連のコンサルティング、デザイン思考に基づく事業開発支援など、さまざまなソリューションをワンストップで顧客に提供している博報堂ＤＹホールディングスや、ハードウェア・ソフトウェア、クラウド、ＡＩなどの技術を組み合わせてＩＴ・デジタルソリューションを提供しているＩＢＭも、この類型に含まれます。

より詳細に見ていけば、この類型は、ＩＰ（知的財産）やブランドといったリソースをレバレッジして事業間で共有しているパターン（ディズニー）、中核技術を事業に応用している垂直統合型のパターン（キヤノン）、顧客とのインターフェイスを軸に、さまざまな便益をワン・ストップ・ショッピングとして提供するパターン（博報堂）、あるいはより統合されたソリューションを提供するパターン（ＩＢＭ）に分かれており、各パターンによって価値創出のロジックが異なります。したがって戦略分析のためには、コリスたちが研究しているように、この類型をさらに細分化して見ていくのがよいのですが、本論から外れるため、これ以上は立ち入りません。

むしろ、ここで気をつけておかなくてはならないのは、この類型の企業全体戦略を追求しようとすると、どのパターンであっても、結構厄介なことが生じるということです。というのも、事業ユニットはそれぞれのロジックで自分たちの事業戦略を追求せんとしますから、シナジー型企業の本社には事業ユニット間の煩雑な調整やすり合わせが求められるのです。

その際に、本社は、僕が「ユニット間協働のための中枢神経（central nervous system for inter-unit collaboration）」と呼ぶ役割を果たし、ユニット間の協働を促して、シナジーや多様性を実現しなくてはなりません。そのための方策として、情報や人やモノを管理する横串メカニズムを組織内に通す必要もあります。したがってシナジー型企業の本社社員は、買収型コングロマリットのようにたった数十人なんていうわけにはいきません。場合によっては数百人、あるいはそれ以上が本社の「目」となり「耳」となり、ときには「手」となって業務に当たることになります。

この類型では、本社がそうやって中枢神経の役割を果たし、企業全体にとっての全体最適を追求しますが、事業部の裁量は一部制限されることとなります。しかし、付与価値としてのシナジーが、本社が事業部に課すコストと制約を上回るのであれば、企業優位が確立されることになるのです。もちろん、これは現実には簡単ではありません。みなさんの会社でもそうでしょう。事業部間の壁が高く、技術や販売チャネルの共有、情報交換や人事交流がしっかりできているかというと、きわめて心もとないという企業が多いのではないでしょうか。ディズニーのようなパターンは比較的簡単な方かもしれませんが、キヤノンやＩＢＭのようなパターンはなかなかそう簡単にはいきません。経営の世界では、「シナジー」という言葉ほど安易に使われて中身のともなわないものはなく、この類型の企業全体戦略を評価するときは、とりわけ注意が必要です。

革新に向けたインキュベーターとして機能する本社

最後に、企業全体戦略の独立した類型としては成立しませんが、企業優位の源泉がもう一つあります。それは「イノベーションの促進」です。

最初の講義でもお話ししたように、経済学者は「企業という組織形態は、市場が失敗するときに成立する劣位の代替物にすぎない」と言って矮小化《わいしょうか》する傾向がありますが、僕ら経営学者は、企業は独自の知識の貯蔵庫であり、個人単独や、市場でのスポット取引ではなしえないイノベーションを生み出す装置であるというふうにとらえます。その意味では、イノベーションの創出は、企業全体戦略から要請されているだけでなく、企業としての社会的な存在価値にかかわる重大事です。

この点、特に大きな企業は、中小企業と違ってゆとりがあります。十分な資金や資本を持っていることを英語では「deep pocket」といいますが、言い得て妙ですね。イノベーションを起こすためには、未来を展望して不確実性に投資しなくてはならず、余裕や遊び、スラックを有している規模の大きな企業にはそれが可能です。本社がお金や時間を活用して、日々競争に明け暮れている事業部が単独ではできない投資や挑戦ができる。つまり、本社が「革新に向けたインキュベーター（孵化装置）／incubator for innovation」の役割を果たすことで、事業部に価値を付与することができ

図表5－2｜鍵となる本社の役割

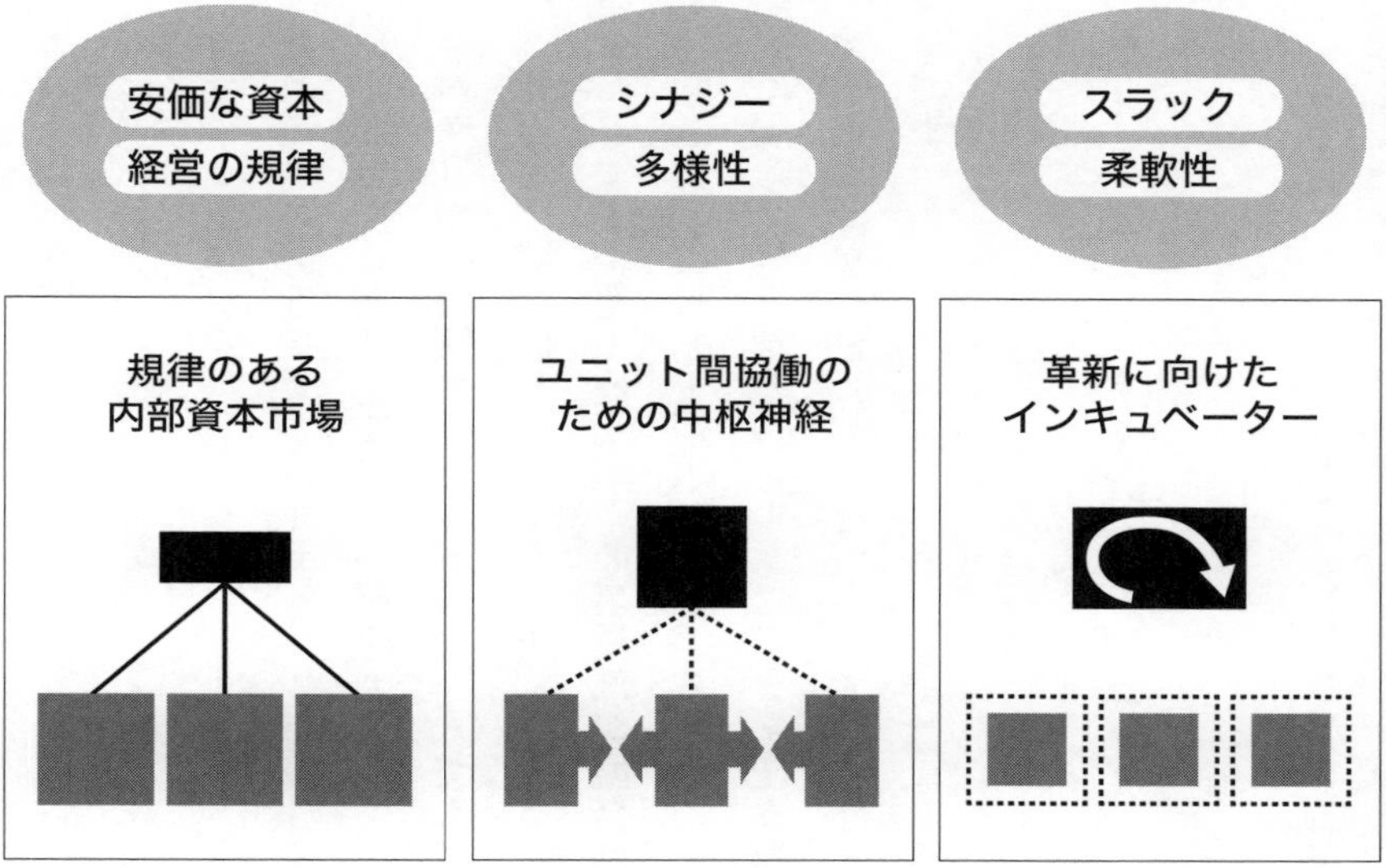

るわけです。

以上のように、本社は、規律のある内部資本市場（買収型コングロマリット）、ビジネスユニット間協働のための中枢神経（シナジー型企業）、革新に向けたインキュベーターという三つの役割を果たしうると論理的には整理できます。これらが本社による価値付与の三つの類型であり、企業優位の源泉だと言えるでしょう（**図表5－2**）。

シンハ　質問してよろしいですか。ここでの企業全体戦略は、GAFAのようなプラットフォーム企業にも当てはまるのでしょうか。

野田　大変鋭い、よい質問です。僕も、同じことをずっと自分に問い続けてきました。デビッド・コリスやマイケル・グールドたちが企業全体戦略を提唱したのは、プラットフォーム企業が興隆し始める前ですから、彼らのフレームワークに直接の言及はありません。

僕なりに考えると、プラットフォーム企業が立脚する企業優位の源泉は「ネットワークの経済性」ですよね。メタ（フェイスブック）が典型例ですが、ネットワークへの参加者が増えれば増えるほど、それぞれの顧客便益が向上し、ネットワーク全体の価値も向上する。これは、先に述べた類型のどれにも当たらない企業優位の源泉です。

コミュニティや経済圏に、どうやって一人でも多くの人を呼び込むかという戦略を追求するメルカリや楽天グループも同じでしょう。そんなふうにネットワークの経済性をベースにして企業優位を構築せんとする企業では、傘下の事業部が競合相手と競争しているだけではなさそうです。本社自体も、同じような戦略を追求せんとする他社の本社と戦っていると見た方がいいのでしょう。

戦略論に限らず経営学のフレームワークを使う際には、そのフレームワークがつくられた時代背景を考えなくてはなりません。そのうえで有用性と限界を踏まえつつ、自分なりに応用していくことが大事です。

本社のタスク、経営のアジェンダ

さて、話を戻しましょう。実はここからが本題なのです。ここまで企業全体戦略についてお話ししてきたのは、みなさんに企業優位と本社による価値付与のフレームワークをおぼえてもらうことが主目的ではないのです。このフレームワークを通じて、経営者リーダーが直面する経営のアジェンダとは何なのかを理解してほしいのです。

すでに見てきた通り、企業全体戦略において本社は以下のタスクを担います。

◇規律のある内部資本市場
◇ユニット間協働のための中枢神経
◇革新に向けたインキュベーター

そして、これらのタスクを通じて、経営者リーダーが直面するアジェンダは次の通りです。

◇内部資本市場として、資本の投資、配分と活用を効果的に（規律を働かせながら）行い、財務業績を達成する。
◇ユニット間協働のための中枢神経として、リソースの共有、知識・スキルの移転と活用を推進する。
◇革新に向けたインキュベーターとして、組織内に起業家精神を涵養し、組織ならではのイノベーションを促進する。

以上が、企業全体戦略のフレームワークが示唆する本社のタスクと経営のアジェンダです。買収型コングロマリットにしても、シナジー型企業にしても、それぞれ異なる企業優位に立脚し、異なる経営アジェンダにフォーカスしてきたのだと理解していただければと思います。

外部市場と競争する本社

ただ、これらの企業全体戦略の類型は、実はずいぶん前の牧歌的な時代の話です。現在の経営に突きつけられる課題はもっと深くて高度なものとなり、従来の類型が成立しない状況となっています（図表5－3）。

その象徴例は、先進諸国におけるコングロマリットの衰退です。アメリカでは、本社が内部資本市場としての役割を果たす買収型コングロマリットは、もはやまったく時代遅れとなってしまいました。栄華を誇ったハンソンも1990年代後半以降、建材事業に特化し、コングロマリットではなくなりました。

高度に効率的な現在の資本市場は、買収型コングロマリットに限らず、複数の事業ポートフォリオを持つ企業を評価せず、企業全体の価値が事業ごとの価値の合計よりも低くなる「コングロマリ

図表5-3｜本社の代替となる外部市場の発達

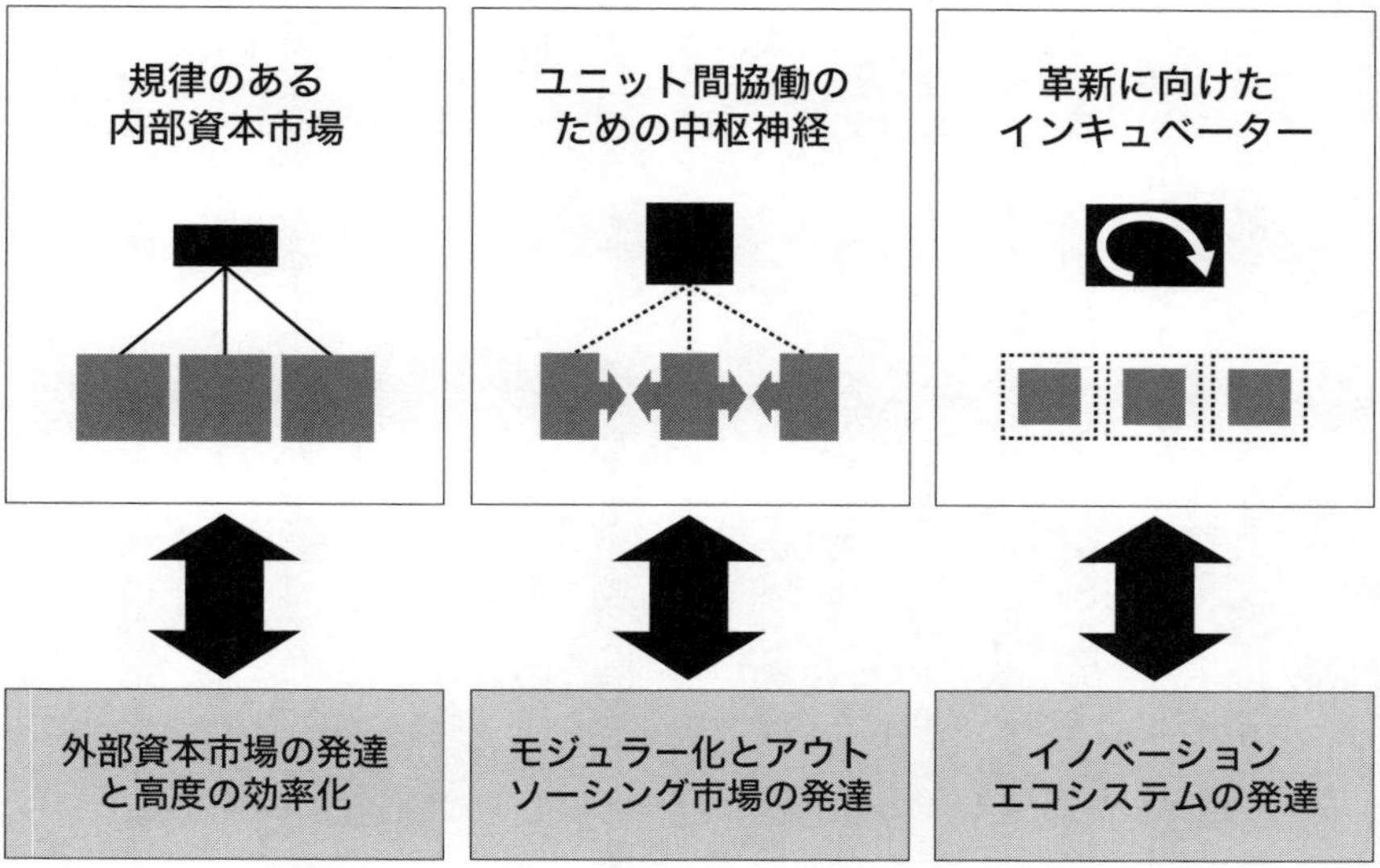

ット・ディスカウント」を突きつけます。そのため、アメリカでは、コングロマリット最後の砦の一つと言われていたGEも事業分離の道を選択しましたし、日本国内でも、この20年間、日立製作所のような「総合メーカー」と呼ばれる企業が資本市場で批判を浴び続けてきました。

なぜそうなったのでしょう。それは、複数の事業を束ねる多角化企業の本社は、他社と競争しているのではなく、市場と競争しているからです。日立製作所が事業で競合するのはシーメンスの事業であっても、日立製作所の本社とシーメンスの本社が競争しているわけではないのです。

この30年間、外部市場（external markets）の発達と成熟にともなって、コングロマリットは他社との競争ではなく、外部市場との競争を強いられるようになっていきました。コングロマリットにおける企業優位の源泉は、規律のある内部資本市場としての本社の役割にありますから、本社の最大の強敵は外部の資本市場なのです。しかも金融マーケットの多様化が進んだ結果、資金調達は以前よりはるかに容易になっています。将来性のある中小企業であれば、べつにコングロマリットに買収してもらわなくても簡単にお金を借りたり調達できます。

また、かつて買収型コングロマリットの本社は、経営ノウハウや人材を事業部に提供することで価値を付与していましたが、こうしたものに関しても外部市場が発達してきました。今や、経営管理システムもコンサルティングも市場で調達できますし、後継者候補も外部労働市場で確保することができる時代です。

こうなると、コングロマリットの本社の優位性は失われ、中小企業がコングロマリットの傘下に入って本社に頼る意味はますます薄れていきます。資本市場の高度化によって、コングロマリットの株主もまた、より容易かつ安価に投資ポートフォリオが組めるようになりましたから、投資先のコングロマリットが内部にいろいろな事業を抱え込むのを好まなくなりました。

結果、どうなったでしょう。１９８０年代から90年代にかけて、最初はアメリカの、次に英国の、続いて大陸欧州のコングロマリットが、こぞって事業をスピンオフし、単一事業で勝負する「ピュアプレー」へと舵を切っていきました。90年代、欧米のビジネスシーンで頻繁に使われたのは、「break up（解体する、分割する）」という言葉でした。

２０００年代に入って、村上ファンドのような物言う株主（アクティビスト）が登場した日本においても、「選択と集中」が叫ばれ、総合メーカーのポートフォリオ整理が始まりました。

蛇足ですが、資本市場などの外部市場が比較的未発達の途上国では、コングロマリットは今なお勢いを失っていません。また途上国では、政権とのつながりなどの人的コネクションが重視されるため、コングロマリットはコネへのアクセスという点で優位性を保持しているのかもしれないと、僕は邪推しています。

それはともかく、先進国の多角化した企業が、必要に迫られる形で選択と集中を、ある程度実行したとして、その後はどうなるでしょうか。大きな企業には、その規模ゆえに優秀な人材を獲得できるとか、安価に資金が調達できるといった優位性が残るでしょうが、外部市場の発達を考えると、本社による付与価値はやはりそんなに大きくはならないのです。その意味で、企業は単に資本の効率的な活用にフォーカスするだけでなく、それ以上の価値を、選択と集中の末に残った事業間で一定のシナジーを実現したり、イノベーションの促進を図ったりすることで創出しなくてはいけない。でなければ、とりわけ資本市場やその主要なアクターである株主からの納得が得られなくなっていくのです。

市場と競争し、同時に協働する

もう一つの類型であるシナジー型企業も試練に直面しています。まずシナジー型企業も、上場していれば、高度化した資本市場と向き合わなくてはなりませんし、投資家からの圧力が増大する中、資本の有効な活用による財務業績の達成は避けて通れない経営アジェンダとなっています。

シナジー型企業が本来持っていた企業優位の源泉も、環境変化にともなって維持が困難になっています。この類型では、ディズニーのようにＩＰやブランドを活用している企業の場合は、本社の役割を代替する外部市場は存在しません。しかし、技術をすり合わせて特有の製品をつくる垂直統合型企業の場合には、製品を構成する部品のモジュール化が進んだことで、自社内でリソースを融通し合うよりも、外部のモジュール市場を活用した方が低コストで済み、スピードも速い、というふうに変わってきています。製品やサービスを組み合わせてソリューションを提供する場合も同じです。ＩＢＭのような企業が顧客にＩＴソリューションを提供する場合、必ずしもすべてのハードウェア・ソフトウェアサービスを自社内で調達する必要はなく、顧客もそれを望むわけではありません。最も高品質で安価なものを外部からアウトソースし、組み合わせればよいのですから。

その結果、どうなったのでしょうか。シナジー型企業は外部市場と競合するだけではなく、むしろ積極的に外部市場を活用しなければいけなくなりました。すべてを自前の技術やノウハウに頼るのではなく、外部のサプライヤーや、補完的サービスを提供する企業群と協働する必要が出てきたわけです。

ただし、すべてを外部のサプライヤーやパートナー企業に頼るのであれば、それは他の企業にもまねできることです。したがって、シナジー型企業に求められているのは、外部との協働を進めると同時に、「自社ならでは」の独自の技術、より高度なリソースやノウハウをさらに開発して、それを事業部横断的に活用することです。つまり、中枢神経の役割を果たすという本社の役割の難易度自体が格段に上がってきているのです。

不可避となったイノベーションの追求

その一方で、革新に向けたインキュベーターとしての役割は、あらゆる企業の本社にとって最重要のタスクになりました。生成ＡＩに代表される科学技術の発達や、脱炭素革命の進展、サーキュラーエコノミーへの転換などによって、事業モデルが陳腐化するスピードが速まる中、イノベーションの促進はすべての企業にとっての最大の経営アジェンダです。

そして、このアジェンダの追求においても、外部市場との競合や協働は生じます。この場合の外部市場とは、エンジェル投資家やベンチャーキャピタルが形成するイノベーション・エコシステムです。

実際、大企業の中からイノベーションはなかなか生まれづらいので、自社内の新規事業の種に多大な投資をするぐらいなら、ベンチャーに投資したり買収したりする方が手っ取り早いじゃないかという考え方は各企業の間に広まっています。しかし、単に資金を使って外部のイノベーションに頼るのであれば、本社が独自の価値を創出しているとは言い難く、株主からも「それなら企業にやってもらう必要はない。自分たちで投資した方が効率的だ」と批判されかねません。したがって、真に求められているのは、組織が持つリソースやスキルを活用した「自社ならでは」のイノベーションを、外部市場との競争や協働を通じて実現することなのです。

求められる、複数の経営アジェンダの同時追求

要約しましょう。

かつての買収型コングロマリットやシナジー型企業は、それぞれの企業優位に立脚し、中核となる経営アジェンダに注力してきました。しかしながら、環境の変化や外部市場の発達にともなって、一つのアジェンダだけに特化することを許されなくなっています。

図表5－4　突きつけられる経営アジェンダ

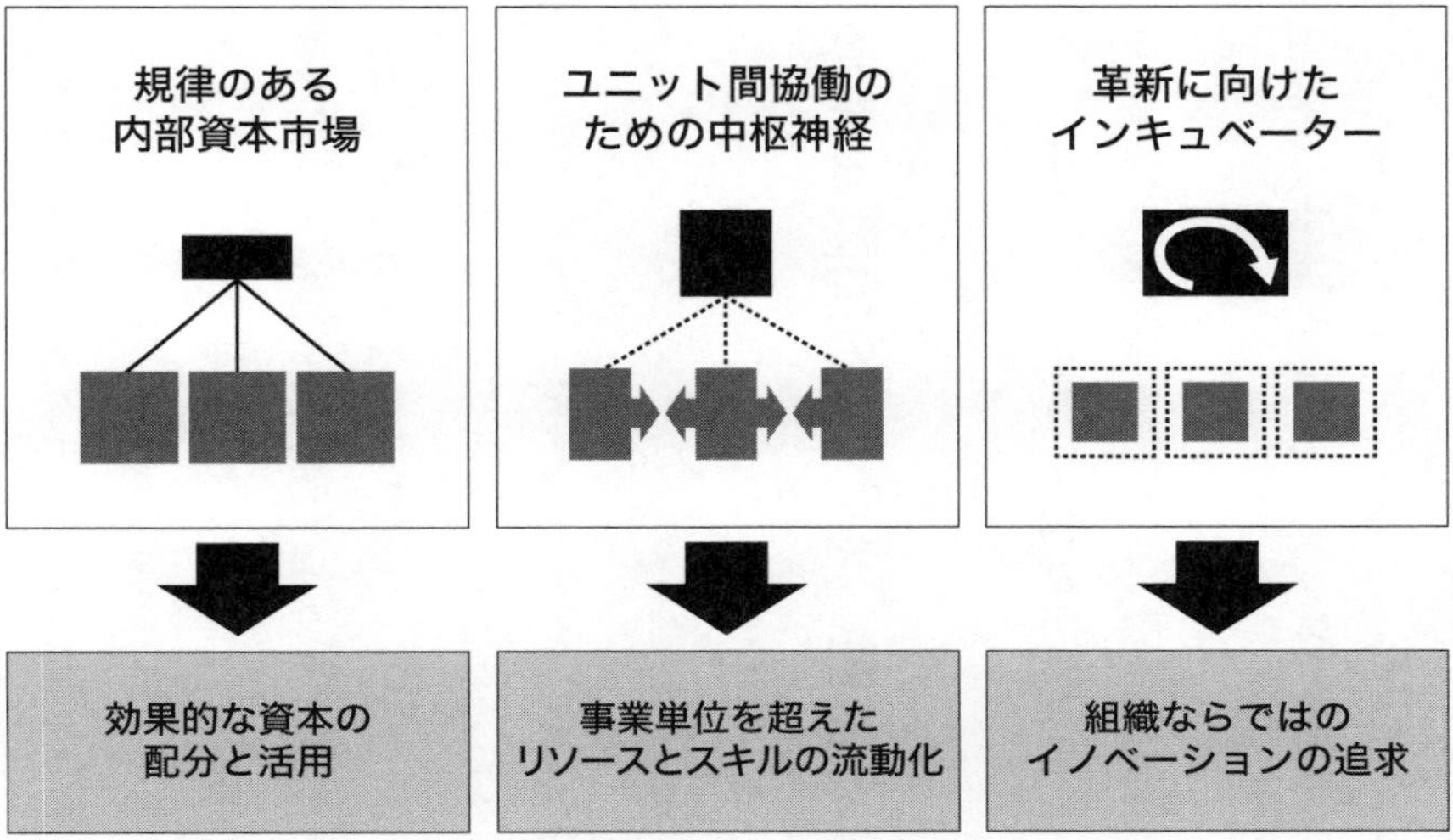

これらの経営のアジェンダを同時追求し、組織ならではの優位をつくり出す

結果、現代の企業は、市場と競争し、なおかつ協働しながら、内部資本市場として資本の投資・配分と活用を効果的に行い財務業績を達成する、ユニット間協働のための中枢神経としてリソースの共有、知識・スキルの移転と活用を推進する、革新に向けたインキュベーターとして組織内に起業家精神を涵養し組織ならではのイノベーションを促進する——という三つの経営アジェンダを同時に追求し、自社の事業に独自の価値を付与していくことを求められています（**図表5－4**）。

もちろん、三つの中の何が最も重要で優先すべきアジェンダなのかは、企業がビジネスを展開しているセクターやビジネスの中身によって異なります。製造設備や流通施設、ロジスティクスなどへの設備投資を必要とする資本集約的なセクターやビジネスでは、自ずと内部資本市場としてのタスクが中心的になるでしょう。人の持つクリエイティビティなどが最大の経営資源となる知識集約的なセクターやビジネスでは、中枢神経のタスクをより徹底していく必要があります。そして、技術の進化が日進月歩なイノベーション集約的なセクターやビジネスにおいては、何よりもインキュベーターのタスクに注力しなくてはなりません。

ただ、これも程度の問題です。どんなセクターでどんなビジネスを展開している企業でも、本社は基本的に三つのタスクをすべて担い、三つの経営アジェンダを同時に追求していくことになります。

高まる経営のジレンマ、組織の葛藤

ところがです。ここに現代の経営が乗り越えなくてはならない大きな挑戦があります。というのも、三つのタスクをすべて担い、三つの経営アジェンダを同時に追求するのは至難の業だからです。どうしてでしょうか。

まず内部資本市場としてのタスク（資金の効率的配分と活用による財務業績の達成という経営アジェンダ）は、「本社→各事業部」という縦の関係に基づいています。本社は、各事業部の事業戦略・方針に基づいて資源配分を行い、それぞれの事業部に対して「ちゃんと結果を出してください」というふうに責任を問います。すでにお気づきだと思いますが、前回の講義で考察したキャドベリー・シュウェップス（CS）の事例は、この経営アジェンダに焦点を当てたものでした。

他方、中枢神経のタスク（リソースの共有やスキルの移転・活用という経営アジェンダ）では、「事業部―事業部―事業部」という横の関係に本社が介入し、事業部間を調整しなければなりません。「みんなでお互いに協力し合ってくださいね」というふうに。

そうするとどうなりますか。前者は縦のロジック、後者は横のロジックですから、この二つを同時にやろうとすると、組織内にコンフリクトが生じかねません。事業部からは「それぞれが責任をもって結果を出せと言われているのに、他の事業部とも協力しろと言われても……」といった悲鳴が上がるのです。

また、内部資本市場や中枢神経のタスクとインキュベーションのタスクを同時にやるのも困難です。なぜなら内部市場や中枢神経のタスクは、「現時点における最適」を考えて実行しますが、イノベーションの創出というインキュベーターのタスクは、「未来に向けての最適」を考えて実行するものだからです。この矛盾には、「自己責任と協働で今すぐ結果を出せ」と言われている事業部だけでなく、本社スタッフも苦悩するでしょう。

このように本社が三つのタスクを担い、三つの経営アジェンダを同時に追求しようとすると、組織内に葛藤が生じ、経営はジレンマを抱えることになります。遂行すべき企業全体戦略と追求すべき経営アジェンダははっきりしているのですが、それによって不可避的に生じる葛藤やジレンマ（organizational conflict and managerial dilemma）をどうやって克服するのかを、現代の経営者リーダーは真剣に考えなくてはいけないのです。

では、そのジレンマや葛藤を克服するために構築すべきものは何なのか。それが、「経営に求められる組織能力」にほかならないのです。

「組織は戦略に従う」というアルフレッド・チャンドラーの言葉を前回紹介しましたが、経営の現実は違います。「戦略（企業全体戦略）は組織（組織能力）によって制約される」というふうにとらえるべきなのです。ジレンマや葛藤を克服できなければ、企業全体戦略と企業優位は絵に描いた餅にすぎないのです。

第5章のまとめ

企業全体戦略のフレームワークを手助けに、僕らは、複数の事業を営む企業の本社が果たしうるタスクを明確にし、経営者リーダーが取り組むべきアジェンダを洗い出すことができた。資本の効率的な配分と活用を通じて財務目標を達成して、経営の健全性を確保すること（内部資本市場）。組織の壁を越えてリソースや知識、スキルを活用すること（中枢神経）。そして、組織内に起業家精神を涵養してイノベーションを促進すること（インキュベーター）。環境が激しく変化し、外部市場が発達してゆく中、現代の経営者リーダーはこれら三つの経営アジェンダを同時に追求しなければならない。

だが、これは至難の業であり、目の前に立ちはだかるハードルがますます高くなっていることを、みなさんも肌で感じておられることだろう。経営者リーダーには、このハードルを乗り越えるため、経営にとっての組織能力の構築という挑戦が突きつけられている。

Chapter 6

第6章

組織優位から経営者優位へ

組織優位を構築するプロセスとマネジャーの行動

前章では、現代の企業が抱える三つの経営のアジェンダについて見てきた。それらを同時に克服しようとするときに必要となる組織能力は、どうやって構築していけばいいのだろうか。その際に経営者リーダーが果たすべき役割とは一体何だろうか。自社は、どのくらい有効に複数の経営アジェンダに向き合えているのだろうか。自社は、経営に求められる組織能力をどの程度構築できているのだろうか。

みなさんも、自社の経営を振り返ることから、始めてほしい。

ふつうの人を刺激して、ふつうでない成果を生み出す

効率的な資本の配分を通じた高業績の達成、組織の壁を越えたリソースの共有やスキルの移転、起業家精神の涵養によるイノベーションの追求、これら三つのアジェンダを実現することを、とりわけ大きくて複雑な企業の経営は求められています。今回は、この挑戦について、アメリカ・ミネソタ州に本拠を置く、総合化学メーカー3Mの事例を入り口に考察してみたいと思います。

なぜ3Mを取り上げるのか。三つのアジェンダに向き合うのはとても難しいのですが、3Mという会社はそれが比較的うまくできてきたように見えるからです。

まず3Mは、世界一、起業家精神にあふれる大企業です。それは、会社としての生い立ちに関連していると言われます。もともと3Mは、研磨剤原料の鉱物を採掘するために1902年に設立された会社で、社名は「ミネソタ・マイニング&マニュファクチュアリング」を略しています。ところが、採掘事業は早々に失敗してしまいました。会社を存続させるためには、新規事業を生み出すしかなく、3Mはサンドペーパーの製造へと事業を転換し、1920年代に防水サンドペーパーの発売によって成長のきっかけをつかみました。以降も、マスキングテープやスコッチテープ（セロ

ファンテープ）、ポストイットといった独自性の高い商品を次々に開発してきました（*A Century of Innovation : The 3M Story*, 2002／以下、１００年史と表記）。

もちろん成功の陰には多くの失敗があるはずですが、３Mは、初めはうまくいかないと思われていたアイデアをあきらめることなく追求し、何度もイノベーションを起こしてきましたし、その頻度が他の企業よりも高いのです。しかも、一部の天才が成功を生み出しているのではありません。歴代の経営者が注力してきたのは「ふつうの人を刺激して、ふつうでない成果を生み出す（Stimulate ordinary people to produce extra-ordinary performance）こと」でした。

また、事業ユニットや部門の間の壁が低く、人や技術や情報の往来がスムーズになっているのも３Mの特徴です。そのことはポストイットの開発秘話によく表れています。

ポストイットの開発者の１人は、テープ製品の事業ユニットで研究員を務めていたアート・フライという人物です。１９７４年のある日曜日、教会の礼拝に参列していたフライは、歌集のページに挟んでいたしおりが落ちるのを見て、ひらめきました。中央研究所のスペンサー・シルバーがつくった接着剤が使えるのではないかというアイデアが浮かんだのです。

どういうことかというと、シルバーが「強力な接着剤」の開発を目指して続けていた研究の過程で、１９６８年に「簡単にはがれる接着剤」ができていたのです。当初は失敗作とされていたのですが、シルバーは、この奇妙な性質を持つ接着剤の用途を探そうと社内のあらゆる部門を回って相談を持ちかけていました。フライもシルバーから話を聞いていましたが、そのときは特段の興味は感じず、ずっとたってから、教会で歌集からしおりが落ちるのを見た瞬間に思い出したわけです。以後、フライとシルバーは協力して製品開発を進めました。完成したポストイットは１９８０年に全米で発売され、世界中に広がっていきました（"First Person: 'We invented the Post-it Note'", *Financial Times*, December 3, 2010 および、"Art Fry: Post-it® Note Inventor", LEMELSON CENTER for the Study of Invention and Innovation, April 14, 2014）。

これがポストイットのあまりに有名な開発ストーリーですが、他の企業でも同じようなことは起きるでしょうか。組織の壁が高い企業では、開発者や社員同士がお互いの技術やアイデアをよく知ることはないかもしれないですし、たとえ知っていても、すぐに協力して開発を進めるのは容易ではないでしょう。でも３Ｍでは違ったようです。

さらに言うと、３Ｍは業績面でも好調を維持してきた企業です。２０１８年以降、米中関係の悪化によって同社の中国ビジネスへの懸念が高まったことや、事業の成長が鈍化したことなどが理由で株価が低迷し、マイク・ローマンＣＥＯのリーダーシップのもと、事業の選択と集中、デジタルトランスフォーメーションによる効率性の向上といった変革を迫られていますが、それでも過去60年以上にわたって連続増配を続けています。２０２１年は売上高が前年比９・９％増の３５４億ドル、営業利益は74億ドル、営業利益率は20・８％でした（スリーエム ジャパン株式会社 ニュースリリース２０２２年2月9日）。

昨今、デジタル関連産業やプラットフォームビジネスが大きく進展しているアメリカでは、伝統的な大企業、とりわけ製造業が存在感を失っています。ＧＥの失墜についてはすでに見た通りです。そうした中、３Ｍはかなり健闘していると言ってもいいのではないでしょうか。

３Ｍの経営プラクティス

では、３Ｍはどんな経営プラクティスを用いて、複数の経営アジェンダに対応しているのでしょうか。どんな経営哲学や目標を掲げているのでしょうか。組織構造・デザインはどうなっているのでしょうか。経営管理システムにはどんな工夫をしているのでしょうか。組織風土や文化はどうでしょうか。

３Ｍは、過去数十年にわたって多くの研究者やコンサルタントが研究分析の対象としてきた企業なので、同社の経営プラクティスは実に多くの文献で紹介されています。Google Scholar で検索すれば、「３Ｍのケーススタディ」と明記されているものだけでも十数本の学術論文やアーティクルがヒットします。また、ハーバード・ビジネススクールを筆頭に、欧米のビジネススクールでも、３Ｍの事例はしばしばケース教材として取り上げられてきました。

ここでは、３Ｍの１００年史、本社や日本法人のホームページ、近年のアニュアルレポートといった公開資料をベースに、同社の経営プラクティスを抽出していきたいと思います。補足的に、スタンフォード・ビジネススクール元教授のジム・コリンズが著して世界的ベストセラーとなった『ビジョナリー・カンパニー』（ジェリー・ポラスとの共著、山岡洋一訳、日経ＢＰ社、１９９５年）や、ビジャイ・ゴビンダラジャンらの共著論文（Vijay Govindarajan and Srikanth Srinivas, "The Innovation Mindset in Action: 3M Corporation", *Harvard Business Review*, August 6, 2013／以下、Govindarajan & Srinivas, 2013と表記）などからも引用します。

まずは、組織内に起業家精神を涵養し、イノベーションを促進するという経営アジェンダについてです。これは外部の研究者やコンサルタントが最も注目してきた領域であり、このアジェンダに対応するための経営プラクティスは以下のものが挙げられます。

◇15％ルール（カルチャー）……技術者や研究者は、自身のアサインメントとは関係なく、将来のビジネスに役立つと考えられるプロジェクトを自分が選び、勤務時間の15％までを充てることができる。明文化はされていないが、「社員にイノベーションを起こすライセンスを与える」ための不文律とされており、ポストイットをはじめとする多くの商品がこの制度によって生み出されてきた（１００年史／３Ｍジャパンホームページ「Core Elements to 3M's Culture」）。

◇30％ルール……事業部（division）の売り上げの30％は、過去４年間に市場投入された商品から構成されていなければならないという目標。厳格に適用され、事業部長たちのボーナスもこの目標の達成に連動している（Govindarajan & Srinivas, 2013）。

◇ジェネシス基金……社内で尊敬された研究者ジョー・アベレが先鞭をつけた制度。通常の予算プロセスでは承認されない研究プロジェクトであっても、画期的なアイデアであれば、直接本社にサポートを求めることができる（１００年史）。

◇「自分のビジネス」として運営する機会……新商品の発売で社内を説得できた社員は、製品の売り上げ規模に応じて、プロジェクト、部、部門の責任者になれる。イノベーションを牽引する社員のオーナーシップを醸成・確保するうえで有効（『ビジョナリー・カンパニー』）。

◇デュアル・キャリア・ラダー……研究者や技術者は、管理職になることなく、キャリアを積み上げることが可能となっている。上級の研究者や技術者には、経営幹部と同じ待遇が用意されているため、会社は優れた研究者や技術者を失わずにすむ（Govindarajan & Srinivas, 2013）。

◇ゴールデン・ステップ賞……イノベーションを起こした社員への資金報酬（『ビジョナリー・カンパニー』／Govindarajan & Srinivas, 2013）。

◇本社開発プログラム……会社が保有する技術を活用しうるホワイトスペース（これまでに踏み入れたことのない市場）がどこにあるのかを長期的に俯瞰する本社主導のプログラム（100年史）。

◇カールトン・ソサエティ……リチャード・P・カールトン社長（在任期間1949〜53年）の名を冠した研究者の協会で、1963年に創設された。基礎的な研究も含めてイノベーションの文化に貢献した研究者が毎年2〜3人、入会を許される。「功労者の殿堂（hall of fame）」とも呼ばれ、会社120年の歴史で200人が選出されている（100年史／3M本社ホームページ「The Carlton Society」）。

◇自主性の尊重と失敗の許容……中興の祖であるウィリアム・マックナイト社長（在任期間1929〜49年、49〜66年は取締役会長）の以下の言葉が現在も社内で広く語り継がれており、組織文化として定着している。

「誤りは起きる。しかし、それを犯した者が基本的に正しいのなら、長期的に見てその者が犯した誤りは、それほど重要ではない。それよりむしろ重大な誤りは、マネジメントが独裁的になり、責任を委譲した部下に対し、事細かに仕事のやり方にまで指示を与えるところにある。マネジメントに辛抱する能力がなく、誤りに対して批判的であるならば、自主性が損なわれる。当社が引き続き成長していくためには、自主性を持っている者が社員として大勢いることが不可欠である」（3Mジヤパンホームページ「企業文化」)

次に、組織の壁を越えて、リソースの共有、知識やスキルの移転と活用を推進するという経営アジェンダについて見てゆきます。対応するプラクティスは以下のようになります。

◇「製品は事業部に属するが、技術は企業に属する」……R&D担当のバイスプレジデントだったジョー・ベイリーの言葉。技術を現場が囲い込まずに、社内で広く共有するという原則を表しており、社内で長く語り継がれてきた(100年史)。

◇新規事業開発チームの組成……新たな事業機会を追求したい社員は、社内(他部門を含む)からチームのメンバーを集めることができる。プロジェクトがうまくいかなかった場合でも、参加したメンバーにはもともとの仕事が保証される(Govindarajan & Srinivas, 2013)。

◇テクニカル・フォーラム……研究開発に携わる社員が参加して、お互いのプロジェクトに関する情報を交換する場。1951年に草の根活動として始まり、その後、フォーラムへの参加費用などはすべて部門がカバーするようになった(100年史)。

◇マーケティング・フォーラム……テクニカル・フォーラムを研究開発以外の領域に拡大したもので、すべての事業部が製品や事業に関する情報を交換する場（Dan Schiff, "How 3M Drives Innovation Through Empathy And Collaboration", *Forbes*, March 31, 2016）。

◇技術共有賞……新しい技術が開発され、それを他の部門が共有して成功したとき、開発者に贈られる（『ビジョナリー・カンパニー』／Govindarajan & Srinivas, 2013）。

最後は、資本の有効的な配分と活用によって財務業績を向上させるという経営アジェンダです。これに対応するプラクティスとしては、以下が特筆されます。

◇「基軸（基本）から離れない」……過度な資源の分散を避けるため、優位性のある技術や自分たちの得意な領域に集中する（『ビジョナリー・カンパニー』）。

◇小規模の独立した事業部と事業単位……１９９０年には、42の事業ユニットがあり、平均の売上高は2億ドル。工場は全米40州に散らばり、ほとんどが小さな町に立地していて、従業員数は中央値が１１５人だった（『ビジョナリー・カンパニー』）。

その後、選択と集中を進めていく中で、２０１２年には五つのセクターと26の事業ユニットとなり（2015年のアニュアルレポート）、2022年には四つのセグメントと21の事業ユニットに再編された（2022年のアニュアルレポート）。

その一方で、それぞれの組織の自立と自律を促すため、本社は財務規律を効かせてきた。同時に、人事、R&D、財務といったコアな機能は本社に置いて集権化を図ってきた（100年史）。

◇「成長すると分割する（divide and grow）」……事業部が成長し、一定の規模に達すると、分割して規模を小さくすることで、継続的な成長と再生の意欲を組織に植えつける（100年史）。

◇シックス・シグマ……2001年に初めて外部から迎えたジェームズ・マクナニーCEOが、GEから持ち込んだ経営プラクティスであり、問題解決や商品開発プロセスをより効率的に行うことを目的としたもの（100年史）。しかし、その導入については、伝統的なイノベーション能力を妨げるとの批判も多い（Brian Hindo, "At 3M, A Struggle Between Efficiency And Creativity", *Business Week*, June 11, 2007）。

◇利益分配制度……1916年に主要な従業員を対象に開始し、1937年にはほぼすべての従業員に対象を広げて、会社の利益増が従業員のモチベーションアップに直接つながるようにしている（『ビジョナリー・カンパニー』／100年史）。

図表6－1｜3Mの経営プラクティス

	経営哲学・目標	組織構造・デザイン	経営管理システム
起業家精神の涵養とイノベーションの促進	◆自主性の尊重と失敗の許容 ◆30%ルール	◆「自分のビジネス」として運営する機会 ◆（小規模の独立した事業部と事業単位）	◆15%ルール（カルチャー） ◆ジェネシス基金 ◆デュアル・キャリア・ラダー ◆ゴールデン・ステップ賞 ◆本社開発プログラム ◆カールトン・ソサエティ
ユニット間の協働、リソースの共有 知識・スキルの移転と活用	◆「製品は事業部に属するが、技術は企業に属する」	◆テクニカル・フォーラム ◆マーケティング・フォーラム	◆新規事業開発チームの組成 ◆技術共有賞
資本の活用&配分 財務業績の達成	◆「基軸（基本）から離れない」	◆小規模の独立した事業部と事業単位 ◆「成長すると分割する」	◆ペーシング・プラス・プログラム ◆利益分配制度 ◆シックス・シグマ

◇ペーシング・プラス・プログラム……最も重要と考えられるプロジェクトや商品開発に研究資金を傾斜配分するプログラムで、１９９４年に導入した。配分対象は事業部が提案し、本社が承認する（１００年史）。

これらの経営プラクティスを、「経営哲学・目標」「組織構造・デザイン」「経営管理システム」という三つの観点で分類し、さらにそれぞれが対応していると思われる経営アジェンダに当てはめると、**図表6－1**のようになります。組織風土・文化という括りもありうるのですが、ここでは経営哲学・目標に入れ込んでいます。

自社と3Mを比較してみる

さて、この図を眺められて、みなさんはどう思われますか。抜き出したのは、過去の文献で紹介されていたプラクティスですから、現在の3Mでもそのまま運用されているとは限りません。

また、プラクティスとアジェンダは必ずしも一対一対応となっているわけではなく、複数のアジェンダに対応しているプラクティスもありますので、この図は一つの参考例だと思ってください。

その上で一番重要なのは、自社の経営プラクティスを振り返ったとき、この図の9つのボックスを、どこまで埋められるかです。みなさん、どうでしょうか。

ところで、3Mのプラクティスの中には、ちょっと風変わりというか独特なネーミングのものも多数含まれていますね。僕は実は、これこそが、優れた経営をしている企業の特徴だと思っているのです。独特なネーミングは、組織の成員が同じ意識を持ち、同じ風景を見るのにとても役立つからです。言葉が共有されていれば、「15%ルール?」「ああ、あれね」というふうにコミュニケーションが円滑になります。

みなさんの会社には、独特な名称がついている経営プラクティスはあるのでしょうか。なければ、もしかすると組織全体としての経営への感度があまり高くないのかもしれない。そんなふうに僕は真剣に思っています。たかがネーミングと片づけるのではなく、経営の質を測るバロメーターだととらえてみてください。

経営の模倣はなぜ難しいのか

さて、このように３Ｍの経営プラクティスを抽出して分析することはそれなりに重要であり、有効なのですが、いざその経営をまねるとなると、当然ながらとても難しいのです。実際、この40年間、世界中の企業やコンサルタントが３Ｍを視察して、そのまねをしようとしてきたわけですが、多くは成功していません。

たとえ話を一つ取り上げましょう。６人の目の不自由な人がゾウと初めて遭遇するというインド発祥の寓話です。話を簡略化するために、設定を「３人」に変えて紹介します。

ゾウに遭った３人はそれぞれどうしたのか。

１人めは鼻に触って言いました。「これはヘビみたいなものだな」

２人めは足に触って言いました。「いや、そんなことはない。木の幹に似ていると思う」

３人めは腹に触って言いました。「いやいや、これは壁のようなものに近い」

つまり、３人とも、ゾウの体の一部だけしか理解せずにゾウを描写しようとし、その結果、意見が食い違ってしまったというお話です。

同じことは、3Mのような企業についても言えます。

3Mが世界で最もエクセレントな企業であり続けているのはなぜなのか、3人の聡明なMBAが分析したとしましょう。

まず1人めのMBAは「鍵は革新的な組織構造にあるに違いない」と言う。たくさんの自律的な事業ユニットがあって、財務規律も徹底しており、顧客のニーズや市場の変化に迅速に対応できるというふうに分析する。

続いて2人めのMBAは「経営管理システムがユニークだからだ」と言う。15%ルールはその最たるものだし、新たな事業機会を追求したい社員は、社内(他部門を含む)からメンバーを集めて開発チームを組成できる。だから、起業家精神が旺盛な企業たりえているのだというふうに分析する。

さらに3人めのMBAは「特有の経営哲学や戦略・財務目標を掲げているからだよ」と言う。3Mは「製品は事業部に属するが、技術は企業に属する」という哲学を大事にしてきたし、4年以内に導入された商品が売り上げの30%を占めるべしといった目標によって、たえず新陳代謝を促してきたのだというふうに分析する。

どうでしょうか。ゾウに遭遇した目の不自由な3人と同じですよね。企業の経営というのは、複雑で相互に絡み合っていて包括的なものなのに、その全貌を3人の聡明なMBAはいずれもとらえ切れてはいない。3Mをベンチマークする他社も同じです。取り出しやすそうな部分だけを見て、まねしようとするから、結局は経営の質を向上させるには至らないのですね。

じゃあ、象や3Mの全体をどうとらえたらいいのでしょうか。そもそもの問題意識に戻ると、経営における三つのアジェンダを同時追求するために必要となる組織能力とは何なのでしょうか。さらには、経営の質とは何かをどう理解すればいいのでしょうか。

これらを明らかにするフレームワークを、ここから説明していきたいと思います。このフレームワークを提唱したのは、僕の亡き恩師、インド出身の天才学者スマントラ・ゴシャールと、僕が短期間ながら研究助手をつとめたクリス・バートレットのコンビです。ここでは2人の共著『[新装版]個を活かす企業』をベースにしつつ、内容の一部を僕なりに解釈し直してお話しします。

ただ、その前に一つお断りしておきたいのは、このフレームワークは、みなさんにただちに武器を与えるようなハウツーものではないということです。これを学べば、誰でも簡単に組織能力を構築することができて、たちまち経営の質が向上するといった類のものではけっしてありません。そんなマジックのような手法はそもそも経営の世界には存在しません。

このフレームワークを通じて僕がみなさんに提供できるのは、経営者リーダーとして挑戦を始めるにあたっての考え方、ものの見方です。経営はあくまで固有解ですから、あとはみなさん自身が、自社の歴史や自社が置かれている環境を考慮し、自身の経営者リーダーとしてのアスピレーションに従って、考え抜き、試行錯誤を繰り返しながら実践していくものです。

では、始めましょう。

20世紀型企業に生じたほころび

経営に求められる組織能力を考えるにあたって、スマントラたちが出発点に置いたのは、すでに議論した「事業部制組織（M-form）」でした。M-formは20世紀最大の経営イノベーションであり、プラクティスを超越した経営のディシプリン、あるいはマントラ（教義）ですらありました。

たとえば、みなさんは、「自社の経営や組織を説明してください」と言われたとき、どうされますか？　みなさん、自然にピラミッドを描いて、これがトップ、これがミドル、これが現場（フロントライン）というふうに三つぐらいに階層を分けて説明し始めるのではないでしょうか。トップがミドルに、ミドルが現場に権限委譲し、それぞれが責任を持つ。これが、僕らが経営や組織を考えるときに当然視している原理原則です。ビジネスパーソンだけの話ではありません。中学校の生徒会も、文化祭や体育祭の実行委員会も、同じような考え方で役割を決めていきますよね。

しかし、このM-formによって栄華をきわめていた20世紀型企業には、１９８０年代から90年代にかけて、ほころびが生じ始めました。一つには、先の講義で議論した通り、本社が現場から遠ざかってしまい、資源の配分と活用が効果的になされなくなってしまったからです。

そうすると、企業はどうしたのでしょう。いくつかの製品や事業をまとめて戦略事業単位（SBU）をつくり、計画をベースに資源配分と業績評価を行うようになりました。SBUには、ビジネススクールを卒業したばかりの若いスタッフなど（以前の講義で、僕が〝戦略小僧〟と揶揄したような人たち）が配属され、数字とロジックを駆使して分析を行います。ところが、分析はさらなる分析を求めますから、スタッフは自ら自分たちの仕事を増やし、その結果、過度なデータ収集が始まり、計画のための計画が社内に氾濫し、数字で数字を管理するようになっていく。優秀な（？）テクノクラートによる官僚政治がはびこるのです。

それだけではありません。M-formは、それぞれの事業部のオペレーションに対する責任を明確にしようとの発想で導入されたのですが、その副作用として縦割りや部門最適といった弊害も目立つようになりました。みなさんの所属する組織でも、事業部間の壁がありますよね。「総合職」として採用されていても、異動が同じ部門の内部で閉じているケースも多く、自分が働いている事業部が「わが社」になっている人も少なくないのではないでしょうか。

それからもう一つ、M-formでは権限委譲を原則としており、それ自体はよいことなのですが、結果として組織内の階層が増え、ポジションが矮小化します。ただでさえ、人間はポストをつくりたがりますが、権限が小さくなったポジションからは事業の一部、機能の一部しか見えなくなり、起業家精神が発揮されづらくなります。

こうした実態を把握しようとしたのが、ロザベス・モス・キャンターというハーバード・ビジネススクールの教授です。IBMなどの大企業を調査した彼女は、1989年に*When Giants Learn to Dance*という本を書きました（邦訳書は『巨大企業は復活できるか』三原淳雄、土屋安衛訳、ダイヤモンド社、1991年）。

近年、アメリカのビジネススクールでは、研究者も学生も既存の大企業にはほとんど関心を持たず、「ゼロ・トゥ・ワン」のベンチャーばかりが脚光を浴びていますが、1980年代後半から2000年代のアメリカにおいては、大企業の再生は、産業界にとっても研究者の間でも重大な関心事だったのです。

小手先の対応に走る経営者の近視眼

M-formの組織と経営が硬直化するとき、経営陣はどういう対応に走るのでしょうか。

残念ながら、人間の弱さからか、あるいはプレッシャーゆえの近視眼からか、小手先の対応に走ることが多いのです。スマントラとクリスは、これを、短期的な修繕法、クイック・フィックス（quick fix）と呼んで批判しました。

たとえば、階層が増えてポジションが矮小化し、起業家精神が抑圧されている状況をどうするか。手っ取り早い打ち手は、社内ベンチャー制度（internal corporate venturing：ICV）の導入です。研究開発の役員が所管する新規事業開発専門の組織をつくり、「自由に事業を起こしていいよ」と言って資金と時間を与えて、社内起業家を育てる隔離された〝温室〟をつくり上げるのです。

ICVは、かつて3Mが「New Business Ventures Division」という名称で1968年に始めたことから、アメリカにおいてブームとなりました。経営学者や経営コンサルタントがもてはやしたこともあって、すでに1970年代の時点でフォーチュン（Fortune）500の25％がICV制度を公式に取り入れていました。でも、結果はどうだったかというと、数年待っても成果は出てきません。70年代末になると、ICV部門はどんどん解散させられていきました。なのに、似たようなブームはその後何度も繰り返されています。

次に、縦割りの弊害が生じて、ユニット間の協働による知識やスキルの移転・活用が阻害されている状況はどうすればいいでしょう。そんなときは、手っ取り早く外部に解決策を求めるのです。他社との戦略提携ですね。

このクラスの中にも経験された方がいるかもしれませんが、企業内で事業部間の提携を促進するのは、案外難しいことが多いのです。同じ組織で一定以上の時間を過ごしてきた人たちの間には、歴史がありヒューマンドラマがあり、お互いうまくいかなかった経験を引きずっている場合もあります。また、社内の人間関係も複雑で、「あの部長とあの部長って、仲が悪いんだよな」とか、「あの2人、トップの椅子をめぐって競い合っているからな」といった話にもなりやすい。

ところが、社外の初対面の人たちとは、わりあい話が通じ合ったり意気投合したりしやすいのです。過去にやりとりをしたことがないからか、初めはうまくいく可能性の方に目が向きがちです。しかし本来、戦略提携は、パートナーとなる相手との間で目的、利害、優先順位が異なりうるため、同床異夢と言われるぐらい、果実を得ることが難しい施策です。実際、企業同士の戦略提携の成功確率はけっして高くなく、しばらくやってみては提携解消というパターンが繰り返されています。

官僚政治の横行によって、資本の効果的な配分と活用がなされなくなり、企業の活性化を妨げている状況はどうでしょう。そういう場合の手っ取り早い解決法は、「選択と集中」という名のもとで行われる事業のスピンオフやM＆Aです。選択と集中、事業統合、企業買収は、時間を買うためにもある程度必要です。だけど、M＆Aの成功確率はけっして高くありません。多くは高値づかみさせられて、しかも買収後の統合で挫折している。とりわけクロスボーダーのM＆Aは難しく、日本企業はこれまで失敗続きでした。

このように、M-form の組織と経営が硬直化していく中で、多くの経営陣は自ら、あるいはコンサルタントや経営学者にあおられる形で、小手先の対応に終始してきたわけです。

もちろん、中にはもう少し踏み込んで問題を考えてみようと試みる経営者もいます。でも、その場合も、一番目に見えやすく、手応えがクイックに感じられそうなところから手をつける傾向があります。それは、組織構造の改革と流行りの形態の導入です。

M-form は本社のコントロールが事業部をダメにする。だから、本社をできるだけ小さくして事業部にもっと権限を委譲しようと言って「文鎮型組織（paper-weight organization）」にする。あるいは、

図表6－2｜新たな組織構造的な解決策？

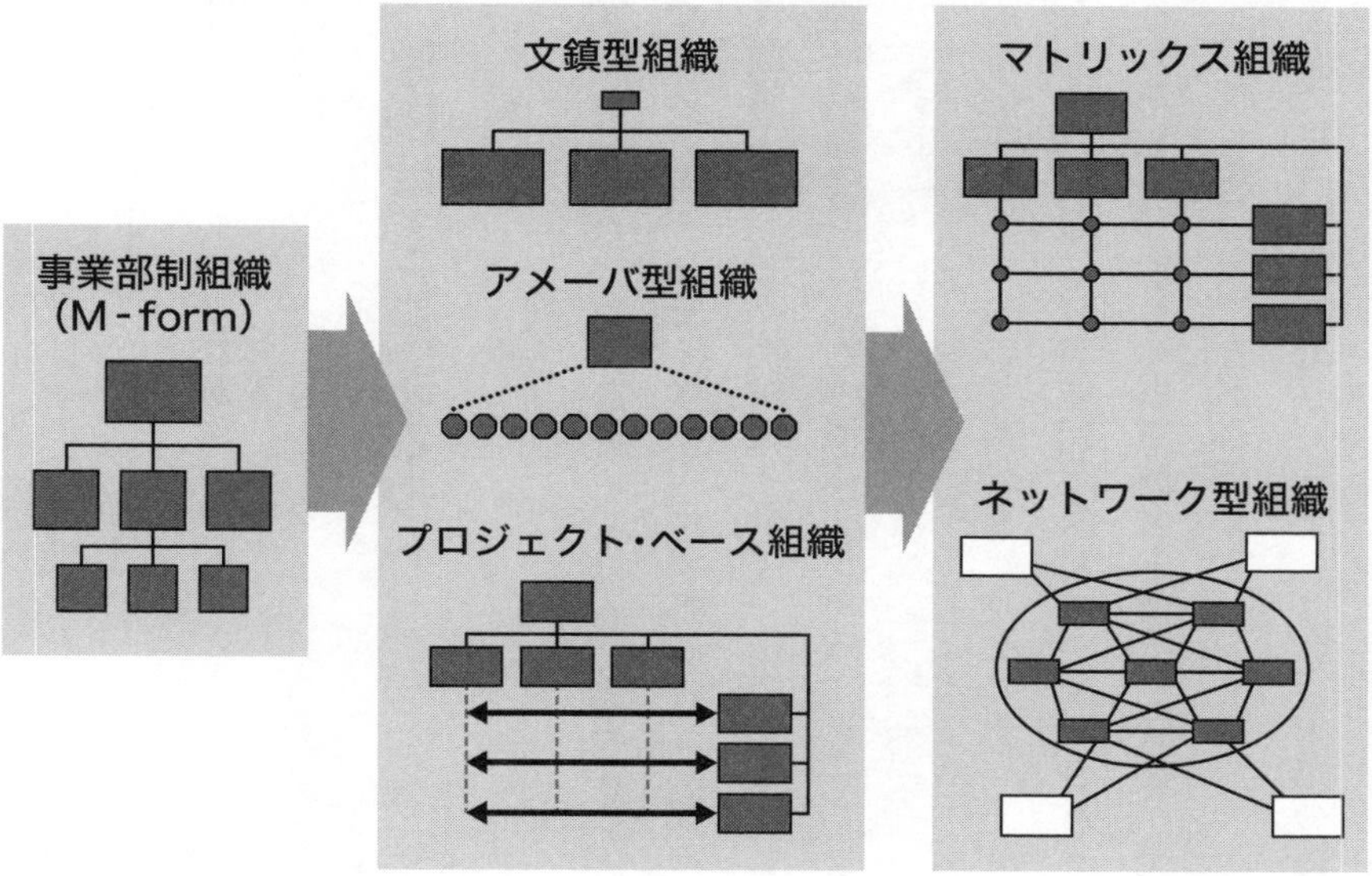

スモール・イズ・ビューティフルだ、3Mのように自立し、柔軟に動きながら、自己責任をもつ小さなユニットに再編すべきだと言って「アメーバ型組織」にする。いや、プロジェクトごとにチームを立ち上げればいいと言って「プロジェクト・ベース組織」にする。いやいや、やはり組織には、縦串だけじゃなく横串を通さなければと言って「マトリックス組織」にする。違う、違う、それぞれの部署が特徴を生かしてセンター・オブ・エクセレンスとなり、他の部署に貢献するべきだと言って「ネットワーク型組織」にする（**図表6－2**）。

そんなふうに組織構造の改革に取り組んだ企業は枚挙にいとまがありません。中には、経営陣が交代する度に組織構造の改革が繰り返され、その度に組織図が書き直され、レポーティングラインが引き直される企業もあります。だけど、これも根本的な解決にはなかなかつながりません。

なぜでしょうか。これがスマントラとクリスのコンビからの問いかけです。

原因はどこにあるのか

問題の所在をはっきりさせましょう。M-formが制度疲労を起こし、起業家精神が失われ、組織の壁でリソース・知識・スキルが分断され、財務の規律が損《そこ》なわれて企業が活気を失っている。こうした経営アジェンダが解決されていないのだとしたら、何が問題なのでしょうか。

原因は組織構造にあるのでしょうか。

違いますよね。

原因は、組織内において有効なプロセスをつくり出せていないことにあるのです。

たとえば、組織において起業家精神が発揮されるためには、顧客や技術に近いビジネスの最前線にいる人たちが、新しい事業機会や脅威を認識、発見し、現状に満足することなく、新たな地平を夢見て行動を起こすことが必要です。

ホンダの事例を思い出してみましょう。市場の特性も顧客のニーズも十分にわからないままアメリカに渡ったら、主力と見ていたバイクは壊れてしまい、売れるものがなくなった。そんなとき、たまたまバイヤーから、売れるとも思っていなかったスーパーカブへの引き合いがあり、アメリカン・ホンダの現地スタッフは、不確実性やリスクと向き合いながら、粘り強く歩みを進めていきました。それを上司が支え、ビジネスとしての形にしていった。これらは、まさに、人々の意思決定と行動が積み重なって形づくられるプロセスです。

組織の壁を越えてリソース、知識、スキルを共有し、移転させていくためにはどうすればいいでしょう。リソースや知識、スキルといった抽象的なものが勝手に動くわけではありません。それを動かすのは、当たり前ですが、人なのです。ある事業部の人が新しいビジネス機会を発見したり、あるいは解決すべき問題を抱えたりしている。そうしたところに、他の事業部の人が「うちにはこんなリソースやスキルがあるんだけど、一緒にできないかな」などと提案し、手を差し伸べる。

3Mのポストイットの場合は、アート・フライがアイデアを思いつき、リソースを持っているスペンサー・シルバーを思い出して口説き、その協力を得て商品開発を進めていきました。これも人々の意思決定と行動が織り成すプロセスにほかなりません。

資金を有効に活用し、企業を活性化させていくためにはどうするのでしょう。キャドベリー・シュウェップス（CS）の事例を思い出してください。ファイナンスの教科書では、CFOだけが知的な意思決定をするかのように書かれていたりしますが、実際は違います。本社の経営陣と事業部の責任者が、予算策定をめぐって対話をし、事業の立ち位置や方向性を共有し、事業部のマネジャーが責任を持って合意内容を実行に移すことによって、資金の有効活用が実現するのです。これもプロセスです。

どうでしょうか。いずれの場合にも、組織内のプロセスをつくり出しているのは、現場のスタッフやマネジャーたちの意思決定と行動なのです。

こう考えると、何が問題なのかがわかっていただけますよね。

本当は組織内のプロセス、それをつくり出す人々の行動に問題があるのに、多くの経営者は小手先の対応や組織構造の変更で解決できると思っている。問題の所在と解決アプローチが根本的にミスマッチを起こしているのです。確かに組織図を書き直したり、M&Aをやったり、戦略提携を結んだり、社内ベンチャー制度を導入したりすると、なんとなく手を打った気がします。プレス発表もできれば、社内アナウンスもできます。だけどそれでは、問題設定がそもそも間違っていると言わざるをえません。

経営をプロセスから発想する

経営にとっての組織能力を構築し、経営の質を向上させるにあたっての最初のステップは、経営を組織構造や経営管理システムといったハードウェアから見るのではなく、プロセスの束として見

図表6-3｜企業を組織とシステムだけで眺めず、組織内プロセスから理解する

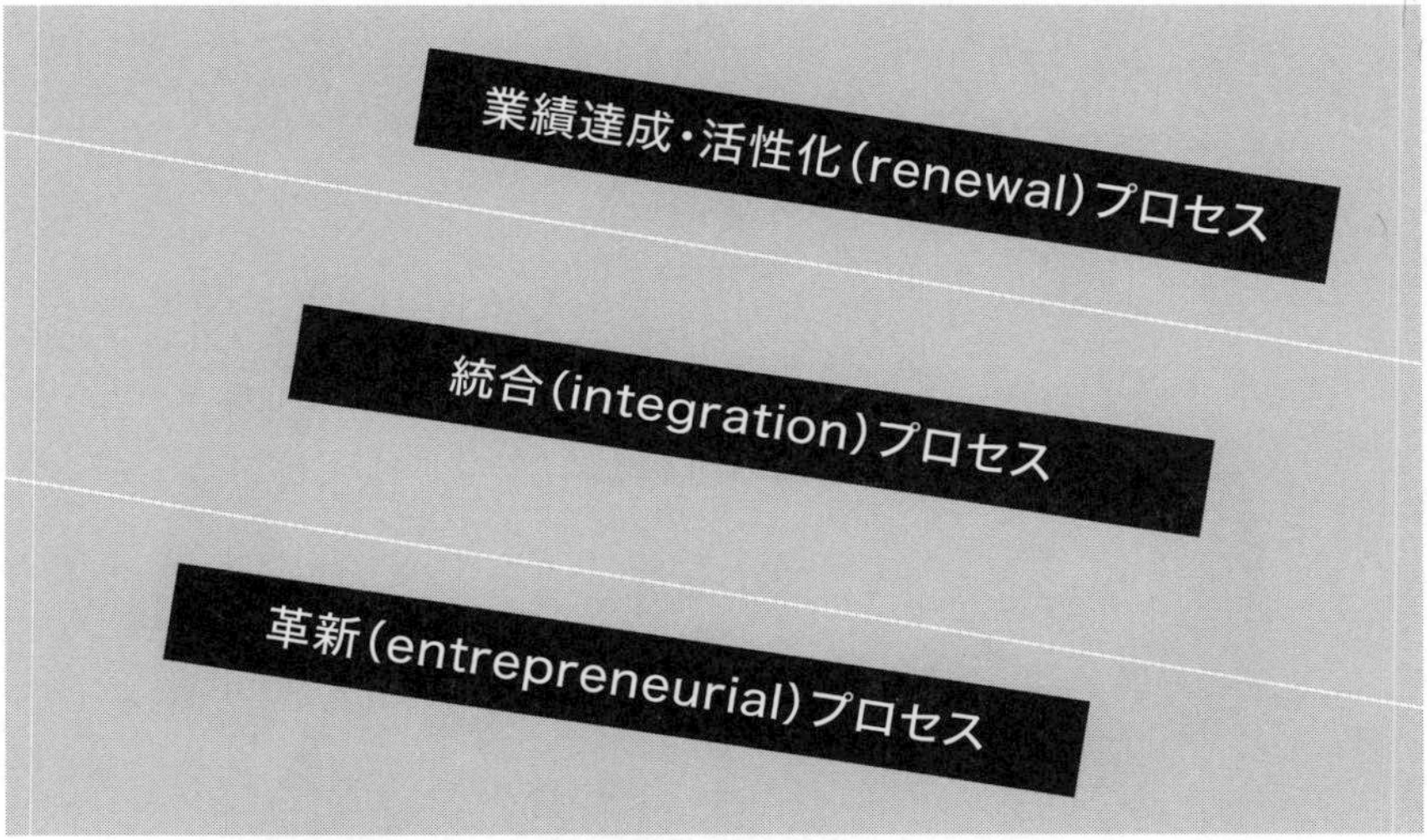

組織優位は、有効な組織内プロセスからつくり出される

ること、いわば視点の転換です。

そのプロセスとは、経営の三つのアジェンダに対応するものです。起業家精神を発揮して、新たな機会を新たな商品・サービス・事業へと具体化していく「革新(entrepreneurial)プロセス」、組織の壁を越えて、リソース、知識、スキルを共有し移転させていく「統合(integration)プロセス」、そして資金を有効に活用し、業績を達成すると同時に企業を活性化し続けていく「業績達成・活性化(renewal)プロセス」の三つです(**図表6-3**)。

このうち三つめのプロセスについては、注釈を要します。スマントラとクリスが提示するフレームワークには、資源配分・予算・業績評価のプロセスに向けた視点、資金の効率性に関する視点が含まれていませ

図表6－4｜組織構造やシステムが行動を支え、行動がプロセスをつくり出す

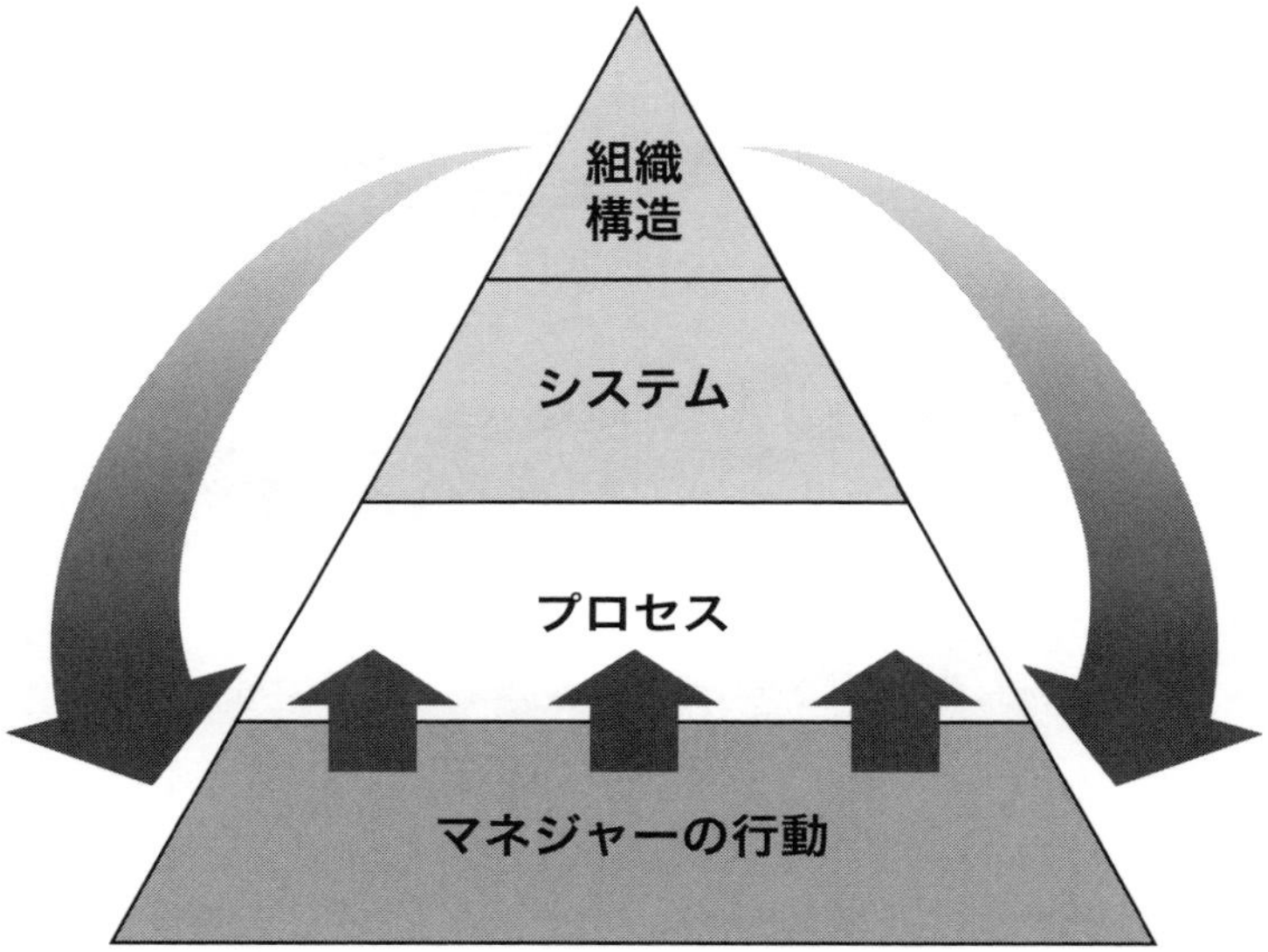

ん。その点について、株主価値経営の研究者だった当時の僕は批判的で、生前のスマントラとは何度も議論をしました。そのため、僕は、スマントラたちが「活性化（renewal）プロセス」と呼んでいるものに、資金の配分と活用を通じた「業績達成」という言葉をつけ足して、フレームワークを一部修正しています。

ただ、あくまでも重要なのは、経営をプロセスから見るということであり、これがスマントラとクリスのフレームワークの出発点であり、さらには、この講義の全体を通じて、経営政策のプロセス学派の末裔《まつえい》である僕が何度も繰り返してきたことです。

では、組織構造や経営管理システムといったハードウェアは重要じゃないのでしょ

うか。いえ、とても重要なのです。ここで思い出していただきたいのは、先に議論した「コンテクスト・マネジメント」のフレームワークです。組織構造や経営管理システムは企業コンテクストの一部（主に経営管理のコンテクスト）として、マネジャーの行動を誘導し、支え、組織プロセスをつくり出します（図表6－4）。

ただし、ここで経営者リーダーが忘れてはならないのは、組織構造や経営管理システムをいじることを「目的」にしてはいけないということです。経営者リーダーの仕事は、有効なプロセスを組織内につくり出すことであり、組織構造や経営管理システムは、そのための「手段」に当たります。したがって、経営者リーダーは、どのようなプロセスを組織内につくり出したいのかをよく考え、そのうえで組織構造や経営管理システムを設計し、運営し、あるいは変更していく必要があるのです。

有効なプロセスをつくり出す

有効なプロセスを組織の中につくり出すために必要な組織構造や経営管理システムとはどんなものなのか。それは企業それぞれにとっての固有解であり、これが正解などというものはありません。自社の特性に合わせて、試行錯誤を繰り返しながら設計、構築していくものですが、ここでは、一般論として洗い出してみましょう。

まず「革新プロセス」についてです。起業家精神を涵養し、イノベーションを促進するこのプロセスを有効なものとするのは、組織構造に関して言えば、基本的に分権化と権限委譲でしょう。社員を挑戦に誘うような野心的な企業目的を掲げておくことも大事でしょう。また、イノベーションには必ず遊びやスラックが必要となりますから、15％ルールのような経営管理システムを設けて、「密造酒づくり（bootlegging）」の場を用意しておくことも大切でしょう。

資源配分においては、全体予算の10％程度を切り分け、既存事業の投資判断とは異なるメルクマールで新規の成長事業に投資するといった工夫も、場合によっては効果的かもしれません。また、イノベーションには失敗がつきものですから、加点主義の評価や敗者復活を認める登用といった人事評価システムを整備しておくのもよいでしょう。

次に、「統合プロセス」について考えます。ユニット間協働のためにリソースや知識・スキルの移転と活用を推進するこのプロセスを有効なものとするためには、組織構造面では、ユニットを横断するチームやタスクフォース、ミーティングを常設し、人と人が出会い、人々の協働が生まれる機会を創出することが大切となります。

プロセスの有効性をさらに高めるためには、組織横断的な人事ローテーションを計画的に進めて、「know-what（何の情報やノウハウがあるのか）」だけでなく、「know-where（どこのユニットに情報やノウハウがあるのか）」「know-who（そのユニットの誰がキーパーソンなのか）」といった情報を、少なくとも一部のグループが持てるようにしておくことも重要でしょう。

また、自身の任務に対する責任を負っているマネジャー同士に協働してもらうためには、本人の事業の成果を評価するだけでなく、他の事業部への貢献も評価するといった補完的なインセンティブシステムを整備しておくのも一案です。

こうした統合プロセスを考えるにあたって、興味深い例を一つ紹介させてください。僕は30代の頃、エレクトロニクスメーカーのシャープを何年にもわたって研究し、経営トップを含む100人を超えるマネジャーたちにインタビューさせていただきました。同社が液晶への一本足投資に失敗して経営が傾く前の話です。

当時のシャープは、半導体、光学レーザー、液晶などのオプトエレクトロニクスの要素技術を中核に企業優位を構築した典型的なシナジー企業であり、多くの商品事業部や機能部を横断するミーティングが組織の横串として設定されていました。人材、とりわけ研究開発担当者の、領域を越えた人事ローテーションも頻繁で、これを経営陣は、組織の中で知識の化学反応を起こす触媒であるとして、「ケミカライゼーション」と呼んでいました。

またその頃、シャープでとても有名だったのが、組織横断的なタスクを実行する際に組成される「緊急プロジェクト」です。当時のシャープでは、社長は金色のバッジをつけていましたが、この緊急プロジェクトのメンバーも同じ金色のバッジをつけることを許されていました。言ってみれば、社長に匹敵する権威を持って、各事業部や各機能部からプロジェクトに必要な人材を引き抜くことが認められていたのです。

この緊急プロジェクトは本社負担でファイナンスされ、商業化が見えてきて担当事業部に引き継がれると、事業部が費用を半分負担する仕組みでした。きわめて独特な取り組みであり、今でも学ぶに値する取り組みの一つだと思います。

最後に「業績達成・活性化プロセス」についても検討してみましょう。資源の配分と活用を効果的に行って財務業績を達成し、組織を活性化し続けるこのプロセスを有効なものにするためには、好き嫌いは分かれるでしょうが、ジャック・ウェルチ時代のGEが運用していた、ストレッチ目標を設定して挑戦の意欲を高める経営管理システムが参考になります。また、変革後のキャドベリー・シュウェップスの事例が示す、中期経営計画と年次予算、業績評価のカップリング、戦略ベースでの資源配分、共通のシンプルなテンプレートによる本社と事業部の対話、KPIによる進捗管理、パフォーマンス連動型の評価・報酬制度などもヒントになるでしょう。

組織構造に関して言えば、小さなパフォーマンスユニットから組織を構成し、成長への渇望をユニットにビルトインするとともに、収益達成に向けた責任意識を醸成することも重要でしょう。京セラで稲盛和夫さんが確立された「アメーバ経営」はこれに通じるものだと思います。組織を、アメーバと呼ばれる独立採算の小集団に分け、その集団ごとにリーダーを任命し、共同経営のような形で運営する経営管理システムです。

ちなみに、過去30年、企業経営における世界のトレンドは、スモール・イズ・ビューティフルの徹底でした。「あなたたちのフレームワークには資金の効率的活用についての観点がない」と批判する僕に対して、スマントラが「効率性の源泉は小さなパフォーマンスユニットにある」と真顔で答えていたのを思い出します。

スモール・イズ・ビューティフルの興味深い応用事例の一つは、英国の石油会社であるＢＰ（旧ブリティッシュ・ペトロリアム）のかつての組織構造でしょう。以前のＢＰでは、世界各地に点在していて同じようなオペレーションを担当する事業ユニットを15のピアグループにまとめ、各グループの業績を定期的に公表して責任の貫徹を促すとともに、グループ内で業績が上位3位の事業ユニットに対しては、下位3位の事業ユニットのパフォーマンスを向上させるための伴走を課していました。「ピアアシスト」と呼ばれたこの仕組みは、それぞれのユニットの自己責任（自助）を基本としつつ、共助の仕組みを組み合わせて全体の業績向上を図らんとするもので、大変興味深い取り組みだったと思います。

何度も言うように、経営には「よい経営」と「そこそこの経営」があります。どんな時代にも、どの業界でも、どの国においても、先進的な経営者リーダーたちは、経営の高みを目指して努力を重ねてきました。そして、どのような戦略目標を掲げ、どのような組織構造や経営管理システムをつくり、それらの中にどのように魂を吹き込んでいけば、有効なプロセスをつくり出せるのかを真剣に考えてきました。それは現在も、そしてこれからも変わることはありません。画一的な正解などけっして存在しませんが、次代を担うみなさんには、自社の置かれた状況や事業の特性に応じて、固有解を考え抜いてもらいたいと思います。

相互矛盾と向き合う経営の挑戦

さて、ここまで、経営を「プロセスの束」として見ることが、組織能力を構築し経営の質を向上させていくための第1ステップだと解説してきました。しかし、みなさんお気づきのように、今回の講義の冒頭で提示したパズルはまったく解けていません。経営における三つのアジェンダを同時に実現するのはとても難しく、業績達成・活性化プロセス、統合プロセス、革新プロセスの三つを同時に回していこうとすると、組織内にさまざまな矛盾が生じます。その矛盾に経営はどう向き合えるのか、そのために必要となる組織能力とは何なのか、というのがそもそもの問題設定だったはずですし、それこそが、スマントラとクリスが格闘した大きなテーマでした。

スマントラたちにとってのブレークスルーは、ABBという会社との出会いです。ABBは、1988年にスウェーデンのアセアとスイスのブラウン・ボベリが合併して誕生した重電・エンジニアリングの企業で、スイスのチューリヒに本社を置いています。グローバル経営のお手本とされ、世界中の経営者から賞賛されていた同社を、1990年代から2000年代にかけて率いていたのは、パーシー・バルネビックというスウェーデン人ＣＥＯでした。当時、バルネビックは、ジャック・ウェルチをはるかに上回るほどレジェンダリーな経営者だと認知されていたのです。スマントラが彼をロンドン・ビジネススクールに招いたとき、僕も同席してインタビューするという貴重な経験をしました。

ＡＢＢの経営について、バルネビック本人は次のように語っています。

「私たちはグローバルであると同時にローカルでもあり、大企業であると同時に、小さな企業の小回りも生かし、徹底的に権限委譲すると同時に、中央集権的な報告とコントロールを保ちたいと願っている。もし、私たちがそれらの相互矛盾を解決できたとき、私たちは本当の意味での組織優位をつくり出すことができるのだ」(Christopher A. Bartlett and Sumantra Ghoshal, *Transnational Management: Text, Cases, and Readings in Cross-border Management*, Irwin/McGraw-Hill, 2000 から引用、筆者訳)

グローバルとローカル、ビッグとスモール、集権と分権という相矛盾する経営の要請は、これまで議論してきた縦の関係性と横の関係性や、現在最適と未来最適といった矛盾と同様に、大きくて複雑な企業には必ずビルトインされています。しかも、こうした矛盾を完全に解消することは不可能です。経営と組織には必ず矛盾が残ります。だけども、ある企業は矛盾にできるだけ対峙し、比較的うまく処理している。別の企業では矛盾そのものから目を背けているか、矛盾に翻弄されている。それが「よい経営」と「そこそこの経営」の分かれ道だと僕は思います。

では、その頃のＡＢＢの実像はどうだったのかというと、外見は他の企業とあまり違っていませんでした。組織構造自体はマトリックスを採用していて（ただし、経営幹部層のみがマトリックスで複数の責任を負っていて、一般社員はシンプルなライン管理となっていました）、「ＡＢＡＣＵＳ」というユニークな経営情報システム（事業、地域、顧客など複数の軸で、売り上げや収益その他の経営・オペレーションにかかわる主要な数値を、月次に集計し、可視化できる管理会計システム）を導入していましたけれども、そういうものは、他の企業でもその気になれば、まねができそうに思われました。ならば、何が他の企業と違ったのか。

三つの組織プロセスの同時追求によって衝突やあつれきが生じやすい組織を、ＡＢＢはどのように運営していたのでしょうか。

ＡＢＢの内部に入り込んで行った観察や、バルネビックをはじめとする幹部たちへのインタビューを通じてスマントラとクリスが導き出した答えは、「複数の階層のマネジャーが、伝統的ではない『役割と任務』を担っている」というものでした。そして、「そういうマネジャーの行動は、パーシー・バルネビックの注意深い行動によって制度化された伝統的ではない『behavioral context（組織行動のコンテクスト）』に支えられている」と彼らは看破したのです。

そうです、再びコンテクストです。バルネビックがウォーク・ザ・トーク（有言実行）で組織内に浸透させたコンテクストによって、各階層のマネジャーたちが「新たな役割と任務（new managerial roles and tasks）」を担うことができている。だから、ＡＢＢでは、さまざまな組織プロセスが生み出す矛盾が完全に解消されているわけではないものの、他の企業と比べれば、矛盾をよりうまく解くことができている。これがスマントラたちの結論でした。

みなさんには、この結論のすごさが十分にわかっていただけないかもしれません。そこで経営学者としての僕の意見を、やや余談になりますが、共有させてください。

このスマントラたちの結論は、論理的帰結というよりは、創造的なジャンプをともなう彼らの洞察です。このレベルの結論(推論)になると、データや統計で実証することはほとんど不可能です。証明してくださいと言われても誰もできないでしょう。

そもそも経営学とはどういう学問かということにも関わってくるのですが、とりわけ経営全般を扱う経営政策の分野においては、科学が重視するアプローチと、経営政策が目指しているものが、時に、うまく整合しないのです。科学とは普遍性を重視する学問ですが、普遍性とは、より広く、どんなときにもどんな事例にも当てはまるものであって、より平均的な事象の中に見出されるものです。この講義でいえば、世の中の大多数の企業が行っている「そこそこ」の経営の中に見出されやすいのです。

でも、みなさんもそうですが、経営者リーダーが求めているものは違いますよね。平均的な「そこそこ」の経営のあり方を学びたいわけではなく、例外的な「とてもよい」「卓越した」経営を目指したくて学ぶわけです。普遍性よりも特異性に関心があるといったほうがいい。そうすると、大規模サンプルを統計手法で分析するといった、いわゆる〝科学的な〟手法は馴染みにくいのです。

少数であっても、例外的なサンプルを観察するしかない。

　また、とりわけ経営政策が対象としている経営全般、そこでの経営者の役割には、多くの因果係数が複雑にかかわり合っています。それは、何より僕たち人間という複雑で厄介な存在を相手にするものだからであり、まさに、経営が科学でありアートでもあると言われる所以です。そのため、因果関係についての仮説を、統計的手法を使って検証するというやり方では、経営の本質に十分には辿り着けないのです。

　したがって、このような洞察には、組織や経営というものの本質、さらにはそれを構成する人間に対する深い理解をベースに、特異ともいえる少数サンプルを観察し、研究者が自身の良心に従って推論を導くというアプローチが不可欠となります。そしてその過程においては、スマントラ・ゴシャールのような、理論にも実務にも精通した卓越した研究者にしかできない創造的ジャンプが必要となるのだと思います。

　このアプローチをスマントラ自身は「normative scholarship（規範的学究）」と呼んでいました。僕も含めた並みの研究者には到底到達できないレベルの洞察だとつくづく思い知らされます（normative scholarship についてはあとがきで詳述させてください）。

マネジャーが新たな役割と任務を担う

少し横道にそれてしまったので、話を整理しましょう。経営の質を高め、組織能力を構築していくにあたって、経営者に求められている視点・視座・マインドセットは、経営を組織図で見るのではなく、プロセスから構成されるものとして見ること、これが第1のステップでした。スマントラたちが提示している第2のステップは、経営をマネジャーたちの行動から構成されるものとして見るということです。彼らの著書のタイトルである「個を活かす企業(The Individualized Corporation)」という言葉もそのことを示唆しています。

スマントラたちは、「第一級の戦略は、第二級の組織や、第三級の役割・責務しか果たすことができない経営幹部では実現することなどできない」と説きました。経営政策・戦略論の学者やプロフェッショナルたちは、これまでにさんざん戦略について議論し、一流の知見を蓄積してきました。組織がどうあるべきかについても多くの知見を獲得してきました。でも、経営トップや経営幹部たちはどうあるべきか、どんな役割や任務を果たすべきかについては、ほとんど注意を向けてこなかった。そう彼らは批判したのです。

ホンダの事例をもう一度思い出してください。50ccスーパーカブへの注力やナイセスト・ピープル・キャンペーンの採用をめぐるマネジャーたちの議論です。結局のところ、組織内のプロセスを形づくるのはマネジャーたちの行動であり、その行動が経営の質を左右するのです。この点にこそ、経営者リーダーは意識を向けなくてはならないとスマントラたちは強調します。

繰り返しになりますが、これはハウツーではありません。みなさんの経営者リーダーとしてのものの見方、考え方を問うものです。

では、ＡＢＢのマネジャーたちが担っていた「新たな役割と任務」とは何なのでしょうか。マネジャーたちは、組織に内在する矛盾とどのように向き合い、有効なプロセスをつくり出していたのでしょうか。

もう一度、M-formに戻りましょう。M-formで構成されていた20世紀型企業では、第一線（フロントライン）のマネジャーはオペレーションの実行者、ミドルマネジャーは経営管理上の監督者、そしてトップマネジメントは資源配分の決定者という役割・任務を担っていました。また、こうした役割・任務が、M-formのほころびの原因でもありました。

これに対し、ＡＢＢで期待されていたフロントラインのマネジャーの新たな役割・任務は「積極的な起業家」であり、ミドルマネジャーの新たな役割・任務は「規律正しく見守るコーチ」であり、トップマネジメントの新たな役割・任務は「企業コンテクストの建築家」であるとスマントラたちは定義しました（図表6－5）。

図表6-5｜変化するマネジャーの役割と任務

フロントラインマネジャー				
オペレーションの実行者	から	積極的な起業家	へ
ミドルマネジャー				
経営管理上の監督者	から	規律正しく見守るコーチ	へ
トップレベルマネジャー				
資源配分の決定者	から	企業コンテクストの建築家	へ

具体的には、「積極的な起業家」であるフロントラインのマネジャーは、自らビジネス機会をつくり出すことで革新プロセスを起動し、個人的なネットワークを維持して経営資源・能力を開発することで統合プロセスに寄与し、自己責任を徹底して業績の原動力となることで業績達成・活性化プロセスを回します。

「規律正しく見守るコーチ」であるミドルマネジャーは、ビジネス機会を追求する現場に対してアドバイスとサポートを提供することで革新プロセスを後押しし、ユニット間のあつれきに対処して協働を実現することで統合プロセスを牽引し、戦略の立案と実現を通じて業績達成・活性化プロセスを成り立たせます。

「企業コンテクストの建築家」としてのト

図表6-6｜鍵となる組織プロセスと、分配されたマネジャーの役割と任務

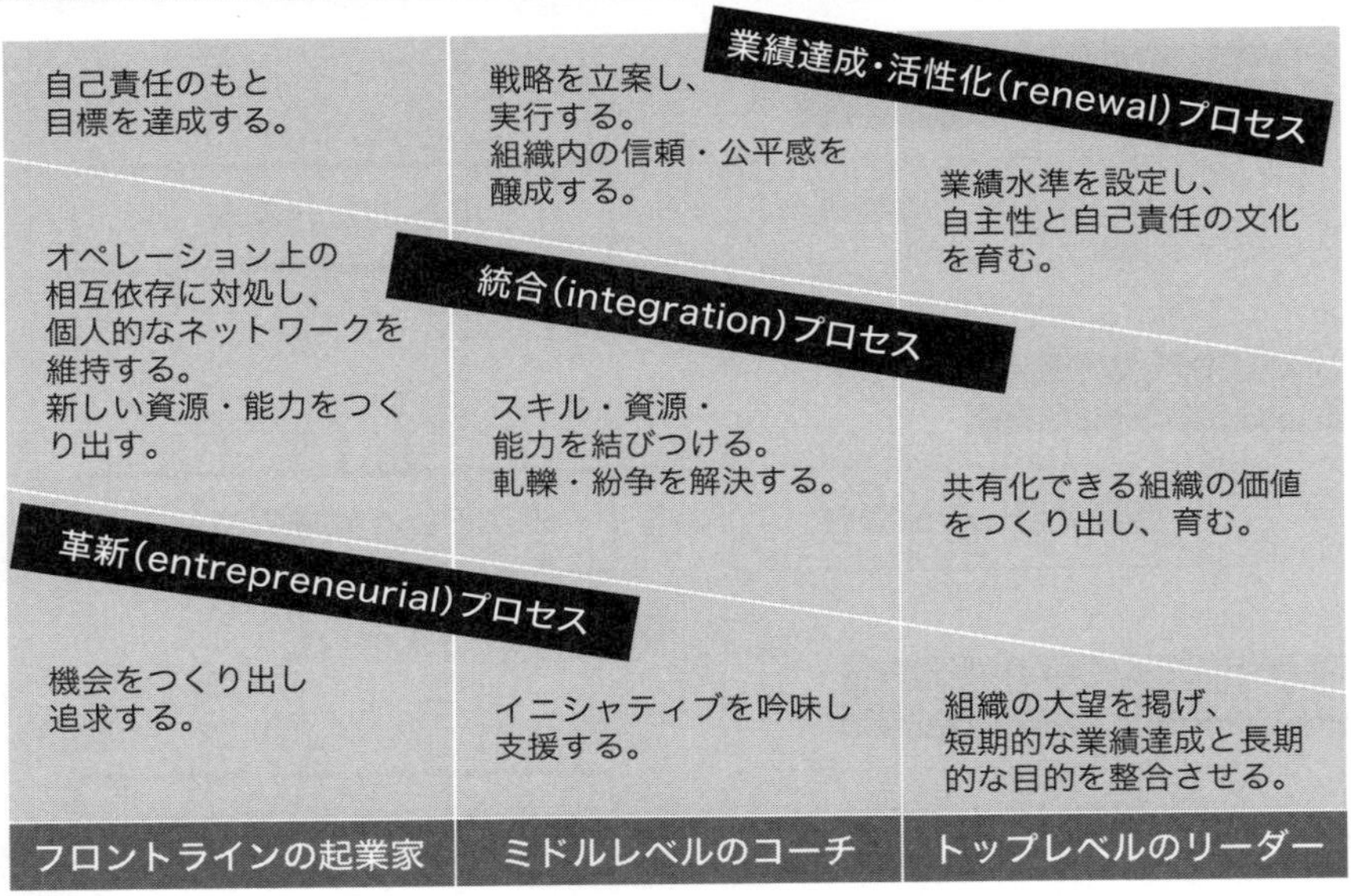

フロントラインの起業家	ミドルレベルのコーチ	トップレベルのリーダー
業績達成・活性化(renewal)プロセス		
自己責任のもと目標を達成する。	戦略を立案し、実行する。組織内の信頼・公平感を醸成する。	業績水準を設定し、自主性と自己責任の文化を育む。
統合(integration)プロセス		
オペレーション上の相互依存に対処し、個人的なネットワークを維持する。新しい資源・能力をつくり出す。	スキル・資源・能力を結びつける。軋轢・紛争を解決する。	共有化できる組織の価値をつくり出し、育む。
革新(entrepreneurial)プロセス		
機会をつくり出し追求する。	イニシャティブを吟味し支援する。	組織の大望を掲げ、短期的な業績達成と長期的な目的を整合させる。

ップマネジメントは、権限委譲によってマネジャーたちに自主性を発揮してもらうことで革新プロセスにエネルギーを吹き込み、共通の価値観を掲げることで統合プロセスを支え、野心的な業績水準の設定と責任の文化の醸成によって業績達成・活性化プロセスを動かします。

この講義では、組織プロセスは、企業コンテクストによって誘導され支持されたマネジャーたちの行動や意思決定でつくり出され、構築されると読み解いてきました。スマントラたちの説明もこうした議論の延長線上にあります。彼らは、それぞれのレベルのマネジャーたちが、複数の役割と任務を同時に担い、それによって生まれる葛藤やジレンマと向き合いながら、有効な革新プロセス、統合プロセス、業績達成・活

性化プロセスをつくり出すととらえたのです。図表6－6には、組織内の鍵となるプロセスと、分配されたマネジャーの役割と任務をまとめています。そう、スマントラたちは、組織において求められる役割と任務が、複数レベルのマネジャーたちに「分配されている（distributed）」と表現しているのです。

葛藤と向き合うマネジャーたち

ここで、3Mに立ち返りましょう。スマントラとクリスは、ABBの調査・分析と並行して3Mの研究も行っており、とりわけ同社の「オプティカル・システムズ（Optical Systems）」という事業ユニットを念入りにリサーチしていました。研究は、アメリカに拠点を置くクリスを中心に進められ、彼はハーバード・ビジネススクールのケース教材も作成しています。

2人の分析はいくつかの論文に分けて述べられていますが、今回は『カリフォルニア・マネジメント・レビュー』1997年秋号に掲載された論文（Christopher A. Bartlett and Sumantra Ghoshal, "The Myth of the Generic Manager: New Personal Competencies for New Management Roles"／以下、Bartlett & Ghoshal, 1997と表記）と、『スローン・マネジメント・レビュー』1995年秋号に掲載の論文（Christopher A. Bartlett and Sumantra Ghoshal, "Rebuilding Behavioral Context: Turn Process Reengineering into People Rejuvenation"／以下、Bartlett &

Ghoshal, 1995と表記）を元にお話しします（邦訳も筆者による）。

１９９０年代の初頭、３Mには47の事業ユニットがあり、オプティカル・システムズはその一つでした。ユニットの責任者である事業部長はアンディ・ウォンが務めており、その直属の上司は、「安全・セキュリティ・システム部門（Safety and Security Systems Division：SSSD）」を統括する本社バイスプレジデントのポール・ゲラーでした。

一応補足しておくと、日本ではマネジャーというと、「課長級のポストかな」と思う人が多いようですが、欧米ではマネジャーは基本的にPLとBSについての責任を持つ役職であり、文字通りの経営者（経営幹部）です。オプティカル・システムズの事業部長であるウォンはフロントライン（第一線）のマネジャーに位置づけられます。その上司のゲラーは、日本企業のポストで言えば執行役員とか本部長クラスですかね。欧米企業ではこの階層をミドルマネジャーと呼びます。

話を進めましょう。オプティカル・システムズは、光学技術関連の商品を生み出すために創設された事業ユニットでした。しかし、ビジネスはなかなか軌道に乗らず、10年以上にわたって赤字を出し続けていました。アンディ・ウォンがユニットのヘッドに就任したのは１９８９年です。当時、ユニットでは、技術の応用領域となる市場を追い求め、いくつもの新商品開発に挑戦し続けては、迷走を繰り返していました。

先述の通り、３Mは、世界一、起業家精神にあふれる大企業です。「おそらくうまくいきっこない事業（ホンダの事例でも見たprobable non-starter）」を何度も成功させてきた伝統を持っています。ただ、すべての事業機会に投資していたのでは、会社にお金がいくらあっても足りません。株主の期待に到底応えられないばかりか、財務規律を失ってしまいかねません。

したがって3Mでは、社内の各事業ユニットが手掛けているプロジェクトが後々大きく花開きそうなのか、あるいは「よき意図を持った失敗（well-intentioned failure）」（Bartlett & Ghoshal, 1995）に終わりそうなのかを見極める必要がありました。後者である可能性が高ければ、勇気を持ってプラグを抜き、プロジェクトからの、あるいは事業そのものからの撤退を決断しなくてはならず、オプティカル・システムズも、まさにそういう状況に置かれていました。

しかし、強いプレッシャーがのしかかる中、アンディ・ウォンは前進し続けます。オプティカル・システムズが持つリソースを再活用し、エネルギーと注意を再集中させるとともに、社内の圧力からオペレーションを守り、くじけそうなメンバーを鼓舞し続けました。

その結果、彼は二つの新商品の市場投入を見事に成功させました。リソースが限られる中、事業ユニットの既存の技術と製造ノウハウをアップグレードすると同時に、3Mにとっての新たなマーケティング能力をつくり出していったのです。

その間、ウォンは、会社からの追加の支援や投資を得るために努力を重ねました。当初は生産を一つのプラントに集約して、製造コストを50%削減することに注力し、オペレーションへの信認を社内でかち取ることで、新たなプロジェクトに向けてリソースを再活用する自由と新製品の市場投入までの時間を獲得しました（Bartlett & Ghoshal, 1997）。

ウォン自身の言葉を借りるならば、「一歩ずつ進捗を示し、自分たちが建造しようとしているカテドラル（大聖堂）の絵を描きながら、経営層の理解と支援をつなぎ止めた」のです（Bartlett & Ghoshal, 1995）。

ここまでがクリスとスマントラの論文に記述されているウォンの言動ですが、そこから浮かび上がってくるのは、革新プロセス（挑戦をあきらめずに、不確実性やリスクと対峙しつつプロジェクトを粘り強く進める）、統合プロセス（新しい技術・製造リソースやマーケティング能力をつくり出す）、業績達成・活性化プロセス（最低限の財務数字を達成できるよう、限られた資源をやりくりする）において、フロントラインのマネジャーとして期待される役割と任務を同時に担いながら行動する、「積極的な起業家」としての姿です。

では、ポール・ゲラーはどうだったのでしょうか。ゲラーは、彼自身の主要な役割について、「事業を開発する人々の成長を支援すること」と述べています（Bartlett & Ghoshal, 1997）。

ゲラーは、アンディ・ウォンとオプティカル・システムズのメンバーに緊密に寄り添いながら、彼らの計画をブラッシュアップすべくチャレンジし、彼らがアイデアを紙に落としてコミットするよう指導して、複数のシナリオを用意させました。また、苦戦を続けるユニットが会社のサポートを得られるように、彼らが社内フォーラムの場で自分たちの取り組みを説明することを奨励し、プロジェクト開発を支援しました。

ＳＳＤのバイスプレジデントとしてゲラーが体現していたのは、「ギブ・アンド・テイク」のマネジメントスタイルです。財務目標を達成するために、ウォンたちを締め上げて経費削減の努力を求める一方で、ユニット閉鎖の圧力からウォンたちを守り、彼らが提案するプロジェクトを支えるリソースを提供しました。

以上がクリスとスマントラの説明です。

このように、オプティカル・システムズの行方が定まらない中、ゲラーはまさに「規律正しく見守るコーチ」として、「革新プロセス」（ウォンたちへのサポート）、「統合プロセス」（他部門からの協力の獲得）、「業績達成・活性化プロセス」（期待業績の追求）における役割と任務を、微妙なバランスをとりながら果たしていたのです。

事業をつくり出す人を育てる

この事例を見ればわかるように、3Mにおいても、不確実性とリスクをはらんだ事業開発では、矛盾や葛藤が当たり前のように生じています。

でも3Mでは、他の一般的な企業に比べて、そうした矛盾や葛藤に比較的うまく対応しているように見えます。それはなぜなのでしょうか。スマントラとクリスの結論は、ABBの観察から得られたものと同じです。一般的な企業との違いは、フロントラインやミドルのマネジャーが同時に果たす複数の役割や任務にあるというのです。

また、この事例でとりわけ興味深いのは、ポール・ゲラーとアンディ・ウォンたちのやりとりが人材開発に直結しているということです。ウォンは「積極的な起業家」としての資質は十分だったものの、アイデアを持続可能なビジネスとして構想し具体化していく資質はまだ不十分だったのでしょう。

ゲラーが、1990年にSSSDの責任者になったときに与えられた使命の一つは、「オプティカル・システムズをきれいにすること（Clean up Optical Systems）」だったのですが（Bartlett & Ghoshal, 1995）、その一方で、ゲラーはウォンに現実に目を向けさせ、切迫感を抱かせながら、彼を3Mの次代を担う経営陣へと育てようとしていました。

インタビューに対してゲラーは以下のように回顧しています。

「私の仕事は、部下たちが自分たちのアイデアを持って提案を行い、成功するための支援を得る環境をつくり出すことです。オプティカル・システムズの人たちは、おそらく、私はあまりに厳しいと思ったことでしょう。しかし、私が意図していたのは、彼らに自分たちの目の前にある機会に気づいてもらい、その行動に責任を持ってもらうこと、彼らが信頼をかち取る手助けをすること、そして最終的には、彼らが成功するよう支援をすることでした。私に課せられた最も重要な役割の一つは、事業をつくり出すことだけでなく、事業をつくり出す人々を育てることなのです」（Bartlett & Ghoshal, 1997）。

行動を決定する「場の匂い」

フロントラインとミドルのマネジャーがそれぞれ新たな役割と任務を担い、それぞれが複数の組織プロセスに積極的に寄与し、ともに協働しながら有効なプロセスをつくり出す。マネジャーたちは、分配された複数の役割と任務を担うことで矛盾や葛藤に直面するものの、いわばショックアブソーバー（防振装置）となって矛盾や葛藤を引き受けることで組織を支える。これが、スマントラたちが提唱した組織能力のフレームワークです。

ではどうして、ＡＢＢや３Ｍといった企業では、マネジャーたちは新たな役割と任務を担い、矛盾や葛藤に（他の企業と比べて）よりうまく対峙できていたのでしょうか。その問いに対するスマントラたちの答えは、経営トップがつくり出す「場の匂い（smell of the place）」でした。これは、「組織行動のコンテクスト」に当たるものです。

スマントラたちは、人間は二面性を持つ存在だと説きます。同じ人間が、場が変われば、違う行動をするのです。たとえば、ある場所に置かれると、人はタダ乗りをし、責任を回避し、日和見主義を決め込み、惰性に流され、政治工作に明け暮れます。しかし、まったく同じ人間が、違う場所では、率先して創造性を発揮し、周囲と協働し、学習や学び直しを怠らない。

どうでしょうか。みなさん自身にも当てはまりませんか。人間は、置かれた場の匂いを感じることによって行動を変える不思議な動物です。繰り返しになりますが、「性善」でも「性悪」でもなく、「性弱」なのです（社会心理学では、人間にどこまでの自由意志があるのかという議論があり、状況(situation)、ここでいうコンテクスト、が強い場合には、人間は状況に流されて行動してしまうことがよく知られています。１９６８年のウォルター・ミシェルの議論が古典的です。W. Mischel, *Personality and Assessment.* Wiley, 1968 未邦訳）。

それでは、硬直化したM-formにおける場の匂いとはどんなものでしょうか。思い浮かぶのは、「制約」「ノルマ」「管理」「追従」といったキーワードです。本社では、経営陣が目標や施策をいろいろ打ち出し、それを現場に下ろしていきます。現場は、施策の実施に向けて合意をしますが、いろいろな制約を受け、やらされ感が強く、設定された目標はノルマにしか感じられない。間に挟まれるミドルマネジャーは現場の管理に余念がなく、現場はひたすら上に追従する。そういう場の匂いです。

一方で、違った場の匂いを発する企業もあります。キーワードは「挑戦（ストレッチ）」「コミットメント」「支援・信頼」「規律」です。本社はストレッチの効いた意義のある目標を設定し、ミドルや現場を挑戦に誘う。フロントラインのマネジャーたちは、その目標を自分事化して結果にコミットし、自らイニシャティブを取る。ミドルマネジャーは現場を支援し、現場はミドルを信頼している。といっても、ミドルと現場はけっして馴れ合っているのではなく、その関係に規律が行き届いている。そういう場の匂いです。

こうした違いを生じさせるものは何なのでしょうか。

もちろん、企業のパーパスや目標、組織構造、経営管理システム（つまり、ジョー・バウワーの言う「戦略のコンテクスト」や「経営管理のコンテクスト」）も、場の匂いをつくり出すうえでは重要です。

3Mを例に取れば、「ふつうの人を刺激して、ふつうでない成果を生み出す」といった理念、イノベーションを促進する15％ルールや30％ルールは「挑戦（ストレッチ）」という場の匂いをつくり出しています。スマントラとクリスがリサーチしていた時期、3Mの各部門（ゲラーが率いていたSSDのレベル）では、年間売り上げ成長率10％以上、ROE20％以上、ROCE（使用資本利益率）27％以上という財務目標が設定されていました。これらは「規律」を要求するとともに、部門からの明確な「コミットメント」を期待するものでした（Bartlett & Ghoshal, 1995）。

この点について、3Mの元CEOは「確かに、私たちのいくつかの事業は確立されたものだが、どれを取っても成熟したものなどない。すべての事業に、たとえ最も古い歴史を持つ事業であっても、われわれが期待する成長と収益の水準を満たすよう努力することを要求している」と述べています（同）。

また、3Mが自社の価値観の中核に置く「個人への敬意と、技術革新の花が咲き起業家精神がみなぎる環境を創出しようという真剣な意気込み」は、トップから現場への垂直方向への「支援」を引き出し、「製品は部門（事業部）に属するが、技術は会社に属する」という理念や、技術フォーラム（テクニカル・フォーラム）などによって形成される人と情報のネットワークは、部門間の水平方向の「支援」を引き出しています（同）。

このように場の匂いは、戦略や経営管理のコンテクストによって醸し出されている面もあるのですが、より直接的には「組織行動のコンテクスト」によって形づくられるものです。

組織行動のコンテクストとは、組織内において成員に共有されている行動規範、どんな行動が期待され尊重されるのか、逆にどんな行動が歓迎されず評価もされないのかという基準です。そういう行動規範や基準は明文化されている場合もあれば、不文律として存在している場合もあるでしょう。ただ、いずれの場合も、トップが自らの行動を通じて率先垂範、ウォーク・ザ・トークでつくり出し、魂を吹き込み続けて初めて成立するものです。

3Mでウォンやゲラーが新たな事業を成功させようと奮闘していた頃の経営トップはリビオ・デジモニ（デジという愛称で知られていました）というCEOでしたが、彼は、かつてある事業ユニットのマネジャーだったときに、新たな材料を研究していたチームに開発を何度も中止させようとしたことがありました。しかし、チームは粘り強く開発を続けて、最終的に「シンサレート（Thinsulate™）」という断熱効果のある化学繊維素材を生み出し、大成功を収めました（Richard Farson and Ralph Keyes, "The Failure-Tolerant Leader", *Harvard Business Review*, August 2002）。

このときの話をデジモニは社内で好んで語って聞かせていました。自分がプラグを抜いていたらシンサレートは生まれなかったと、自身の過ちをオープンに認め、自分から喧伝していたのです。

まさに、ウォーク・ザ・トークです。

デジモニがニューヨーク・タイムズのインタビューに対して語った次の言葉も、デジモニの社内における言動と一致しています。

「イノベーションを奨励したいならば、人々が熱中してプロジェクトの中止を拒否しているときは、目をつぶらなければ（見守らなければ）ならない」と（Claudia H. Deutsch, "The Handwriting On the Post-it Note; Image and Returns Suffer at 3M", *The New York Times*, July 6, 1999)。

さらに彼は次のようにも話しています。

「経営陣は、部下たちの意見に注意深く耳を傾け、『私には見えていないけど君たちに見えていることは一体何なのか（What do you see that I am missing?)』と繰り返し問わなければいけない」と（Bartlett & Ghoshal, 1997)。

では、３Ｍのこうした場の匂いの底流（根っこ）にあるのは、一体何なのでしょうか。スマントラたちは、それは、３Ｍという会社が長年にわたって醸成し、経営幹部たちによって共有されてきた「個人と、個人が持つアイデアに対する敬意」と、それが生み出す「個人と個人の間の信頼」であると、指摘します。

この点に関しても、デジモニの以下のコメントが示唆的です。

「上級経営幹部の主要な役割は、人々が3Mのやり方を理解し、尊重する社内環境をつくり出すことです。われわれの仕事は、一つの創造と破壊です。組織の官僚主義と冷めたものの見方を壊していきながら、個人のイニシャティブをサポートするのです。それが成功するかどうかは、階層を超えた個人的な信頼を構築できるかどうかにかかっています」(Christopher A. Bartlett and Sumantra Ghoshal, "Changing the Role of Top Management: Beyond Systems to People", *Harvard Business Review*, May-June 1995)。

「人を通じて事をなす」という経営において、個人への敬意や信頼が、3Mの根底を流れるフィロソフィーや価値観となっていることが、僕にはとても印象的です。

組織能力を支える経営者能力

さて、ここまで、スマントラ・ゴシャールという天才が、クリス・バートレットとのコンビでつくり上げた組織能力のフレームワークを、ジョー・バウワーが創始したコンテクスト・マネジメントの伝統を踏まえて、解説してきました。

組織行動のコンテクストは、組織の伝統に根ざした揺るぎない価値観を持つトップが、常に社員に語りかけ、自身の行動でも示していく中で形づくられ、組織に浸透してゆきます。そして、トップが、ウォーク・ザ・トークで魂を吹き込み続けるコンテクストが、フロントラインとミドルのマ

図表6－7｜組織行動のコンテクストの役割：マネジャーの新たな役割と任務を支える

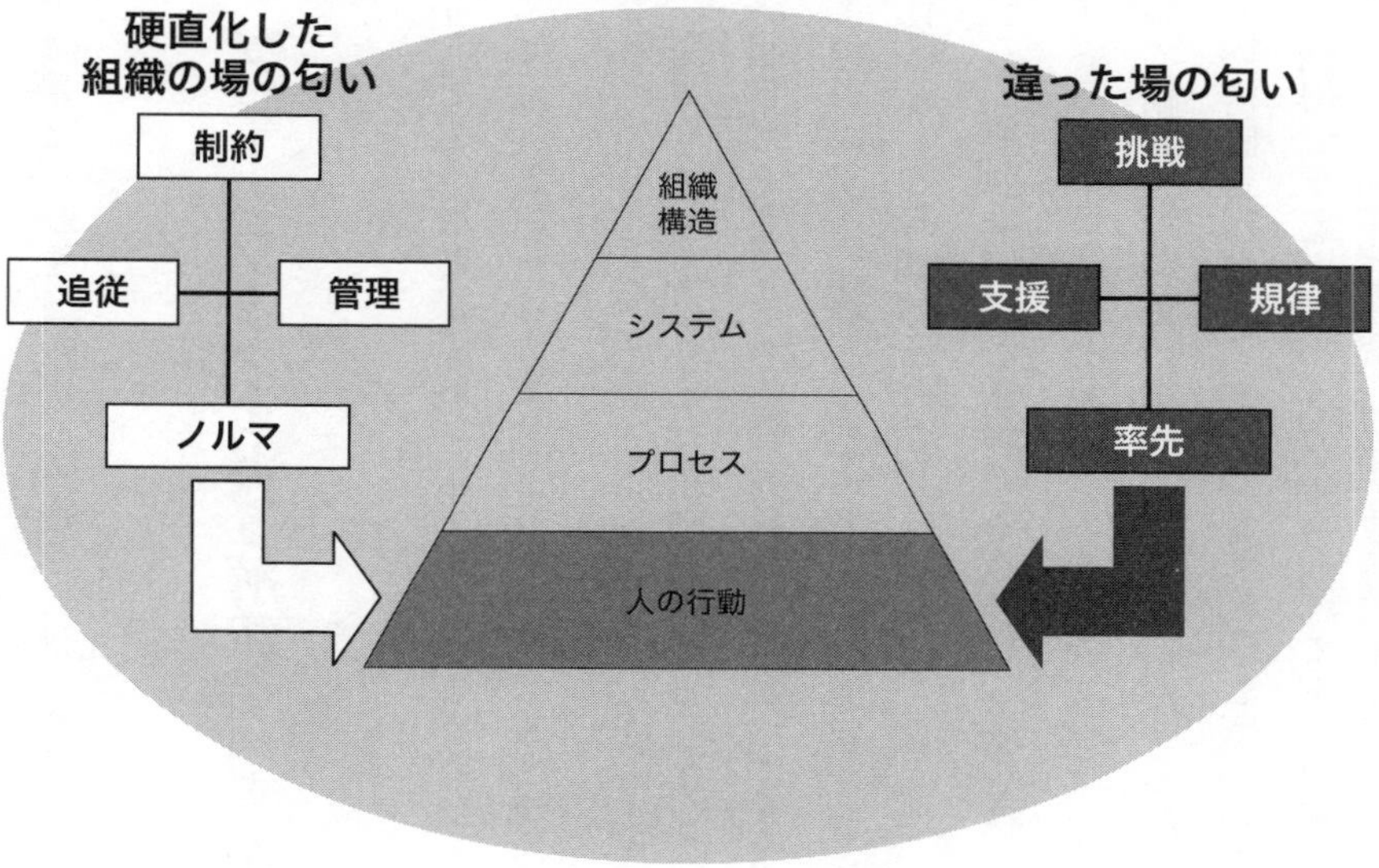

ネジャーの行動（新たな任務と役割）を支え、誘発し、有効な革新プロセス、統合プロセス、業績達成・活性化プロセスを生み出し、組織能力が構築されていくのです（図表6－7）。

言い換えれば、組織能力の中核は、マネジャーたち（経営陣・経営幹部）が、分散された新たな役割と任務を果たすことによって担っています。その意味では、スマントラたちが提唱しているのは「経営者能力（management competences）」のフレームワークであるとも言えるでしょう。

この組織能力と経営者能力のフレームワークこそ、ハーバード・ビジネススクールにおける経営政策のプロセス学派がたどり着いた、経営パラダイムにおける一つの集大成と言っても過言ではないのです。

長い講義となりましたが、みなさんはどう受け止められるでしょうか。

フレームワークをどう解釈すべきか

フナイ　とても興味深く聞いていたのですが、スマントラ・ゴシャールたちが提示しているのは、果たして理論と言えるのでしょうか。どこまで実証可能で、どこまで信憑性があるものなのでしょうか。

野田　先にも述べたように、組織能力やコンテクスト・マネジメントのフレームワークは、「科学的に証明してください」と言われても、証明できるような類のものではないのです。多くの変数が複雑に絡む経営や組織の全般に及ぶ事象を扱っているので、「大規模サンプルで調べた結果、統計的に有意だ」といった証明は不可能です。

むしろ、その中で提示されているのは、小規模で特異なサンプル、ＡＢＢや３Ｍといったエクセレント・カンパニーの分析から導かれたスマントラたちの洞察です。彼らは研究者としての良心に基づいて結論を導いていますが、それに対する評価は、自身を経営者リーダーの立場に置いてみたうえで納得感が得られるかどうかで判断していただくべきものかと思います。

仮に納得できないという方がおられても、大変申し訳ないのですが、それは仕方がありません。

納得できなければ、なぜ納得できないのかを突き詰めて考え、スマントラたちが提示したものを一つの参考（レファレンス）としながら、自分自身が経営を行うにあたって参照できる全体俯瞰的かつ包括的なフレームワークを、自ら持論として構築していただくしかないと思います。

ただ、このテーマを30年来考えてきた僕からすれば、スマントラたちが提示したフレームワーク以上のものは、世の中に存在しないと思いますが。

オカ　私はかなり納得したのですが、「場の匂い」というのは、トップ一人がつくり出すものなのでしょうか。

野田　トップだけでつくり出すものではないでしょうが、起点はやはりトップであり、トップの率先垂範が何よりも重要でしょう。トップが「こういう行動が重要だ」と経営幹部や現場の人たちに向かって言っていても、自分がそんなふうに行動していなかったらどうでしょうか。みんな、トップが打ち出す方針などまったく信用しないですよね。その意味ではトップの役割は、「背中を見せる」ことに尽きると思います。

ナカガワ　僕が所属する組織は、場の匂いがあまりよくないように感じます。どうすれば、よい匂いをつくり出せるのでしょうか。

野田　当然の問題意識です。以前にも似た質問があったかと思いますが、それは、組織変革のマネジメントという別の大きなテーマにかかわるもので、この講義では詳細をカバーできません。至善館では、2年次の最終必修科目である「リーダーとして生きる」という科目で扱っています。

でも、そこまで待てないでしょうから（笑）、予告編として少し説明しておきます。

組織変革のフレームワークは、ハーバード・ビジネススクール教授のジョン・P・コッターが提唱した「8段階のステップ」がよく知られています（『企業変革力』梅津祐良訳、日経BP社、2002年）。8段階のステップとは、①危機感の醸成、②推進母体の組成、③ビジョンと戦略の策定、④ビジョンの周知、⑤従業員の自発性の喚起、⑥着実な成果、⑦さらなる変革、⑧成果の認知と制度化です。しかし、こうしたステップをただ眺めたり、単に頭に入れたりしただけでは、組織変革はなぜ難しいのか、組織変革におけるマネジメントの本質は何なのかは理解できません。

その点、僕が大変参考になると思っているのは、三枝匡さんの『V字回復の経営［増補改訂版］』です。同書で三枝さんは、組織変革は、病んだ組織で進行しているネガティブなモメンタムに対して、ポジティブなモメンタムをつくり出し、「死の谷を渡る」挑戦だと指摘されています。とても的を射た指摘であり表現だと思います。この挑戦は、一気呵成《かせい》のトップダウンで進めるもので、ボトムアップではうまくいきません。コッターのフレームワークに沿って言えば、危機感を醸成すること、ポジティブなモメンタムをつくり出すこと、着実な成果（small wins）を積み重ねることが一番重要であると僕は考えます。ポジティブなモメンタムの形成が弱かったり遅かったりすれば、組織の不安定化が進み、変革は失敗してしまうのです。

ただ、こうした分析的な解説をいくら繰り返しても、組織変革の本質はなかなかつかみづらいものです。そのため「リーダーとして生きる」の科目では、映画やドキュメンタリー作品を教材に使って、みなさんには、作品の中で組織変革に挑む主人公の立場に身を置いていただきながら、変革リーダーとしての挑戦を、一人称で、疑似体験してもらいます。

ファン　これも先走った質問になってしまうのでしょうが、変革のリーダーシップには、日本的とかアメリカ的といったアプローチの違いはあるのでしょうか。

野田　これもまた、先走りではありますが、大変よい質問です（笑）。僕は、アメリカ的な経営に対するやみくもな追従に強く強く反対しているのですが、こと組織変革に関してはアプローチに違いはないと考えています。組織変革というのはきわめてユニバーサルな現象であり、カルロス・ゴーン氏によるかつての日産改革であっても、ローマ教会の変革であっても、イスラム圏における組織の改革であっても、アプローチは基本的に同じだと思います。なぜなら、組織変革の本質は人間のマインドセットを変えることにあり、日本でやるにせよ、アメリカでやるにせよ、対象が人間である点に違いはないからです。

キシダ　今のお話も含め、場の匂いは、人間の行動だけでなく、マインドセットにも影響を与えるものというふうに理解したのですが、合っていますでしょうか。

野田　その通りです。行動が本当の意味で定着するのは、マインドセットが行動を支えているときですから。

少し脱線しますが、出家経験のある稲盛和夫さんがよく話されていた「地獄と極楽」にまつわる仏教説話を一つ紹介させてください。僕は、かつて稲盛財団のフェローだった頃に直接教えていただきましたが、稲盛さんの著書『「成功」と「失敗」の法則』(致知出版社、２００８年)にも出てきます。こんな話です。

寺の修行僧が老師に「地獄と極楽」の違いについて尋ねました。すると、老師は「外見上はまったく同じだ。違っているのは人の心だけだ」と答えたそうです。

では、人の心が違うとはどういうことなのでしょうか。

地獄でも極楽でも人々はおうどんを食べているそうです。ただ、大釜でゆでたうどんを１メートルもあろうかという長い箸で食べなくてはなりません。

するとどういうことが起きるかというと、地獄では、人々がわれ先にと争って自分の欲を満たそうとしますが、箸が長いので、おうどんをうまく口に運べない。ほかの人が食べようとするのを邪魔したり横取りしようとしたりして、結局、誰もおうどんを食べられない。

これに対し、極楽では、人々がお互いに譲り合い、釜の中から長い箸でつまんだおうどんを、向こう側にいる人の口に運んであげる。みんながそうするので、誰もがおだやかにおうどんを食べることができる。「これこそが極楽だ」と老師は修行僧に説きます。

僕はこの話を聞いたとき、よい会社とは極楽で、悪い会社は地獄のようなものだと思ったのです。その違いは、人々の心(マインドセット)がつくり出す場の匂いの違いにすぎないと。

したがって、経営者の究極の役割とは、まさに組織の成員一人ひとりのマインドセットに働きかけることであり、そうしたマインドセットが場の匂いを形成し、より強固なものとしていくのです。

ワタナベ　少し話を戻していいですか。ＡＢＢのくだりで、「グローバルとローカルという相矛盾する経営の要請」というお話がありました。もう少し詳しく説明していただけますか。

野田　大きく複雑な企業は、たいがい複数の国や地域で活動していますよね。そういうグローバル企業は、事業や業界の特性にもよりますが、グローバル規模で活動を統合して規模の利益を追求すると同時に、ローカルな（それぞれの国・地域の）規制、顧客のニーズ・ウォンツ、市場の状況に応じて、活動を現地に適応させる必要に迫られます。

したがって、そういう組織では、事業軸に国・地域軸を加えたマトリックス体制で運営せざるをえなくなります。グローバル統合（global integration）の要請とローカル対応（local responsiveness）の要請は相反するものなのですが、その両方に対処しなくてはいけないというのが、グローバル企業の経営に内在化された矛盾です。

このテーマについては、至善館の2年次の選択科目である「グローバル戦略と経営」で、インドやインドネシアなどのパートナー教育機関の交換学生にも参加してもらいながら、多国籍環境で本格的に議論します。すべて英語で行いますが、興味があれば受講してください。

この講義の冒頭にも触れましたが、グローバル経営における世界標準のフレームワークは、クリスとスマントラが完成させたもので、2人の出世作『地球市場時代の企業戦略』（原題：*Managing Across Borders*）では、グローバル統合とローカル対応を同時に実現し、さらに世界規模での組織学習を促進する「トランスナショナル・ソリューション」を、「統合され差別化されたネットワーク組織」を構築することで実現するという処方箋が示されています。『[新装版]個を活かす企業』は、同書の洞察をさらに発展させ、グローバル経営の領域に閉じずに、より一般的な企業に求められる組織能力を論じたものです。

ニシオカ　その処方箋とは、グローバルやローカル、集権化や分権、横や縦といった相矛盾する要請をマネジャーたちが解決するのでしょうか。

野田　少し違います。というのも、ジレンマや矛盾を完全に「解決する」のは経営においては不可能だからです。エクセレント・カンパニーにおいても、ジレンマや矛盾の発生は不可避です。ただ、エクセレント・カンパニーは、そこそこの経営をしている企業に比べて、このジレンマや矛盾と比較的うまく向き合えているのです。相矛盾する要請をマネジャーたちがショックアブソーバーのように「受け止めている」というのが、より当を得た表現であり、だから意図してそのように解説してきたのです。

ところで、ジレンマや矛盾と対峙するにあたっては、経営者リーダーにもう一つ考えてもらいたいことがあります。それは、「振り子のマネジメント(managing a pendulum)」を駆使するという方策です。あるときはグローバルに力を入れ、あるときはローカルに力を入れる。あるときは集権化を進め、あるときは分権化を進める。どんな施策にも副作用がありますが、そのことを理解したうえで、割り切って一つの方向に振り子を振る。そして想定通りに副作用が出てきたら、修復可能なうちに、今度は反対側に振り子を振るのです。自社が置かれた状況に合わせて、その都度、振り子を振りながら、できるだけ効果的にジレンマや矛盾と向き合う。経営においては、これも必要かつ有効なアプローチであり、組織能力や経営者能力の構築と併せて考慮すべきものだと思います。

「人が大事」はどこまで正しい?

ショウジ　スマントラ・ゴシャールたちのフレームワークを学んで、「結局のところ、人が一番大事なんだ」というふうに受け取ったのですが、そういうことなのでしょうか。

野田　半分は合っていて、半分は大きく間違っています。そういう感想は、僕がスマントラたちのフレームワークを経営者の方々に説明するときにもよくいただきます。「野田さん、その通りですね。やっぱり経営は人なのですね」というふうに。

だけど、申し訳ないのですが、ちょっと待ってくださいと言いたいのです。

理由は二つあります。

一つめ。確かに僕は人の話をしていますが、ここで言っている「人」は「経営陣・経営幹部」を指しています。先ほどお話しした通り、欧米の企業では、マネジャーとはPLやBSに対して責任を持つ人たちのことで、経営者・経営幹部に当たります。日本では、ラインに属する課長や主任クラスが名刺に英語で「マネジャー」と表記することがありますが、あれはきわめてまぎらわしいですね。課長や主任は本当の意味でのマネジャーではありません。

そのうえで考えてみてください。日本企業の現場はめちゃめちゃ優秀です。カイゼンやTQCの活動にも熱心に取り組みます。これほど当事者意識を強く持って働く現場は、世界中を見渡してもそうそう存在しません。

その一方で、十分にトレーニングされていないのは経営陣であり経営幹部です。だから、この話は「経営陣・経営幹部の能力や資質がきわめて大事だ」というふうに理解していただきたいのです。

過去に僕は、『失敗の本質』（中公文庫）という名著を野中郁次郎さんたちとともに執筆した杉之尾孝生さんと一緒に、「日本海軍の失敗から学ぶ」というセッションを10年近く開催していました。杉之尾さんは、防衛大学校で戦史研究をしていたエキスパートですが、「日本海軍は兵卒には大変厳しく、失敗すれば軍法会議もざらだったが、身内意識のせいか、なぜか幹部には甘かった。ミッドウェイ海戦で敗北した際も、幹部たちの作戦指揮に多くのミスがあったにもかかわらず、その責任は不問に付された」と話されていました。

翻って、今日の日本企業はどうでしょうか。経営陣・経営幹部は責任を全うしているでしょうか。僕には、日本の企業で真に鍛えるべきは彼ら彼女らであり、真の課題は経営者能力の構築ではないかと思えてなりません。

もう一つ、「人が大事だ」なんて安易に言ってほしくないと僕が思うのは、欧米の産業界とビジネススクールでは、この「人（マネジャー）が大事」という結論に達するために60年間の歳月を費やしてきたからです。

１９６０年代、欧米の産業界で最先端の経営プラクティスとされていたのは、すでにお話しした通りM-formでした。その当時のビジネススクールにおいても、最先端の研究の焦点は戦略と組織に当てられていました。

しかし、先に見たようにM-formという経営プラクティスは矛盾を内在化したものだったため、70年代の産業界では戦略計画が重視されるようになります。それに呼応してビジネススクールでも、戦略を立てる本社と戦略を実行する事業部をどうやってつなぐかといった経営管理システムの研究が盛んになりました。ロバート・N・アンソニーたちに牽引されたマネジメント・コントロール論の興隆はその表れでした。

80年代は、競争優位を生み出す戦略論の時代です。産業界では戦略分析の必要性が叫ばれるようになり、ビジネススクールではそのための道具と枠組みの研究が進みました。その代表は、5フォースなどによって産業分析論を展開したマイケル・ポーターです。

90年代はどうだったか。産業界は経営資源・能力へと視点を移しました。キヤノンなどを筆頭とする日本企業の成功に刺激され、競争優位の源泉は中核技術などのコアコンピタンスであるとの理解が広がっていきました。と同時に、どうすればコアコンピタンスを構築することができるのかに関心が集まり、組織内のプロセスやプロセスをつくり出す人、さらには人の持つ知識やスキルに焦点が当たるようになりました。

図表6－8｜組織戦略論における「戦場」の変化

	最先端の経営慣行		組織戦略論における焦点
1960年代	事業部制組織（M-form）	▶	戦略と組織
1970年代	戦略計画	▶	経営管理システム
1980年代	戦略分析	▶	道具と枠組み
1990年代	経営資源と能力	▶	組織内プロセス、人
2000年代	行動	▶	意志力、マインドセット
2010年代	ビジネスモデル	▶	構想力、創造性

さらに２０００年代に入ると、産業界ではより深いレベルでの人の行動にも関心が向けられるようになり、ビジネススクールでも意志力やマインドセットの研究が拡大しました。

そして２０１０年代から現在にかけて、産業界では多くの企業がビジネスモデルの構築に力を注いでいます。ビジネススクールにおいても、デザイン思考の影響もあって、構想力や創造性の研究に力点を置くようになりました（図表6－8）。

このように振り返ってみると、欧米の産業界とビジネススクールが、長期にわたって、企業経営の研究と実践に真剣に取り組んできたことがわかっていただけると思います。もちろんすべてがよい結果を生み出したわけではなく、頭でっかちの〝戦略小僧〟や口のうまい企画スタッフが数字偏重や分析偏重に走った結果、逆に企業経営の活力を損ねた面も多々あったかと思います。

しかしながら、その間、多くの議論が交わされ、数々の矛盾や副作用も生み出しながら、「戦略と組織」「経営管理システム」「戦略分析の道具と枠組み」「組織プロセス」などについての多くの知見が重層的に蓄積されました。そのうえで、「人とその行動」「マインドセット」や「創造性」が大事なのだという結論に至っているのです。

これに対して、日本の経営者たちが、そうした蓄積を正面教師や反面教師にして学び、知見を十分に生かしているのかというと、大変僭越ながら僕には疑問です。だから、60年間にわたって蓄積されてきた知見に一切目を向けないまま、「やっぱり人が大事だ」「思っていた通りだ」などと口にするのは、やはり安易すぎると思わざるをえないのです。

僕は、次代の経営者リーダーたらんとするみなさんには、少なくとも海外の経営者リーダー候補たちと同等、あるいはそれ以上のレベルで勉強をしてもらいたい。そして、これまでの知見から骨太に学んでもらいたいと期待しています。そのうえで、実践を通じて自分自身の固有解を追い求めてほしいのです。

欧米を中心に発展してきた経営理論や経営プラクティスの中には、日本の土壌に合わなかったり、無理に取り入れようとすると副作用を起こしたりするものも多くあります。それは、ビジネスや企業の存在意義についての考え方が、より本質的には人間社会のとらえ方が、欧米と日本では異なっているからです。しかし、それでも、みなさんには謙虚に、そして貪欲に学んでいただきたいと思っています。建設的な批判精神を持って。

精神論だけでは経営はできません。頭でっかちでも意味がありません。経営は生ものであり、実践が一番です。学びと実践を行き来することで、知的武闘派になっていただければ、教師冥利につきます。

第6章のまとめ

資本市場や株主の要求に応え、資本を有効に活用し、高い財務業績を達成する。自社が持つスキルやリソースを、部門の壁を越えて共有、活用する。起業家精神を育み、明日の成長を支えるイノベーションを生み出していく——。ときとして相反する複数の経営アジェンダに向き合わなくてはならない現代の企業は、そのジレンマや葛藤から逃げることはできない。

どうすればいいのだろうか?

鍵は、経営陣・経営幹部層（マネジャー）にある。

彼ら彼女らが、「積極的な起業家（フロントライン）」「規律正しく見守るコーチ（ミドル）」「企業コンテクストの建築家（トップ）」として、新たな役割と任務を果たし、組織内の矛盾と対峙し、ジレンマと葛藤を引き受けながら、業績達成・活性化、統合、革新のプロセスを有効に機能させてゆくのだ。つまり、「経営者能力」が組織能力の礎となる。

とりわけトップは、自身の言動を通じて「場の匂い」を醸し出し、フロントラインやミドルのマネジャーの行動を支えるという重要な役割を担う。そのためには、計画を立案し、資源配分を行い、人と組織を管理するといったかつての役割から脱却しなくてはならない。人と組織に対する深い理解や哲学も必要となる。

組織は、壊れやすい繊細な細工のようなものだ。1人ではできないことができる代わりに、1人でいるときには考えられないようないろいろな問題が起きる。だから、人という存在が持つポテンシャルを信じながら、有機体としての組織をつくり、その中にたえずウォーク・ザ・トークで魂を吹き込み続けて、人が持つエネルギーを最大化させていく必要がある。そして、それこそが、経営者リーダーにとっての最大の挑戦にほかならない。

Chapter 7

第7章 ポスト産業資本主義へのパラダイムシフト

個と組織の関係性を再考する

本章では、「経営の最先端」に目を向ける。

まずはビジネススクールの現状を見てみよう。

アメリカのビジネススクールから経営政策の科目が消失したのには、いくつもの理由があるが、その一つは、伝統的な大企業の経営についての関心の希薄化だ。ビジネススクールの学生たちは、従来型の大企業にはもはや就職しない。興味すら示さない。コンサルティングファームや投資銀行でさえ、かつての人気を失っている。

学生たちの最大の関心は起業なのだ。とりわけ、意欲が高く優秀な学生にとっては、ビジネススクールは学ぶ場ではなく、自身の起業アイデアを試したり人脈を広げたりする場になっている。

過去10年を遡ってアメリカのベストセラーを見ても、伝統的な企業の経営を取り上げた書籍はすっかり影を潜めている。ランキング上位に並ぶのは、シリアル・アントレプレナー（連続起業家）やエンジェル投資家の体験記、ジェフ・ベゾスやイーロン・マスクといった成功した起業家の伝記や言行録、そしてGAFAなどのメガベンチャーの組織や経営を扱った本ばかりだ。ジャック・ウェルチがスター経営者としてもてはやされた2000年代初頭とは、まったく様変わりしている。

こうした変化の根底には何があるのだろうか。価値創造の主体が大きく変わっていった地殻変動を、みなさんはどうとらえているのだろうか。

時価総額ランキングの変化は何を物語る?

スマントラ・ゴシャールたちは、経営の質を左右する組織能力についての他に類を見ないフレームワークを提唱しましたが、その発想が20世紀的なものにとどまっていることは否めません。僕らはスマントラたちのフレームワークを踏まえつつ、21世紀の企業経営を考えなくてはいけない。これが今回と次回の講義を貫く問題意識です。

では、21世紀の経営について考える際に浮上するテーマとは何か。それは「個と組織の関係性」の再考です。時代が大きく変化していく中、個と組織の関係性がどう変わってきたのか、さらにこれからどう変わっていくのかを、経営者リーダーの視点から考えていきましょう。

まずは、**図表7-1**を見てください。これは、企業の時価総額世界ランキングを1989年、2004年、2022年で比較したものです。89年は日本のNTTが第1位です。僕が新卒で入行した日本興業銀行(Industrial Bank of Japan、現みずほホールディングス)は堂々の世界第2位でした。ほかにも金融機関をはじめとする日本企業がずらりと並んでいます。まさに、ジャパン・アズ・ナンバーワン、あの頃は日本が一番輝いていた時代でした。

ところが、2004年、2022年のどちらのランキングでも、もはや日本企業は1社もランク

図表7－1｜時価総額ランキングが語る時代の変化

	1989		2004		2022	
1	NTT	JPN	GE	USA	Apple	USA
2	Industrial Bank of Japan	JPN	Microsoft	USA	Microsoft	USA
3	Sumitomo Bank	JPN	Exxon Mobil	USA	Saudi Aramco	SAU
4	Fuji Bank	JPN	Pfizer	USA	Alphabet	USA
5	Dai-Ichi Kangyo Bank	JPN	Citigroup	USA	Amazon.com	USA
6	IBM	USA	Walmart	USA	Tesla	USA
7	Mitsubishi Bank	JPN	AIG	USA	Berkshire Hathaway	USA
8	Exxon	USA	Intel	USA	NVIDIA	USA
9	Tokyo Electric Power	JPN	BP	GBR	Meta Platforms	USA
10	Royal Dutch Shell	GBR NLD	HSBC	GBR	TSMC	TWN
11	TOYOTA	JPN	Cisco Systems	USA	Visa	USA
12	GE	USA	Vodafone	USA	United Health	USA
9	Sanwa Bank	JPN	Royal Dutch Shell	GBR NLD	Johnson & Johnson	USA
14	Nomura Securities	JPN	IBM	USA	Tencent Holdings	CHN
15	NIPPON STEEL	JPN	Johnson & Johnson	USA	Walmart	USA

（注1）1989年のデータはダイヤモンド社のデータ（https://dw.diamond.ne.jp/articles/-/24295）を参照
（注2）2004年のデータはFinancial Times "Global 500 2004" を参照
（注3）2022年のデータはhttps://www.pwc.com/gx/en/audit-services/publications/top100/pwc-global-top-100-companies-by-market-capitalisation-2022.pdf を参照

入りしていません。大変残念ですが、この30年で日本企業の存在感は一気に低下してしまいました。

ただ、ここで見ていただきたいのは、日本企業の凋落《ちょうらく》ぶりではないのです。2022年のランキングを見れば一目瞭然ですが、上位を占めているのは、アルファベット（グーグル）、アマゾン、テスラ、NVIDIA、メタ（フェイスブック）、テンセントといった新興企業です。「ゼロ・トゥ・ワン」の時代が到来したと言われて久しいですが、まさに無から有を生み出す起業家に率いられたメガベンチャーが世界経済を席巻している。そんな状況です。このランキングには入っていないものの、エアービーアンドビー、ウーバー・テクノロジーズ、ダイソンといった企業名を思い浮かべる人もおられるでしょう。

では、この間に何がどう変わったのでしょうか。産業構造のパラダイムと価値創造（value creation）の源泉の変化を掘り下げていきましょう。

20世紀の企業を支えた組織特殊的な人的資産

20世紀の産業資本主義を支えたのは、石油、鉄鋼、エネルギー、自動車など、リアルなものを扱う巨大な製造業や流通業であり、そこでは、大きな企業組織が価値創造の主体でした。

前出の経営史家アルフレッド・D・チャンドラーは、大量生産・大量消費を前提とする20世紀の産業資本主義において最も重要だったのは、資本集約的な生産設備と流通ネットワークであると述べています（『スケール・アンド・スコープ』安部悦生、川辺信雄、工藤章、西牟田祐二、日高千景、山口一臣訳、有斐閣、1993年）。

この「資本集約的な生産設備と流通ネットワーク」をうまく運営管理するためには何が必要でしょうか。チャンドラーは、「大量なものの流れ」――インプットとアウトプットをつなぐスループット――を運営できる、専門的なスキルやノウハウを持つ労働者のグループとマネジャー（経営幹部）たちの存在が鍵となると説きました。つまり、その組織ならではのやり方、「〇〇式」とか「△△流」といわれるような生産方式や流通マネジメントの手法、すなわち「組織特殊的な人的資産」を身につけた人たちが重要な役割を担うというわけです。

しかし、この「組織特殊的」というのは厄介なのです。なぜかというと、他社では役に立たないからです。みなさんの中にも、伝統的な企業で働いておられる方は、所属している企業ならではのスキルやノウハウをマスターされていると思います。だけども、そういうスキルやノウハウ、あるいは社内における根回しや仕事の進め方の作法などは、他社に転職したらまったく役に立ちません。他社には他社ならではのやり方や作法が存在しているからです。

そうすると、どんな問題が生じるのでしょうか。一生懸命に働いて組織特殊的な人的資産を身につけてきた社員に対して、企業側が「最近は業績が悪いから賃金を下げる」と言ってきたら、社員は抵抗できません。賃下げは困るけど、他社でも通用するスキルやノウハウを持っていないから、賃下げをいやいや受け入れるしかない。こういうのを経済学の用語では「ホールド・アップ問題」といいます。

しかし、実はホールド・アップ問題は企業側にとってもまずいのです。というのも、社員の側も、自分の雇用や賃金がまったく保障されていないことを事前に知っていれば、その会社でしか使えないようなスキルやノウハウをわざわざ身につけようとはしません。いつか自分たちは会社から放り出されてしまうのではないかという疑いを抱いていたら、組織特殊的な人的資産の獲得と蓄積に向けて努力しようなどとは思わないでしょう。どこに行っても役に立つ（つまり市場で通用する）もっと専門的な知識やスキルを身につけようとするはずです。

だったら、どうすればいいのか。経済学者の岩井克人さん（東京大学名誉教授）は、所有と経営が分離されている企業では、経営者が、所有者である株主からの圧力を遮断する役割を果たし、社員が組織特殊的なスキルやノウハウの獲得と蓄積に努めるよう促すことができると説明しています。

この所有と経営を分離するやり方が特にうまかったのが戦後の日本企業です。社員に雇用を保障することで組織特殊的な人的資産を確保し、資本集約的な生産設備と流通ネットワークを機能させてきました。終身雇用制も、この観点からはきわめて理にかなっていたのです（岩井克人『会社はこれからどうなるのか』平凡社、２００３年、現在は平凡社ライブラリー）。

つまり、チャンドラーが分析した20世紀の産業資本主義においては、価値創造の源泉である資本集約的な生産設備や流通ネットワークを、「組織特殊的な人的資源」である現場の労働者やマネジャーが運営することで、「潜在的な」規模と範囲の経済を「実現された」規模と範囲の経済へと転換していたと言えるでしょう。簡潔に言えば、20世紀の価値創造主体は組織だったのです。

価値創造の本質的変化

こうした20世紀の産業資本主義における経営パラダイムは、「個は組織に従う (Individuals follow an organization)」というものでした。多くの日本企業では、中間管理職のみならず現場の労働者たちも、所属している組織を「わが社」と呼んで帰属意識を高め、滅私奉公に励んできました。まさに海外から「社畜」と揶揄された不思議な働き方であり経営のあり方でした。

アメリカ企業の場合は、現場の労働者と中間管理職ではかなりの差があります。英語を流ちょうに話せない大量の移民労働者や、知識が不足していてスキルも稚拙な労働者を、役割定義とマニュアルに基づいたオペレーションに従事させ、組織特殊的なスキルやノウハウを身につけた中間管理職が情報伝達と人的管理を行うことによって、企業経営は成り立っていました。

このように日米では経営のあり方に違いはあったものの、いずれにおいても優先されるべきは組織の論理であり、個人はそれに従う存在でした。

では、21世紀になって、このパラダイムはどう変わったのでしょうか。

ここでも、岩井克人さんの洞察が参考になります。岩井さんはこう説かれます。20世紀の産業資本主義では、規模と範囲の経済によって価値を生み出していたのに対し、ＩＴ化・ネット化・デジタル化が一気に進んだ21世紀のポスト産業資本主義では、イノベーションがつくり出す差異が価値になると。より具体的には、産業資本主義では、生産設備と流通ネットワーク、安い労働力、効率的なオペレーションを通じて価値を生み出していたのに対し、ポスト産業資本主義では、アイデアやビジネスモデル、人的ネットワーク、リスクテイキングが価値を生み出していく。そして、産業資本主義では、組織特殊的な人的資産が重要であったのに対し、ポスト産業資本主義では、創造性と起業家精神を併せ持つ個人が価値創造の主体となると（図表7－2）。

岩井さんの考察は学問的ですが、これは、みなさんはすでに肌身で感じておられることですよね。先ほどお示しした時価総額ランキングの上位リストも、こうしたパラダイムシフトを如実に物語っています。

つけ加えれば、以前の講義で言及した外部市場の発達も、このパラダイムシフトを後押ししています。今は、みなさんがアイデアと情熱さえ持っていれば、エンジェル投資家やベンチャーキャピタリストが挑戦を後押ししてくれます。昔のように、自宅と生命保険を担保にして銀行からの借り入れでなんとか資金を工面するといった苦労も不要です。オフィスも自前で持たずに、インキュベーション・スペースで間借りすればいい。モック（試作品）を試作する場合にも、自前のラボや生

図表7－2｜価値創造の本質の変化

	産業資本主義	ポスト産業資本主義
価値の種類	規模と範囲の経済	イノベーションが創り出す差異
価値を生み出す要素	生産設備と流通チャネル	アイデア・ビジネスモデル
	安い労働力	プラットフォーム
	効率的オペレーション	ネットワークの経済性
価値創造の主体	組織（組織特殊的人的資本）	個人（創造性＋起業家精神）

（出典）岩井克人『会社はこれからどうなるのか』をもとに作成

産設備は必ずしも必要ない。中国の深圳《しんせん》のような場所では、1週間でプロトタイプをつくってもらえる外注の仕組みも存在しています。

つまり、IT・ネット・デジタル技術の発達や外部市場の発達によって、「組織の時代」から「個の時代」へのシフトが生まれたのです。

もちろん反論もあるでしょう。生成AI、ウェブ3・0、メタバース、NFT（非代替性トークン）といった技術がますます進展し、リアルバースへの関心が薄れていく未来においても、資本集約的な生産設備や流通ネットワークが重視される産業は、インフラ分野を中心に、人類にとって不可欠ではないかと。それは、その通りです。だから、変化は一律かつ一斉に起きるわけではなく、産業資本主義は21世紀にも22世紀にも存続し続けます。これからも企業のあり方は、けっして一様ではない。

また、アマゾンなどのデジタル・プラットフォーマーにおいても、リアルな競争優位の源泉は、クリック&サーチのウェブ・インターフェイスにあるのではなく、むしろブリック&モルタルの倉庫やロジスティックスにあるのではないか、そんなふうに疑問を投げかける方もおられるでしょう。しかしながら、時代の大きな流れとしては、価値創造の主体は組織から個にシフトしている。この点についてはご合意していただけるのではないでしょうか。

オープンイノベーションという幻想

価値創造の主体が組織から個にシフトしていく中で、伝統的な大企業はどう動いてきたのでしょうか。対応策の一つは、2000年以降しばしば喧伝されてきたオープンイノベーションです。企業が自前主義の研究開発や商品開発から脱却し、起業家や研究機関の研究者、さらには顧客や生活者などといった個から幅広く技術やアイデアを集め、革新的なビジネスや商品・サービスを生み出していく。そういう取り組みがさかんにもてはやされ、P&Gなどを筆頭とする成功事例がマスメディアによって報じられました。

しかし、僕は正直なところ、伝統的大企業によるオープンイノベーションは、半分、幻想ではないかと疑っているのです。社内にシェアリングオフィスをつくり、飲み物やスナック菓子を無料提供して、とがった若者を呼び寄せようとしたり、より自由なライフスタイルを求める自律した個人が集まるコワーキングスペースに社員を駐在させたり、CVC（コーポレート・ベンチャー・キャピタル）を設立して技術やビジネスの最先端動向をウォッチしたり、といった試みが各社の間で流行りましたが、それらは果たして本当にイノベーションの実現につながっているのでしょうか。

よく言われることですが、サラリーパーソンの匂いがするコワーキングスペースには、本当の起業家人材は近寄りたがりません。また、CVCにおいても、出資する企業が、投資家の論理を超えてビジネス上のシナジーを具体化しようとすると、出資を受ける側のベンチャーはしばしば関与を煙たがります（ちなみに、仮に純粋な投資だとするならば、第5章の講義でふれた通り、それが自社の企業全体戦略の中にどう位置づけられるのかが、株主からは問われることになるでしょう）。

一時期、注目を集めた「アクハイア（acqui-hire）」はどうでしょう。オープンイノベーションを目的として、有能な人材を「雇用（hire）」するために、ベンチャーなどを丸ごと「買収（acquisition）」する手法ですが、企業はそうやって確保した有能な人材を自社にちゃんと引き留めることができているのでしょうか。買収成立後の統合プロセスが始まった瞬間、タレントが次々に辞めていくといった現象が起きていなければいいのですが。

僕がずっと抱いている疑問は、そもそも、大企業のヒエラルキーの中で「個は組織に従う」というパラダイムで働くビジネスパーソンと、起業家マインドを持って軽々と行動する個人のケミストリーは果たして折り合うのだろうか、というものです。大企業人材と起業家人材では、生き方も違うし、考え方も違うし、マインドセットも違う。まるで違う生き物であるかのようだからです。

したがって、価値創造の主体が組織から個に移行する中、伝統的企業に本当に求められているのは、オープンイノベーションやアクハイアといったクイックフィックスではなく、経営のパラダイムをシフトすること。20世紀の「個は組織に従う」というパラダイムから、21世紀の「組織は個に従う（An organization follows individuals）」というパラダイムへの転換に挑戦することではないかと思うのです。

ミレニアル世代やZ世代が組織を担うとき

「組織の時代」から「個の時代」へのシフトは、価値創造の主体が組織から個へとシフトしたことだけで引き起こされているものではありません。みなさんの方がよくご存じですが、若い世代の問題意識が急速に変化していることも大きな理由です。

データをいくつか見ていきましょう。

世界の労働力人口（20〜65歳）の世代別構成比を２０２０年、２０２５年、２０３０年で比較してみると、２０２５年には、１９８１〜96年に生まれたミレニアル世代（43・1％）と、97年以降に生まれたZ世代（20・7％）の合計は約64％となり、2030年には約75％に達します。少子高齢化が進んだ日本で暮らしていると実感がわきませんが、インドやアフリカなど、世界で働いている人々は、僕らが思っているより圧倒的に若いのです（Anita Lettink, "No, Millennials will NOT be 75% of the Workforce in 2025 (or ever)!"）。日本でさえ、2025年には労働力の約半分をミレニアル世代やZ世代が占めるようになると予測されています。

では、ミレニアル世代やZ世代の意識は、現在企業の中枢にいるX世代（1965年から81年ごろに生まれた世代）とはどう違っているのでしょうか。

まず、日本ではミレニアル世代やZ世代は安定志向が強いと言われがちですが、離職意向は高く、2019年の調査によると、「2年以内に離職する」と考えている人がミレニアル世代の約半数、Z世代では6割以上を占めています。これは、グローバルも日本も共通です。離職する理由は「報酬に対する不満」が一番大きいのですが、「ワークライフバランスが悪い」「昇進機会が十分でない」「学習・成長機会がない」といった理由による離職も、特にグローバルでは目立ちます（「デロイトミレニアル年次調査2019」）。その一方で、ワーキングモチベーションに関して「報酬」を挙げるミレニアル世代はあまり多くありません。日本でもグローバルでもモチベーションの上位には、「同僚」「仕事の内容」「ワークライフバランス」などが挙がっています（「デロイトミレニアル年次調査2020」）。

ロンドン・ビジネススクール教授のリンダ・グラットンは、世界的ベストセラーとなった『ワーク・シフト』（池村千秋訳、プレジデント社、２０１２年）の中で、新たな時代の働き方として、三つのシフトを提言しています。「ゼネラリスト」から「連続スペシャリスト」へ、「孤独な競争」から「協力して起こすイノベーション」へ、そして「大量消費（金銭的・物質的価値）」から「情熱を傾けられる経験」への三つですが、その根底にあるのは、組織に縛られない主体的な個の存在です。そしてそれは、ミレニアル世代やZ世代の意識とも重なっています。

ちなみに、リンダはスマントラ・ゴシャールの共同研究者であり、スマントラの生前、僕らは彼の家の庭でワインを飲みながら、しばしば語り合いました。そのときリンダが僕らに、「テクノロジーや人口動態、社会の変化など、ものすごい地殻変動が起きていて、これからの経営はまったく異なるものになる」とチャーミングに、でも真顔で話していたのを思い出します。

この点について、ハーバード・ビジネススクール教授のランジェイ・グラティは、技術の進化が若い世代の行動に与える影響を指摘しています。若い世代は、インターネットやソーシャルメディアの爆発的な成長に伴い、プライベートな環境では、考えたことや関心を抱いたことをいろんなチャネルで自由に伝えられる。こうした幅広い自己表現に慣れた世代にとって、旧来型の組織は極めて息苦しいとグラティは言います（Ranjay Gulati, "Structure That's Not Stifling," *Harvard Business Review*, May-June 2018）。

デジタルネイティブで、主体的な選択に慣れ親しんでいるZ世代が世界のワークフォースに本格的に加わり始めた今日、個と組織の関係性は、さらに大きく変わってゆく可能性を秘めています。

未来の組織における個と組織の関係性

では、ポスト産業資本主義時代において、経営のあり方、さらには個と組織の関係性はどう変わっていくのでしょう。このことを占う意味で、経営学の研究者や産業界から、「未来の組織」として、過去20年ほど注目を集め続けてきた団体があります。それは、指揮者のいない小編成のオーケストラ、ニューヨークに本拠を置く「オルフェウス室内管弦楽団」という世界的にも認められている音楽集団です。

クラシック音楽を愛好されている方ならよくご存じだと思いますが、従来型のオーケストラは、指揮者を頂点とする典型的なピラミッド型組織です。ベルリン・フィルハーモニー管弦楽団を30年以上にわたって指揮したヘルベルト・フォン・カラヤンを例に持ち出すまでもなく、指揮者は絶対的な存在としてオケを率います。演奏時には指揮者を中心に、手前からバイオリン、ビオラ、チェロ、後ろ側にはハープ、打楽器、フルート、クラリネット、オーボエ、トランペットなどが配置され、それぞれのパートが指揮者に従って、全体として統一された音を奏でます。

これに対して、オルフェウスでは、司令塔となる指揮者が存在せず、楽団員がそれぞれ互いに意見を出し合いながら、ともに音楽をつくっていきます。といっても、けっして無秩序というわけではなく、活動の目標や目的が共有されており、メンバーの役割と責任が明確にされている中で、それぞれのパートのリーダーが生まれ、そのリーダーたちを中心として目指すべき音楽が創発的につくられていきます。

もちろん、これは、ある程度認められた一流の音楽家たち、つまり一定の技術と作法を身につけ、お互いを信頼できるプロフェッショナルたちが集まっているからこそできることであって、わが社ではとてもまねはできないという感想を持たれる方もいるかもしれません。でも、組織内の一人ひとりがプロフェッショナルでありたいという現在の経営が志向する文脈においては、オルフェウスは一つの未来像を提示してくれているのではないでしょうか。

この楽団については、『オルフェウス・プロセス』（ハーヴェイ・セイフター、ピーター・エコノミー著、鈴木主税訳、角川書店、2002年）という本が出ており、また、スタンフォード・ビジネススクールの教授で、人と組織のマネジメント領域の世界的権威であるジェフリー・フェファーも著書の中で取り上げています。

自律的な個人を基軸とした経営

オルフェウスだけでなく、現実の企業経営にも目を向けてみましょう。新しい個と組織の関係を構築せんとする挑戦で先行しているのは、デジタル分野を牽引するアメリカ西海岸のメガベンチャーだと思います。その中からは、「自律的な個人を基軸とした経営」にシフトした企業が続々と現れ始めており、その筆頭格に挙げられるのがネットフリックスです。

ネットフリックスは１９９７年、郵便によるレンタルＤＶＤ事業を手掛ける企業として創業しました。２００２年に株式公開、07年には動画配信サービスを開始し、その後、会員数は右肩上がりに伸びてきました。世界市場に進出したのは11年。16年には中国を除く１９０カ国に進出し、17年には会員数が1億人を突破しました。

近年は、オリジナル作品の配信にも力を入れており、２０１３年、ドラマシリーズ『ハウス・オブ・カード　野望の階段』が大ヒット、19年には映画『ＲＯＭＥ／ローマ』がアカデミー賞3部門を受賞しました。今やネットフリックスは、映画産業のあり方までを変えてしまっています。

アマゾンのプライム・ビデオやディズニー＋（プラス）といった競合の台頭もあって、２０２２年には約10年ぶりに加入会員数が減少に転じ、そのサブスクリプション・モデルは頭打ちとも言われていますが、ネットフリックスが依然世界的な注目を集める企業であることに変わりはありません。

ただ、ここで僕らが議論するのは、同社の事業モデルや戦略ではなくて、人事制度です。

ネットフリックスは自社の人事制度を広くホームページ上で公開しているのですが、そこでは、次の五つの大方針が掲げられています。

①社員自身の意思決定を積極的に促す
②情報は、広く、オープンかつ丁寧に共有する
③率直かつ直接的なコミュニケーションをとる
④優れた人材でチームを構成し続ける
⑤ルールをつくらない

こうしたネットフリックスの人事制度の出発点となっているのが、よく知られている「カルチャーデッキ（culture deck）」です。これは、経営陣が社員に規律を持って実践してほしいと考えている行動をまとめた、129ページ（初版）からなるパワーポイント資料で、創業者のリード・ヘイスティングス（現会長）と元最高人事責任者のパティ・マッコードらが作成し、2009年にオンライン上で公開されました。閲覧総数は2000万回以上に上り、フェイスブック（現メタ）のCOOだったシェリル・サンドバーグが、「シリコンバレー史上、最も重要な文書」と評したことでも知られています。大変興味深い内容なので、ぜひ経営者リーダーの視点で一読されることをお勧めします。

このカルチャーデッキの2ページ目では、ネットフリックスの企業文化は「自由と責任（freedom

& responsibility)」であると宣言しています。そしてこの文化をよく表しているのが、「ルールをつくらない」という同社のルール（?）です。

たとえば、休暇についての会社としての方針は「休暇を取るべし（Take vacation）」のひと言ですが、カルチャーデッキの「ネットフリックスにおける休暇の規定と追跡管理　(Netflix vacation policy and tracking)」という項目には、こう書かれています。

規定も追跡管理もありません（"there is no policy or tracking"）
ネットフリックスには服装規定もありませんが、裸で職場に来る人は一人もいません。
(There is also no clothing policy at Netflix, but no one comes to work naked)
つまり、なんでもかんでも規定を定めればいいというわけではないのです。
(Lesson: you don't need policies for everything)

もう一つ、出張、娯楽、贈答品といった経費に関する方針も至ってシンプルで、これはたった五つの英単語で表されています。"Act in Netflix's Best Interest"（ネットフリックスにとって最大の利益になるよう行動すべし）です。

このように、できる限りの自由（裁量）を社員に与えていることで有名なネットフリックスですが、「自由と責任」という考え方にある哲学はきわめて奥深いものです。僕が語るより正確だと思うので、少し長文ですが、同社のホームページから引用します（Netflix ホームページ［日本語］「Netflix のカルチャー：さらなる高みを求めて」）。

とある会社では、床にゴミが落ちていても、誰かが拾ってくれるだろうとそのままにされています。一方別の会社では、オフィスでゴミを見つけたら、そこが自分の家であるかのように社員が拾って捨てる習慣があります。Netflix が目指すのは、社員一人ひとりが会社を良くしていこうという責任感を持っている会社です。ゴミを拾うというのはあくまでたとえですが、「自分の仕事ではない」とは考えずに、課題の大小に関わらず対処しようとする姿勢を求めています。全員が当事者意識を持つことで、そうした行動は自発的に行われるようになります。

私たちの目標は、社員を管理することよりも、その背中を押し、インスパイアすることにあります。すべてのチームには、Netflix のためにベストを尽くすことが求められます。それによって責任感が養われ、説明責任を負い、自ら自分の行動を律し、良い仕事をしようという意欲が生まれるのです。社員に自由を与えること自体が目的ではありません。重要なのは、Netflix のことを気にかける気持ちを社員の中に養い、会社に対しベストを尽くしてもらうことなのです。

いかがですか。みなさんは、経営者リーダーの視点から、ネットフリックスの経営をどう評価しますか。

コミュニティではなく、ドリームチーム

ミズシマ　ネットフリックスは、自分が所属する組織の現実とあまりに違いすぎて、どんな組織になっているのか、そこでどんなふうに社員が働いているのかが、まったく想像がつきません。

ナザーラ　僕は起業を志しているのですが、こうした自由な社風こそがイノベーションを生み出すんじゃないでしょうか。これからの時代に求められる経営だと感じました。

ヒガシオ　僕も共感をおぼえます。若い世代のライフスタイルや感性にも合っていると思います。

野田　ネットフリックスのような環境を好む人もいれば、そうでない人もいるということですね。

フクムラ　経営者リーダーの視点に立って考えると、疑問が残ります。経営が順風満帆ならいいのでしょうが、環境が大きく変化したりして経営が危機的な状況に陥ったときに、このスタイルで脱却できるのでしょうか。

ホリウチ　同意見です。民主主義的な意思決定には時間がかかります。ルールがないと、何か問題が起こったときに、かえってスピーディに対応できない気がします。

野田　どちらも興味深い意見ですが、ネットフリックスが「自由と責任の文化」を根づかせようとしてきたのは、実はお二人の懸念とは真逆の理由からでした。

リード・ヘイスティングスは2018年4月にTEDカンファレンスに登壇し、自身が犯した過去の失敗について語っています。ネットフリックスを創業する前の1991年、ヘイスティングスはピュア・ソフトウェアという会社を設立しているのですが、そのときは誰かが間違いを犯す度に、それを防ぐためのルールをつくったそうです。しかし、そうすると、ルールの枠の中でしか働けないような社員だけが残ってしまい、結果的に市場の変化についていけなくなった。ピュア・ソフトウェアは1997年に競合に買収されてしまいましたが、その一因は、社員をルールでがんじがらめにしたことにあった。そんなふうにヘイスティングスは回顧しているわけです。

ナカムラ　違う観点からの意見なのですが、ネットフリックスは給料がかなり高いと聞いています。やっかみ半分で言うと、高給で優秀な人ばかりを集めているから、ああいう経営ができるのではないでしょうか。

野田　よい問題提起ですね。ヘイスティングスとINSEAD教授のエリン・メイヤーの共著『NO RULES　世界一「自由」な会社、NETFLIX』（土方奈美訳、日経BP／日本経済新聞出版本部、2020年）が世界的ベストセラーになったこともあって、この数年、ネットフリックスの経営は日本の経営者や人事担当者の関心の的となっています。

でも、感想を聞くと、多くの人は、「うちではとてもまねできません」とか、「うちの社員は、自由を楽しむと同時に責任を自ら負うといった意識がそれほど高くない」とか、「自由放任にしたら、規律が保てなくなる」というふうに言います。

その通りかもしれません。というのも、ネットフリックスは「ドリームチーム」を標榜《ひょうぼう》しているからです。自分たちの会社は、家族や友人が集うコミュニティではなくて、オリンピックの代表選手が集まったようなチームであるべきだと、ヘイスティングスたちは考えてきました。

すべてのメンバーがそれぞれの専門分野で卓越した能力を発揮するとともに、互いに効果的にコラボレーションし、共通の大きな目標に向かって切磋琢磨する。それが、ネットフリックスが目指すドリームチームであり、理想の企業像です。だから、彼らは採用にものすごく力を入れ、とびきり優秀な人しか採用しないと公言していますし、「組織密度」をたえず最高のレベルに維持し、どの部署にもプロジェクトにも、常に最高の同僚が集まっている状態をつくろうとしています。個人としての貢献が会社の求めるレベルに見合わない社員には退職金を十分に払ってさっさと出ていってもらうとも聞きます。もともと優れた人しか採用しないのですから、ハイパフォーマーとミドルパフォーマーとローパフォーマーを「2：6：2」の比率で選別するような人事評価もしません。

ネットフリックスでは、GEの「ボトム10％ルール」のような仕組みは取り入れていないものの、両社の経営プラクティスの根底に流れる思想には共通点があるのではないかと僕は感じています。集まってきたエキスパートとプロフェッショナルに自由を与える代わりに責任を取ってもらう。責任を果たせない人に居場所はないし、環境変化によって市場が変わったら、それによって居場所を失う人も出てくる。そんなふうにネットフリックスは社員の選別を明るく、あっけらかんとやってのけるのです。そのことは同社のホームページでも公言されています。

平等主義的な哲学を重視する人たちは「優秀な人だけを集めるのは企業ではない」と批判するかもしれませんが、きわめてアメリカ的な経営ですし、人々が率直なフィードバックを与え合う環境がある限りにおいては、とてもフェアな経営とも考えられます。

ヒグチ　高い給与を払って優秀な人を集めるにしても、経営がうまくいっていて、会社が成長していることが前提ですよね。業績が悪い企業ではとてもまねできないのではないでしょうか。

野田　それもよい問題提起です。ここで僕が思い出すのは、稲盛和夫さんが再三強調されていたことです。稲盛さんは「フィロソフィーがあるから成功する」のであって、「成功しているから余裕ができて、フィロソフィーを語れるのではない」とおっしゃっていました。ネットフリックスが成長を続けているから、いわば贅沢品として哲学と価値観を語れるのか、それとも哲学と価値観が徹底しているから、ここまで成功できたのか。明確な答えはありませんので、みなさん自身で考えていただきたいと思います。

僕個人は、稲盛さんが説いておられたことが正しいと思っています。今後、仮にネットフリックスの業績が悪化するようなことがあったとして、そのときもこれまでの哲学と価値観を貫けるかどうか、それが、この会社の経営の未来を占う試金石になるのでしょう。

オカ　京セラやネットフリックスは、それぞれ卓越した技術や、時代のニーズに合った事業モデルを確立できたからこそ成功したのであって、どんな企業でも、個人に自由を与えれば成功するというわけではないように思うのですが。

野田　重要な指摘ですね。１００％賛同します。

僕の周囲にもかつて、同じような経営を日本で実践していた起業家がいました。技術系のベンチャーを立ち上げて上場まで果たしましたが、何より卓越した哲学と人間性を持った人物で、僕が敬愛する経営者の一人でした。今でも人として心から尊敬しています。

彼の会社では、社員が自分で手を挙げてプロジェクトを立ち上げ、仲間を集め、手を挙げた本人がトップに立って推進することができました。給与も経費もガラス張りになっており、組織の境界がない環境で自律・創造型人材を育むことを目指していました。

しかし、社員の提案によって立ち上がった多くの新規プロジェクトは、もともとの技術基盤とはかけ離れたもので、ビジネスとしてうまくいかず、最終的には会社自体が傾いてしまいました。その様子を間近で見ていた経験から、社員の自由を重んじる経営は、強いビジネスモデルや唯一無二のコア技術を確立しているような会社でないとうまくいかないのではないかと僕も疑っています。

ブラジルの異端児リカルド・セムラーの経営

この点に関して大変興味深い経営をしているのが、ブラジルのセムコ（Semco Partners）という会社です。１９５４年に創業し、もともとは小規模メーカーでしたが、80年にリカルド・セムラーという革命児が21歳で父親から経営を引き継ぎ、改革に乗り出しました。

セムコでは、出社時間や退社時間などの就業規則はなし、働く場所は自由で、給料は社員の自己申告によって決まります。経費の明細もチェックしませんし、休暇の規定もありません。給料も、社員が合理的に説明できる限り自己申告で決められます。こうした自己判断を可能にするため、会社の財務状況、社員の役割や職種などに関するデータもオープンになっており、社員は自由にアクセスできます。

現在のセムコは工業用機械の製造やコンサルティング、不動産業などを手掛けるコングロマリットに成長しており、社員数は3000人を超えています。しかし、セムラーが父親から経営を引き継いだときは倒産寸前でしたから、もともとは強いビジネスモデルや唯一無二のコア技術を確立しているような会社ではなかったはずです。また、営んでいるのは、わりあい泥臭い事業であり、組織もプロフェッショナル集団とは言い難い。つまり、ネットフリックスに比べれば、ふつうの会社です。にもかかわらず、全員参加の民主主義的経営を成功裡に実践してきています。

図表7−3は、セムコと伝統的企業の経営スタイルを比較したものです。セムラーの自著で全米ベストセラーになった『セムラーイズム』（岡本豊訳、新潮社、1994年、現在はソフトバンク文庫）から引用しました。現在、セムラー自身は経営から身を引いて青少年の教育に専念していますが、セムコの経営は順調で、最近でもINSEADでケース教材に取り上げられるなど、存在感を失っていません。

図表7－3｜伝統的企業とセムコの経営スタイルの比較

	伝統型	セムコ型
組織構造	・ピラミッド型階層構造	・自主管理（セルフ・マネジメント）チーム
役職と職務内容	・どの仕事にも役職があり、職務内容は決まっている	・決まった職務内容の代わりに流動的できめ細やかな役割が多数存在する
意思決定	・ピラミッドの上位でなされる	・助言プロセスに基づき完全に分権化
情報の流れ	・情報はパワーであり、知る必要がある場合に開示される	・会社の財務や報酬に関するものも含め、あらゆる情報はいつでも誰でも入手できる
役割の配分	・少ない昇進機会をめぐる争いが政治的駆け引きや縄張り争いを生む	・昇進はないが、社員間の合意に基づく流動的な役割の再配分がある ・自分の権限外の問題について、率直に意見表明をする責任がある
業績管理	・個人のパフォーマンスに注目する	・チームのパフォーマンスに注目する ・個人の評価は同僚間の話し合いに基づいて決定される
報酬	・組織階層上の管理職によって決定される ・実力主義原則により、社員の給与に大きな差がつく場合がある	・基本給については、他の社員のバランスなどを考えながら自分で決める ・賞与、利益分配などを選択できる ・給与の格差は小さい
解雇	・管理職が部下を解雇する権限を持っている	・解雇は仲介者の入る紛争解決メカニズムの最終段階で、実際には極めて稀

（出典）リカルド・セムラー『セムラーイズム』をもとに作成

みなさんはどのようにお感じになりますか。

コントロールがもたらす弊害

オモテ　すばらしい経営だなとは思うのですが、その一方で、管理されたり一定の制約を課されたりすることをむしろ心地よく感じる人もいるんじゃないかなと思います。そういう人は、組織の構造やプロセスが流動的であいまいだと、戸惑ってしまうのではないかと。

シンタク　私も、管理不在の経営だと、組織内がカオスになって混乱してしまうんじゃないかと不安を感じます。社内で実践できるイメージがまったくわきません。

野田　お二人がおっしゃっているのは、セムラーイズムに対する典型的な懐疑論です。多くの識者が同じ懸念を表明しています。しかし、セムラー本人は、ネットで配信されている動画の中で、「『どうやって、いつ仕事をするか』等について自分で決定する自由を持つ社員でグループを作ることは、大きな生産的価値を生み出す」「大人として扱われる社員は、自ら『これをやります』と言うし、そのような会社は、管理型の会社よりはるかに組織化され秩序を持つ」と説明しています（「民主的経営〈セルフマネジメント〉にまつわる10の疑念－01」「同－02」）。

セムラーイズムの真髄は、実際にその組織の中に身を置いて体験してみないと十分には納得できないものなのかもしれません。

タバタ　私が働いている会社では、トップは挑戦とか起業家精神といった言葉を口にするのですが、実際には、何か問題が起こる度に新しいルールがつくられたり、ルールが厳しく運用されたりします。

野田　僕も、至善館という組織の経営者なので、その感覚は身に染みてわかります。人事労務や総務の担当者はどうしてもそうした方向に運営を持っていきがちですし、トップもそうした運営を追認しがちですよね。

ニールセン　私の出身の北欧は社会の格差が小さく、企業経営も日本に比べると民主的・分権的です。そのせいか、私自身、日本企業のヒエラルキー的な発想や行動には違和感をおぼえることが多くて、だからセムラーさんのコメントに賛成です。でも、このような経営を日本企業で実践するためには、トップ自身がこれまでと異なる信念を持たないといけないのではないでしょうか。

野田　その通りでしょうね。セムラーの関連サイトでは、彼の理念やアプローチが動画で詳細に紹介されています。その一つが「Ricardo Semler's Top 10 Rules for Success」というタイトルの動画で、コントロールがもたらす弊害について、彼は次のように述べています。

あなたが馬に乗っていて、坂道を下っていったとしましょう。スピードが上がって、コントロールを失っていきます。そのとき、あなたは手綱を引くのですが、それがあなたにとって最悪の結果となるのです。というのも、あなたがそうすると、馬は頭を上げ、不安になって、手綱を引いているあなたを引きずり落とそうとします。これがまさに組織や企業で起こっていることです。（経営者やマネジャーたちは）「事態が制御不可能になっているようだ。手綱を引き、事態をコントロールしよう」と言います。でも実際は、あなたがそれをやればやるほど、あなたの組織はどう対応していいかわからず、動転する事態に陥っていきます。

今日の社会を覆っているこの不安（fear）こそが、まったく新しい組織や考え方を必要としているのです。この新しい組織や考え方を実現するためには、手綱を手放すことが必要となります。馬が自分自身を制御でき、（手綱にひかれることなく）頭が自由になっていれば、あなたは、自然な形で、物事にどこで介入するのかを理解することができます。そして多くの場合において、それは、コントロールという利口な判断よりも、はるかに賢明な結果をもたらすのです（筆者が一部意訳）。

ミナミ　つまり、経営者は「コントロールを失う」という不安を乗り越えないといけないということですか。

野田　そうですね。僕自身、身をもって感じているのですが、経営者という生き物はとても臆病な存在です。部下やメンバーに任せ切ることができれば、組織が活性化し、組織全体の力が大きくなると頭ではわかっていても、部下やメンバーが間違えたり、期待していた方向性とは違う行動をしたりするリスクをついつい考えてしまう。そのリスクが怖いのです。特に経営基盤が強固でない中小企業では、少し間違えただけでも経営が傾きますから、人を信じるか信じないかという問題以前に、ただ怖い。

しかし、その怖さを克服して、部下やメンバーに任すことができれば、すばらしいことが起こる。そして、その成功経験があれば、さらに任せられるようになる。経営者本人の性格や経験、会社が置かれた状況にもよるでしょうが、「自由と責任」の文化の醸成といったステージを越えて、個と組織の新しい関係を真の意味で構築できるかどうかの鍵は、この〝ルビコン〟を思い切って渡れるかどうかなのでしょう。

でも、それはけっして容易ではないことだけは、みなさんにも感じていただけたかと思います。

第7章のまとめ

21世紀における企業のあり方は必ずしも一様ではない。

価値創造の主体が、創造性や起業家精神を持つ個人へと大きくシフトしても、技術がデジタルやAI、メタバースにシフトしても、僕らの生活には、製造・流通を含む社会インフラが不可欠であり、20世紀型の企業は必ず残り続ける。

また、プラネタリーバウンダリー（地球の限界）についての懸念が高まり、脱炭素やサステナビリティ・トランスフォーメーションの推進が強く求められる中、再生エネルギーの促進や二酸化炭素の貯留、アンモニアや水素の利用に向けたイノベーションが急務となっている。これらは、いずれも大規模な生産設備や流通ネットワークを必要とする領域であり、そこでも従来型企業の活躍が期待されるだろう。

しかし、大きな時代の流れとして、価値創造の主体が組織から個人にシフトしているのはまぎれもない事実だ。「自由と責任」の文化を掲げる企業の登場はその象徴であり、若い世代の優秀な個人も、より自由な生き方・働き方を望んでいる。

21世紀の経営者リーダーに問われているのは、目先の経営プラクティスのブラッシュアップではない。自立・自律し、起業家精神に富む個人との関係性を再構築するにあたって求められるのは、「個は組織に従う」というパラダイムからの脱却にほかならない。そしてその過程では、経営者リーダー自身の信念と自己変容が試される。

第8章

21世紀型組織の経営

コンテクストを示す、挑戦を後押しする

Chapter 8

「組織は個に従う」というパラダイムのもと、個人を組織から解放し、自由を与える。個人が組織のために存在するのではなく、組織が個人のために存在する。逆説的に聞こえるかもしれないが、これが、自律的で起業家精神を持ち、創造性あふれる個人を組織にひきつけ、その才能を生かして組織が発展するための条件となる。

でも、個人に自由を与えて放任しただけでは、組織はバラバラになってしまう。ならば、自律した個人を束ね、組織としての統一性を担保するにはどうしたらいいのだろうか。そこでの経営者リーダーの役割と責任とは何なのだろうか。

みなさんが所属する企業では、こうした挑戦にどこまで向き合っているのだろうか。自分が経営者リーダーならどうするだろう。

コントロールではなく、コンテクストを示す

野田　ポスト産業資本主義の時代において、「組織は個に従う」というパラダイムへの転換が迫られるとすれば、経営者リーダーに求められる役割とは何か。これが最終講義の問題意識です。

再びネットフリックスの経営に立ち返って考えてみましょう。前回ご紹介したネットフリックスの「カルチャーデッキ」には、同社の経営の柱が七つ掲げられています（**図表8－1**）。その4番目には「Context, not Control（コントロールではなく、コンテクストを示す）」とあり、「優れたマネジャーは、部下をコントロールするのではなく、適切なコンテクストを示すことで大きな成果を得る方法を考えます」と説明されています。

そうです。またしても「コンテクスト」です。

ネットフリックスでは、経営とは社員の判断力を高めることと見なされており、経営トップや経営陣による判断は少なければ少ないほどよいとの考え方が徹底しています。かといって、無干渉がよいとされているわけではなく、マネジャーたちは、メンバーの指導にあたってコンテクストを提供することを期待されているわけです。

カルチャーデッキには、コンテクストとコントロールの違いが**図表8－2**のように明記されてい

図表8-1｜ネットフリックスのカルチャーデッキの「7要素」

1	実行可能な「バリュー」	Values are what we Value
2	高パフォーマンスの追求	High Performance
3	自由と責任	Freedom & Responsibility
4	コントロールではなく、コンテクストを示す	Context, not Control
5	コントロールでなく、方向性を示す	Highly Aligned, Loosely Coupled
6	マーケット基準で最高の報酬を	Pay Top of Market
7	昇進と社員教育	Promotions & Development

（出典）Netflix's Original（2009）Culture Slide Deck
https://www.slideshare.net/reed2001/culture-2009

ます。

これらの表現を見ていただければわかりますが、ネットフリックスにおけるコンテクストの定義と用法は、本講義で説明してきたものよりもさらに実践的です。同社で言うところのコンテクストは、経営トップが企業全体・組織全体を考えて構築するものだけでなく、マネジャーがメンバーを指導する際のアプローチ全般を含んでいます。いわばコンテクストが入れ子構造になっており、経営トップが構築する企業コンテクストの影響下に、その企業コンテクストを補完し、より具体化するものとして、マネジャーが部下に提供する、よりミクロなコンテクストがあるのです。

具体的には、マネジャーが伝えるべきコンテクスト（good context）は、以下の五つ

図表8-2｜ネットフリックスのコンテクストとコントロールの違い

コントロールではなく、コンテクストを示す
Context, not Control

コンテクスト Context	コントロール Control
・戦略	・トップダウンの決断
・指標	・上司からの承認
・前提	・委員会
・目標	・結果より、計画と過程を重視
・明確な役割	
・利害関係に関する知識	
・決断に際する透明性	

（出典）Netflix's Original（2009）Culture Slide Deck
https://www.slideshare.net/reed2001/culture-2009

とされています。

①チームの任務やメンバーのタスクと「会社のゴールとの関係性（link to company / functional goal）」

②任務・タスク遂行における「相対的な優先順位（relative priority: how important / how time sensitive）」

③「求められる正確性（level of precision & refinement）」

④「ステークホルダーは誰か（key stakeholders）」

⑤「鍵となる指標と成功の定義（key metrics / definition of success）」

ネットフリックスでは、自律的なユニットのマネジャーたちがこの五つを周囲に伝え、具体的な（よりミクロなレベルでの）業務遂行にあたってのコンテクストを提供することで、メンバーの自主性と自己責任を引き出しています。

その際のマネジャーたちの役割は、あれこれ指示を出して監督する伝統的な管理者とはまったく異なります。スマントラ・ゴシャールとクリス・バートレットのフレームワークが提案する「コーチの役割」、あるいはファシリテーター、チアリーダー、メンターといった役割に近いものです。実際、ネットフリックスでは、マネジメントの階層は少なければ少ないほどよいとされていて、マネジャーは1人当たり6〜12人の直属の部下を持つべきとの指針が公式に示されています。これは一般常識の管理スパンより多いと思います。

組織論の法則に照らして言えば、直属の部下の数が少ないと、どうしてもマネジャーはメンバーの仕事に直接介入したくなります。しかし、部下の人数が多ければ、マネジャーは物理的に介入が困難となり、指導スタイルを自ずと変えざるをえません。カルチャーデッキでは、「マネジャーのみなさん、部下を〝コントロール〟したいと思ったとき、自分に問いかけてください。代わりにどのようなコンテクストを示すことができるのかを。あなたは目標や戦略を正確にインスパイアできていますか」とも強調されています。

このようにネットフリックスの経営プラクティスは高度に洗練されたものですが、その根底にある経営原則は、やはり、本講義で提示してきたコンテクスト・マネジメントです。僕の恩師ジョー・バウワーは、自分が1970年に提示したフレームワークが、21世紀に入ってから装いも新たに再登場するとは想像もしていなかったでしょうが（笑）。

「枠組みの中の自由」

この数年、同じような議論を学界で展開しているのが、前の講義で紹介したハーバード・ビジネススクール教授のランジェイ・グラティです。彼は、前学長のニティン・ノーリアの協力を得て、「枠組みの中の自由（freedom within a framework）」という概念を打ち出し、研究を進めてきました。その主張は、自由と責任は必ずしも二律背反ではなく、組織の枠組みが正しく設計されていれば、人は自主性を発揮すると同時に自らの行動に対する責任も持つようになるというものです。ランジェイたちの言うところの枠組みとは、この講義でいう企業コンテクストに当たります。

ランジェイによれば、枠組みは「purpose」「priorities」「principles」といういずれも「P」で始まる3要素で構成されています。組織の存在意義を要約した共通目標（purpose）、目標を反映し、現実と具体的にリンクした行動規則（priorities）、社員が日々の業務の中で判断のよりどころとする指針や制限（principles）、こうした枠組みの定義や修正を各階層の意見を取り入れながら繰り返し、たえずメンテナンスする必要があるというのが彼の現時点での結論です。ネットフリックスの経営も参考にしていますから、使っている言葉も、重視している要素も同社のものとよく似ています。

ちなみにランジェイとニティンは経営政策のプロセス学派ではなく、マクロ組織論の研究者です。しかし、ランジェイと僕はかつてハーバードの博士課程でともに学んだ戦友で、彼は経営をプロセスで見る感度を持っています。また、ニティンはＭＩＴの博士課程でスマントラの弟分だった人物で、ハーバードでは僕の博士課程の指導教官、そして僕をロンドン・ビジネススクールでのスマントラの研究チームに引き入れた張本人です。かつこの2人は、ともにスマントラと同じインド系。彼らの論考には「コンテクスト・マネジメント」や「場の匂い（smell of the place）」といった概念への言及こそないものの、その研究は、経営政策のプロセス学派と歩調をともにしながら、スマントラたちの業績を、21世紀においてさらに発展させんとするものです。

遠心力と求心力のマネジメント

これまで、20世紀から21世紀にかけての経営学と企業経営の変遷を見てきました。改めてこの流れを俯瞰して感じるのは、経営パラダイムがどんどんシンプルになってきたということです。制度環境や競争環境を細心に分析したうえで戦略計画を立て、資源配分をし、予算必達に向けて進捗を管理していくというパラダイムから、個人にできるだけ自由を与え、権限を委譲し、分散型の意思決定を柔軟かつスピーディに行い、それと同時に、意思決定や行動における優先順位（プライオリティ）や諸原則、制約、ステークホルダーを明確にすることでコンテクストをきちんとデザインし、運営していこうというパラダイムへの変化です。

この変化は、また、ヒエラルキー組織を前提に、指揮命令系統を明確にしながらPDCAサイクルを回していた時代から、フラットな組織で、柔軟かつアジャイルに仕事を進めるVUCAの時代へのシフトと歩みを同じくしています。ソフトウェア開発におけるウォーターフォールからスクラムへの変化にも似ていると感じる方もおられるのではないでしょうか。

ただし、ここで改めて注意が必要となります。「自由」と「野放図」は違うからです。自由は会社に活気をもたらしますが、それが行きすぎると野放図になり、組織がバラバラになり、結局は会社を滅ぼすことになります。ランジェイが、〝枠組みの中での〟自由と言っているのも、こうした文脈からです。その意味で、21世紀型企業のコンテクスト・マネジメントにおいて経営者が最も注意すべきことは、「遠心力（centrifugal force）」と「求心力（centripetal force）」のマネジメントです。

そしてこれは、僕が平野正雄さん（元マッキンゼー・アンド・カンパニー日本支社長、現早稲田大学ビジネススクール教授）とともに、2000年代初頭から議論してきたテーマでもあります。

個人に自由を与えると、組織には必ず遠心力が働きます。だから、遠心力で組織がバラバラになるのを防ぐためには、求心力を生み出してゆかなくてはなりません。コンテクストをデザインし、構築し、そこに魂を吹き込み続けるのは、組織内に野放図がはびこるのを抑制するためでもあります。

パーパスとバリューで求心力をつくり出す

自由な個人を勇気づけ、鼓舞し、束ね、組織としてのエネルギーに昇華させていくために最も重要となるのは、「戦略のコンテクスト」に当たる「パーパス（purpose）」と、「組織行動のコンテクスト」に当たる「バリュー（values）」の共有です。

ネットフリックスにおいてもバリューは重要なものと位置づけられていて、同社のホームページには、「重視される姿勢（valued behaviors）」として、判断力（judgment）、無私の心（selflessness）、勇気（courage）、コミュニケーション（communication）、インクルージョン（inclusion）、誠実さ（integrity）、情熱（passion）、イノベーション（innovation）、好奇心（curiosity）が挙げられています。

それぞれの価値観の中身についても詳しく説明されていて、たとえば「無私の心」の項目には、「自分や自分のチームにとっての最良ではなく、Netflix にとっての最良を求められる」とか、「他の社員をサポートするために自分の時間を割くことを惜しまない」といった文言が並んでいます。

また、「勇気」の項目には、「ここに示された姿勢にそぐわない社内の言動には異議を唱えられる」

という文言があります。

経営トップが本気でこういうことを尊重していれば、他人の足を引っ張ったり、他人を利用しようと振る舞ったりする社員は、組織の中で信頼も評価もされず、居場所がなくなるのではないでしょうか。

事実、ネットフリックス・ジャパンの人事部長は、ウェブマガジンのインタビューに対して「ネットフリックスにおいて大切なのは、人を蹴落とそう、非難しようといった険悪なフィードバックがないこと」であり、「この会社では人格者でないと人の上に立てない」とコメントしています。とても印象的な言葉です（「ネットフリックスが明かす、『自由と責任』の文化を築くための秘訣」Forbes Japan ２０１８年9月21日）。

すべての人に「ワオ！」を届ける

パーパスとバリューを重視する21世紀型経営の先端事例をもう一つ挙げましょう。それは、アメリカ・ラスベガスに本社を構えるザッポス（Zappos）です。

同社は、１９９９年に創業し、当時は不可能と考えられていたオンラインで靴を売るという事業で急成長を果たしました。２００９年にアマゾンが高額で買収しましたが、「経営には一切口を出さない」という条件つきだったため、「アマゾンがどうしても欲しかった企業」とも評されています。

そんなザッポスの経営で特徴的なのは、コールセンターや顧客サービスの業務に力を入れていることです。一般的にコールセンターのＫＰＩは応答率や平均処理時間とされていますが、ザッポスの場合は「どれだけ顧客に寄り添うことができたか」です。販売サイトのすべてのページに電話番号が掲載されており、通話時間無制限で３６５日24時間対応、マニュアルは一切ありません。商品は基本的に翌日配送（米国内）で、購入から３６５日以内なら返品可能となっています。

また、２０１５年からザッポスは、当時のトニー・シェイＣＥＯの決断により、ホラクラシー（holacracy）と呼ばれる組織管理手法に移行しています。ホラクラシーとは、役割によってひもづけられたサークルと呼ばれる小ユニットが能動的に活動し、有機的に関係し合う自主管理組織であり、フラットで上下関係がなく、分散した意思決定を行います。日本で近時議論されている「ティール組織」の一類型とも言われます。ここではホラクラシーやティール組織自体の議論には踏み込みませんが、いずれも、20世紀型の経営の象徴であるピラミッド・ヒエラルキー型の組織管理形態からの転換を意図するものです。ただ、この転換はけっして容易なものではなく、ザッポスの場合にも、移行にあたって給料の３カ月分を支払うといった条件の退職パッケージを提案したところ、社員の18％が応じたと言われています。

さて、そんなザッポスですが、会社のパーパスは「すべての人に『ワオ！』を届ける（To live and

deliver WOW)」です。「私たちは、顧客と社員とコミュニティと取引先と株主のすべてに向けて、長期的かつ持続可能な方法でハピネスを提供できることを証明し、世界をインスパイアする」というふうに宣言しています。

たとえば、こんなエピソードがあります。ある顧客が本社のあるラスベガスに旅行にやってきましたが、お気に入りの靴を忘れてしまった。そこでザッポスで新たに購入しようと思ったのですが、在庫がなかった。するとコールセンターの社員は近くの靴店に片っ端から電話をかけ、顧客が希望する靴を探し当て、自前で買って、顧客が滞在しているホテルに届けたそうです（石塚しのぶ『ザッポスの奇跡』東京図書出版会、２００９年）。

もう一つ。ある女性が、病床の母親のために靴を購入しましたが、母親は病状が悪化して亡くなってしまった。その後、もろもろの片づけで女性が忙殺されていると、ザッポスから靴の具合を尋ねるメールが届いた。女性が「返品するので今しばらく待ってもらいたい」と返信したところ、すぐにザッポスから「宅配の集荷サービスを送りますからご心配なく」という返信があった。ザッポスでは返品は無料なのですが、購入者は集荷場まで靴を持っていかなくてはならないというルールが定められています。ところが、この社員はルールを曲げて女性のために集荷をアレンジし、さらには、お悔やみの花束とメッセージカードも届けたそうです（同書）。

いかがですか。ザッポスではこれくらい、社員に自由と裁量が与えられていて、それが顧客に「ワオ！」を届けるサービスにつながっています。その結果、新規顧客獲得は43％がクチコミとな

図表8－3｜ザッポスの10のコア・バリュー

1	サービスを通じて、WOW（驚嘆）を届けよう。
2	変化を受け入れ、その原動力となろう。
3	楽しさと、ちょっと変わったことをクリエイトしよう。
4	間違いを恐れず、創造的で、オープン・マインドでいこう。
5	成長と学びを追求しよう。
6	コミュニケーションを通じて、オープンで正直な人間関係を構築しよう。
7	チーム・家族精神を育てよう。
8	限りあるところから、より大きな成果を生み出そう。
9	情熱と強い意思を持とう。
10	謙虚でいよう。

（出典）https://www.zappos.com/about/what-we-live-by

っていて、顧客のリピート率は75％に上ります。

ただし、ザッポスは単に社員に自由と裁量を与えているわけではありません。パーパスを10のコアバリューにしっかりと落とし込み、社員に提示しています（**図表8－3**）。

さらに、自社サイトでも明らかにしていますが、ザッポスでは、一つひとつのバリューを体現するような行動が実際にできているかどうかをチェックする問いかけも用意しています。たとえばバリュー1についてであれば、「考えてみてください。より多くの人を『ワオ！』と驚かせるために、仕事や態度で改善できる点はありますか。今日、少なくとも誰か1人を『ワオ！』と驚かせましたか」といった具合です。

そのうえで、バリュー1を体現するためには、「自分の仕事ではないと思っても力を貸す」「すべての人に、あらゆるところに『ワオ！』を届ける」「誰かに『ワオ！』と声に出して言わせる」といった行動が大切だというふうに、実践例までが示されています。

これら10のコアバリューについての問いかけと実践例をザッポスでは「社員の誓い」と呼んでいて、新たに採用した人材のオリエンテーションのための研修プログラムでバリューが共有されます。そして最後に「このバリューが気に入らないなら、どうか今、辞めてください。辞める方には4000ドルをお支払いします」とのプロポーザルが示され、「コアバリューを実践します」と誓った社員がザッポスファミリーの一員になるわけです。

ネットフリックスが「ドリームチーム」を標榜しているのに対して、トニー・シェイは自分たちのことを「家族」だと言っていました。フレンドリーでチャーミングな人柄で知られていた彼は、社内外で慕われ愛されていましたが、残念ながら、コロナ禍の中、2020年11月に46歳の若さで亡くなりました。

みなさんはザッポスの経営について、どう思われるでしょうか。

卓越した会社はカルトに見える

アカサカ　うちの会社でも、パーパスやバリューは制定しているのですが、正直、その実践と組織内での浸透という意味では、ザッポスはまったくの異次元レベルです。

野田　おっしゃる通りです。僕はザッポスがすばらしいと手放しでほめたたえたいわけではありませんが、パーパスやバリューを定義している企業はたくさんあっても、ザッポスと同じレベルとメッシュで組織全体への浸透を図っている企業はまれでしょう。

ヒガシオ　確かに興味深い事例なのですが、どこかカルト（狂信的な宗教集団）のようで、怖い感じもします。

野田　ありうるご指摘ですね。ザッポスがカルト集団のように見えても不思議ではありません。

少し横道にそれますが、経営の本質にかかわる議論なので、前出のジェフリー・フェファー（スタンフォード・ビジネススクール教授）とのかつての会話を紹介させてください。

僕がまだ30代後半だった頃、フェファーがロンドン・ビジネススクールで講演をしました。その後、数人でワインを飲みながら夕食をとっていたとき、僕は彼に「エクセレント・カンパニーとふつうの会社の違いは何だと思いますか」と尋ねたのです。すると彼は「卓越した業績をあげるためには、他社とは違うことをする必要がある。しかし、卓越した会社のプラクティスを見て、一般の経営者は興味を示すものの、『その会社のレベルまでは到底徹底できない』と言う」と即答したのです。言い得て妙ですね。

経営について考えるとき、僕はこの会話をよく思い出します。エクセレント・カンパニーは、他社が「そこまではできない」とあきらめてしまうようなことを平気でやってのけます。だから、そのまねができない人々からは、狂信的な集団に見えてしまうこともあるのだと思います。前出のジム・コリンズも「ビジョナリー・カンパニーは、カルトではないが、カルトのようだ」と指摘しています（前掲書）。

僕自身は、企業がカルト化するのは必ずしも悪いことだとは思いません。企業にはそれぞれ個性があっていいわけだし、その個性に合った人たちが集まってくればいい。社員の側も、働いてみて「この会社は自分には合わないな」と思ったら辞めればいいのです。完全に洗脳されて人生を台無しにしてしまうようなことがあれば話は別ですが、そこに関しては、企業は本物のカルトとは違いますから。

個を起点とするリクルートの経営

みなさんの中には、パーパスやバリューによって自由な個人を勇気づけ、束ねていけるのは、社員数3000人ぐらいまでの規模の企業じゃないのかという感想を抱く方がいるかもしれません。こぢんまりした組織なら、個人と向き合い、個人に伴走し、個人を輝かすことができても、大きな組織ではそんなことはできないのではないかというふうに。

でも、実例が日本にあります。個人の自主性を起点とするグローバル企業、リクルートです。同社のグループ従業員数は、2023年3月時点で、5万8000人を超えています。

かつてリクルートは「自ら機会を創り出し、機会によって自らを変えよ」という創業者の言葉を社訓としていましたが、現在は**図表8－4**のように基本理念、ビジョン（目指す世界観）、ミッション（果たす役割）、バリューズ（大切にする価値観）を掲げています。

ミッションは、「まだ、ここにない、出会い。より速く、シンプルに、もっと近くに。」と定義されており、それを、無数のクライアント（サービス対価を払う人材採用企業、美容室、居酒屋、旅行会社など）と無数の顧客（サービスを受益する新卒・転職者、美容室・居酒屋・旅行会社などの利用者）をマッチングするぶれないビジネスモデル（「リボン図」という言葉で概念化）の追求や、日本有数のＡＩ・データ解

図表8-4｜リクルートの経営理念

基本理念

私たちは、新しい価値の創造を通じ、社会からの期待に応え、一人ひとりが輝く豊かな世界の実現を目指す。

ビジョン［目指す世界観］

Follow Your Heart

一人ひとりが、自分に素直に、自分で決める、自分らしい人生。本当に大切なことに夢中になれるとき、人や組織は、より良い未来を生み出せると信じています。

ミッション［果たす役割］

まだ、ここにない、出会い。
より速く、シンプルに、もっと近くに。

私たちは、個人と企業をつなぎ、より多くの選択肢を提供することで、「まだ、ここにない、出会い。」を実現してきました。いつでもどこでも情報を得られるようになった今だからこそ、より最適な選択肢を提案することで、「まだ、ここにない、出会い。」を、桁違いに速く、驚くほどシンプルに、もっと身近にしていきたいと考えています。

バリューズ［大切にする価値観］

新しい価値の創造

世界中があっと驚く未来のあたりまえを創りたい。遊び心を忘れずに、常識を疑うことから始めればいい。良質な失敗から学び、徹底的にこだわり、変わり続けることを楽しもう。

個の尊重

すべては好奇心から始まる。一人ひとりの好奇心が、抑えられない情熱を生み、その違いが価値を創る。すべての偉業は、個人の突拍子もないアイディアと、データや事実が結び付いたときに始まるのだ。私たちは、情熱に投資する。

社会への貢献

私たちは、すべての企業活動を通じて、持続可能で豊かな社会に貢献する。一人ひとりが当事者として、社会の不に向き合い、より良い未来に向けて行動しよう。

（出典）https://www.recruit.co.jp/company/philosophy/

析技術、さらにはAirレジなどを起点とするクライアントの業務支援サービスの開拓などによって実現しています。

しかし、事業モデルの追求・深化にしても、AIとデータマネジメントを梃子にしたDXにしても、それを実現するのは個々の人間です。組織の目的を内在化し、圧倒的な当事者意識を持って、やんちゃに楽しみながら事業を遂行する自律した個の存在がリクルートの経営の本質です。自律した個人を育て、同時に組織のミッション（パーパス）とのアラインメントを図るため、リクルートは人材採用と評価、活用に、他の企業では考えられないレベルで、時間とリソースを割いています。

たとえば、社員は半期ごとに「Will Can Must シート」を提出し、上司と面談を行います。これは、本人が実現したいこと（Will）、生かしたい強みや克服したい課題（Can）、能力開発につながるミッション（Must）という項目からなる目標管理シートです。社員は上司や先輩からことあるごとに、「お前は何がしたいの？」「お前はどうしたいの？」というふうに問われることで、自ずと当事者意識と主体性を高め、同時に自身の組織への貢献度を問われます。

また、リクルートの各事業部では、四半期ごとのキックオフミーティングで方針や目標を明確に説明するとともに、社員の表彰を大々的に行っています。表彰の対象となるのは、量的成果をあげた人たちだけでなく、事業部方針の具現化に貢献するなど質的な成果をあげた人たちも対象となります。事業を見直す際は、必ず「そもそも、これって何のためにやっているの?」というふうに原点に立ち返って議論を交わし、事業内容と目標のすり合わせを行います。

それだけではありません。リクルートでは、目標達成と組織への貢献が厳格に求められており、あくなき成長への希求を「停滞はダサい」というひと言で言い表しています。人材開発委員会によるリーダー登用基準の中にはバリューの体現度が含まれており、人材の登用を通じて、自社の価値観が組織全体に浸透していくことが意識されています。まさに、世界に誇りうる経営哲学とプラクティスを持つ卓越した企業だといっても、いいすぎではないでしょう。

なぜグーグルは優秀なタレントをひきつけるのか

主体的な個を経営の中心に置く先進的な経営事例として、グーグルも見ていきましょう。

これまでグーグルはさまざまなサービスや製品を世に送り出してきました。しかし、それらがすべて新規事業として社内から立ち上がったのかというとそうではなく、むしろ、ほとんどはベンチャーの買収を通じて生まれました。

ただグーグルは、買収先の優秀な人材を比較的うまく使い、そういう人たちが組織にとどまって事業を拡大させ続けてきているのです。どうしてそれが可能なのか。アクハイアが下手な企業では買収で確保したタレントがどんどん辞めてしまうのに、グーグルではタレントを活用し続けられているのはなぜなのか。これがここでの問題意識です。

その理由としてしばしば指摘されているのは、人事や福利厚生の制度が充実しているということです。平均給与が飛び抜けて高いのはもちろん、父親は最大6週間、母親はその3倍の育児休暇を取得できる。カリフォルニア州マウンテンビューの本社キャンパスでは、ジムや各種のスポーツ施設が使える。社員が死亡した場合、未行使のストックオプションに相当する額を残されたパートナーはすぐに受け取ることができ、死亡した社員の年間給与の半額が10年間支給される。いずれも魅力的な制度です。

けれどもより重要なのは、ストレッチされた挑戦に向けて、公平かつ透明に個を尊重する同社の姿勢にあると僕は思っているのです。

グーグルでは、「ＯＫＲ（objectives and key results）」という手法が取り入れられています。これは、「今あるものを何倍にもするためには、何を目指せばいいのか」という議論をへて各セクションで設定された目標が、会社全体の目標につながっていく仕組みです。その目標の達成に向けて、現場では頻繁なワン・オン・ワン（1 on 1）ミーティングが実施され、「社員がお互いをリスペクトする」というバリューのもと、成果については、上司からのみならずプロジェクトのメンバーからもピアフィードバックが受けられます。年2回のマネジメント・サーベイでは、部下から上司へも忌憚《きたん》のないフィードバックがなされ、年1度は、全社員が上司やグーグルでの会社生活全般を評価する

「グーグルガイスト」という調査も行われています。

また、グーグルでは、成果をあげている社員は、自分で手を挙げて希望する部署に比較的容易に異動することができます。３Ｍの15％ルールに触発され設定された「20％ルール」もあって、社員は勤務時間の20％を費やして自分の関心のあるプロジェクトに参加できるのです（「Gmail」もこのルールから生まれました）。

社内での研修が充実していることもグーグルの特徴です。社内で講師の資格を取得すれば、仕事に関するナレッジや趣味に至るまで、研修を開催することができます。その情報は「Grow」というサイトで紹介され、スキルアップしたい社員はいつでも参加できます。

経営陣とのコミュニケーションもオープンに開かれていて、「ＴＧＩＦ（Thanks God It's Friday!：やっと金曜日だ！）」という頻繁に開かれるフォーラムでは、社員は経営トップにどんなに物議を醸すようなことでも質問できます（Avery Hartmans「『最高の職場』グーグルで働くのってどんな感じ？」Business Insider Japan ２０１７年11月20日、「グーグルに『働きがい』を高めるカルチャーが根付いた背景」ダイヤモンド・オンライン２０２２年３月30日）。

グーグルが優秀な人材の心をつかんで離さないのは、社員たちに自由と責任が与えられ、社員たちがとびきり優秀な同僚に囲まれて働くことによって、成長の機会と自己実現の可能性を感じられるからでしょう。

というと薄っぺらな表現になってしまうのですが、公平かつ透明に個を尊重する会社としての姿勢が、創造的で起業家精神に富んだ個人を束ねる求心力になっていることは事実でしょう。

アスピレーションが鍵を握る

グーグルの事例をここで紹介している理由は、もう一つあるのです。それは、21世紀の経営におけるアスピレーション（大望）の重要性をみなさんに考えてもらいたいからです。

グーグルは自分たちのミッションを「世界中の情報を整理し、世界中の人々がアクセスできて使えるようにする」というふうに定義していますが、毎年、その年に最も検索されたワードを発表するとともに、「Year in Search」という動画をアップして、このミッションを発信し続けています。タイトルは２０１７年が「How」、２０１８年が「Good」、２０１９年が「Heroes」、２０２０年が「Why」、２０２１年が「How to heal」、２０２２年は「Can I change」でした。

中でも「How」が僕は好きです。ぜひ一度見ていただきたいのですが、グーグルの検索機能によって、世界中の人々が勇気づけられ、問題解決や挑戦の解決策やヒントを見いだし、行動できている様子がオムニバスで紹介されています。こうした動画は、「グーグルで働くというのは、こういう世界を実現するというアスピレーションに参画し、同時に、一人ひとりがアスピレーションを体現することなのだ」と社員に伝えるためにも使われているのだと思います。動画を通じて、組織のパーパスと個のパーパスをアラインし、個をエンパワーしているのです。

グーグルに対しては、世界中のデータを独り占めせんとしている〝悪の帝国〟であるという負のイメージを持たれる方もおられるでしょう。そういう方は、「Year in Search」の動画を見ても、「自社に都合のいいプロパガンダではないのか」と受け止められてしまうかもしれません。

しかし、僕は単純なのでしょうか。純粋に、こんなアスピレーションを掲げ続けるグーグルの経営者たちはすごいなぁと感心してしまいます。日本人の「謙譲の美徳」には合わないかもしれませんが、出身や国籍や経験の異なる、多様で独立心の強い個を束ねていくためには、経営トップが、社員が心から共感できるアスピレーションを掲げ、たえず社員に語りかけること。同時に、社員が行動を通じてそのアスピレーションを体現できる機会を与えることがきわめて重要だと思うからです。また、ミレニアル世代やZ世代は、僕たちの世代より、ずっと他者や社会への貢献に関心があり、働くことを通じて、その一助となりうることに価値を見いだしています。この意味でも、トップが掲げるアスピレーションが重要となるのです。

伝統的企業に蔓延するアクティブ・ノンアクション

ここまで、21世紀を象徴する企業としてネットフリックス、ザッポス、リクルート、グーグルを取り上げて、それぞれの経営を概観してきました。

みなさんお気づきのように、これらの企業には多くの共通点があります。それは、社会を変えようとする大胆な理念を持っており、自律した有能な個人をひきつける組織文化やバリューが根づいていること、個に成長の機会と自己実現の可能性を与えるプラットフォーム型の企業であるということ、そしてそのプラットフォームが強いビジネスモデルと高い技術によって裏づけられていることです。

もちろんすべての企業がプラットフォーム型になれるわけでもありません。また、何度も言いますが、21世紀においても企業の形はさまざまであり続けます。ただ、個の時代の到来という変化の波は、プラットフォーム型か否かにかかわらず、どの企業にも、程度の差こそあれ押し寄せてきています。


そうした中、伝統的企業における経営の一般的な状況はどうでしょうか。

スマントラ・ゴシャールは、亡くなる直前に上梓したハイケ・ブルックとの共著『アクション・バイアス』(原著は2004年刊)の中で、伝統的企業の経営における最大の問題は、個の主体性の喪失であるとの警鐘を鳴らしました。

頭脳明晰で組織に対する忠誠心も持っている有能な個人が、真に生産的な行動を起こさずに、貴重な時間とエネルギーを浪費してしまっている。彼ら彼女らは、毎日毎日、降りかかってくる仕事への対応や問題の解決のためにあくせく働いていて、一見行動しているように見えるが、本当の挑戦に向き合っていない。そんな状態をスマントラたちは「アクティブ・ノンアクション（active non-action）」と呼び、鋭く批判しました。

どうでしょう、みなさん。心当たりはありますか。

サクラダ　僕が働いている重厚長大系の日本企業の現状を言い当てているように感じます。

オカ　新型コロナが落ち着き、再び、会議、報告、取引先へのプレゼンなどに追われる日々が戻ってきました。アクティブ・ノンアクションと言われると、自分のことや自社のことを言われているようで、耳が痛いです（笑）。

野田　正直にありがとうございます。でも、お二方の話に、あまり驚きはないのです。それは、僕が、アクティブ・ノンアクションはとりわけ伝統的な日本企業に蔓延していると危惧しているからです。その状況を僕は、「不真面目な優等生」の氾濫と表現します。

不真面目な優等生とは、組織から与えられた仕事はそつなくこなし、頭をなでられることにモチベーションを見いだす人のことを指しています。正解（と思しきもの）を探す能力に優れ、目先の問題を解決する能力にも長けていますが、その行動には未来をつくり出す活力や躍動感がまったくといっていいぐらい欠落している。日本企業では、社員だけでなく、経営幹部の多くも、この落とし穴にはまっているように見受けられます。これこそが、バブル崩壊後から続く失われた30年の真因ではないかとすら僕は思っています（『アクション・バイアス』の訳者まえがきで詳述）。

もちろん、スマントラたちが指摘するぐらいですから、アクティブ・ノンアクションは日本だけに見られる現象ではありません。また、現代に特有な現象というわけでもないのでしょう。古代ローマの哲学者セネカも、「怠惰な多忙（英語ではbusy idleness）」という言葉を用いて、多くの人間が「充ち溢れる湯水でも使うように時間を浪費している」と語っています（『人生の短さについて』茂手木元蔵訳、岩波文庫、１９８０年）。

どうすればいいのでしょうか。

スマントラとハイケは、アクティブ・ノンアクションを打破するには「意志の力（willpower）」が必要だと主張します。つまり、誰かから評価してもらいたい、頭をなでられたいといった外から与えられるモチベーションに依存して行動するのではなく、自分の内面からわき上がってくる意志の力によって行動することが重要だということです。そしてこの意志の力は、僕が定義するリーダーシップの原点でもあります（野田智義、金井壽宏『リーダーシップの旅』光文社新書、２００７年）。

海へ漕ぎ出したいという願望を育む

では、個が価値創造の担い手となる21世紀において、幹部や社員をアクティブ・ノンアクションから脱却せしめ、その意志の力を育み、彼ら彼女らを挑戦に向けて解放するためには、リーダーたる経営トップは、何をすべきなのでしょうか。

スマントラたちは、挑戦ができる機会やスペースを提供して、そのことを認識させること。それから挑戦に向けた決断の機会を与えて、その意欲があるのかどうかを自らに問いかけさせること。さらに、挑戦をサポートし、その過程を見守り続けることが大切だと主張します。

そして、この過程でとりわけ重要となるのは、トップが、「個が組織で働く意味」をつくり出すことです。組織はそもそも何を目指しているのか。なぜそれを目指そうとしているのかを語り、その目指すものが、組織のメンバー一人ひとりにとってどんな意味を持つのかを考えてもらい、働く意味を自らの意志として内在化してもらうのです。

スマントラたちは『アクション・バイアス』の最終章で、『星の王子さま』の著者として有名なアントワーヌ・ド・サン＝テグジュペリの言葉を引用しています（ちなみにこの格言は、ネットフリックスのカルチャーデッキでも「Context, not Control」を象徴する言葉として引用されています）。サン＝テグジュペリはこう述べています。

——もし船をつくりたいなら、男たちをかき集めて森に行かせ、木を集めさせ、のこぎりで切って厚板を釘で留めさせるのではなく、海へ漕ぎ出したいという願望を教えなければならない。

現代の社員教育や経営人材育成は「木を集めさせ、のこぎりで切って厚板を釘で留めさせる」という小手先のスキルトレーニングに終始していないでしょうか。それ以上に大切な「海へ漕ぎ出したい」という願望を教えることを怠ってはいないでしょうか。

人と社会と未来に貢献する高いレベルでのアスピレーション（ノーブル・パーパスあるいはディープ・パーパスとも呼びます）を掲げ、組織の成員を挑戦に誘《いざな》うこと。組織の目的と社員の目的の高い次元でのアラインメントを図り、組織に広がるアクティブ・ノンアクションを払拭すること。そして、意志の力を育くんだ個人（「不真面目な優等生」と対比して「真面目な不良」と僕は呼びます）が現状を打破し未来を創造していけるように、支援のコンテクストをつくり出すこと。それこそが、経営者リーダーに今求められていることだと、僕は確信しています。

「そこそこ」メンタリティからの脱却

いよいよ、この講義も、終わりに近づいてきました。

この講義の冒頭で、僕はみなさんに、組織は1人ではできないことを成し遂げるためにつくられる装置であり、経営とは、人を通じてよりよいことを持続的になすことだと解説しました。ただ、多くの人々を束ねる組織は、1人で事をなすときには考えられないような問題に遭遇します。そのために経営者リーダーが果たすべき中核的な役割が、ジョー・バウワーが示したコンテクストのマネジメントでした。

そして今、価値創造の主体が個にシフトしていく中で、求心力と遠心力のバランスをとりながら、個の力を最大限に引き出す企業コンテクストをどうつくり出すのかが問われています。重視されるコンテクストも、戦略のコンテクストや経営管理のコンテクストから、組織行動のコンテクストへと大きくシフトしています。


そんな挑戦において、経営者リーダーに一番求められるものは何なのでしょうか。

僕は、それこそが、アスピレーションだと信じています。経営幹部や社員ではなく、経営者リーダー自身に「海に漕ぎ出したいという願望」があるのかどうかがまさに問われているのです。

僕らは今、人類史の分岐点に立っています。人間存在に豊かさをもたらしてきた資本主義は、格差拡大と持続可能性への懸念が高まる中、曲がり角に差し掛かっています。システム世界の全域化が進展したことによって、コミュニティには穴が開き、人間的なふれ合いが失われつつあります。

その一方で、サステナビリティとウェルビーイングが重視される時代においては、企業が果たせる役割はけっして小さくないはずです。人から「青年よ、大志を抱け」と鼓舞されなくても、企業人は自らの意志で、限りなく大きな志を抱くことができます。


でも、日本と世界を見渡してみるとどうでしょう。大志を抱いている企業の経営トップはどれほどおられるでしょうか。お叱りを受ける覚悟で申し上げると、僕には、「そこそこ」メンタリティに安住しているトップの方が多いように思えてならないのです。

しかし、「そこそこ」の利益をあげ、「そこそこ」の社会的役割を果たし、「そこそこ」の評価を得ることでトップが満足しているとしたら、それはとてももったいないことです。

企業は、人間社会が生み出した偉大な発明品です。社会の中に存在し、イノベーションを通じて経済発展に寄与する原動力です。イーロン・マスクのように「火星移住」に挑戦するのは難しいとしても、僕らの周りには、企業が解決の糸口を見いだしうる地球（プラネット）規模の課題があふれています。

最終的に社員は経営トップを見ます。もし仮に、経営トップ自身が、社内や世間の評価に一喜一憂し、「そこそこ」に（過去の延長線上や業界平均程度にそつなく）経営をこなす「不真面目な優等生」であったら、挑戦に向けた企業コンテクストをつくり出し、組織の成員を挑戦に誘《いざな》うことなどけっしてできないでしょう。

ことわざにも「隗《かい》より始めよ」とあります。個の時代とは、経営者リーダー自身がまず自分と向き合い、自身の経営哲学を磨くとともに、自身のアスピレーションや内面からわき上がる意志の力を確認する時代なのです。

みなさんの中から、一人でも多くが真の経営者リーダーへと成長していくことを心から願って、この講義を終えたいと思います。

ありがとうございました。

第8章のまとめ

21世紀の経営においても、コンテクストは重要な意味を持つ。パーパスやバリューを共有する。組織のパーパスと個のパーパスをすり合わせる。アスピレーションを掲げて、社員を鼓舞する。これらはいずれもコンテクスト・マネジメントに通じるものだ。

企業を取り巻く環境がどんなに大きく変わろうとも、経営という仕事の本質は変わらない。同時代に生まれ同時代を生きる人々が集まり、組織をつくり、よりよい未来を目指して人と社会に価値を提供する。そんな営みと向き合い、多くのジレンマと葛藤を引き受けるのが「人を通じて事をなす」経営の挑戦だ。

この挑戦を成し遂げるためには、経営トップ自身が、アクティブ・ノンアクションのワナに絡めとられることなく、自分、他者、社会、未来を見つめる必要がある。

21世紀の経営とは、夢と志を持つ一人ひとりの経営者リーダーが、自らの手でつくり出すものにほかならない。

あとがき

僕はこの本を、20年前、いや少なくとも10年前に出版するべきだった。それも日本語ではなく、英語で。小さな教育機関ではあるものの、その経営とオペレーションの責任を担う創業経営者として、そして、日本のみならず世界の経営リーダー教育を変革せんと志すチェンジメーカーとして挑戦に明け暮れる僕には、所詮不可能なことだったが、今でも本書をもっと前に世に問うておけばという後悔が胸に残る。

本書が拠って立つのは、ハーバード・ビジネススクールにおける経営政策のプロセス学派(process school of business policy)が伝統的に育んできたパラダイムだ。ハーバードのしきたりに従って、僕の博士号は、純粋に学問的なPh.D.ではなく、より実務的な「DBA」というタイトルだが、正式には「Doctor of Business Administration in Business Policy」だ。

ハーバード・ビジネススクールにおける経営政策は、「LACG」の頭文字で呼ばれたエドムンド・P・ラーンド(Edmund P. Learned)、ケネス・R・アンドルーズ(Kenneth R. Andrews)、C・ローランド・クリステンセン(C. Roland Christensen)、ウィリアム・D・グース(William D. Guth)の4人組が中心となり、ケース手法に依拠した研究・教育を通じて培ってきた(この4人によって、*Business Policy:*

Text and Cases という教科書が１９６５年に Irwin から出版されている)。

こうした伝統を引き継ぎながら、経営政策のプロセス学派を形成・牽引していったのが、ジョセフ(ジョー)・バウワー(Joseph L. Bower：現名誉教授)だ。途中、経済学を学問的なバックボーンとし、より静的な戦略分析による比較競争優位の構築に主眼を置くマイケル・ポーター(Michael E. Porter)とその仲間たちが、産業競争分析学派として袂を分かった後も、経営政策のプロセス学派は、１９７０年代後半から２０１０年代までの長きにわたって、歴史を着実に積み重ねてきた。

ジョー・バウワーが指導した研究者・教育者は数多《あまた》いる。序章でも一部紹介したが、コアコンピタンスやボトム・オブ・ザ・ピラミッドという概念で一世を風靡したC・K・プラハラード(C. K. Prahalad：故人、元ミシガン大学教授)、C・Kとコンビを組んでグローバル経営論のフロンティアを開拓したイブ・ドーズ(Yves Doz：ＩＮＳＥＡＤ名誉教授)、ＧＥの組織変革と経営者リーダー育成にアカデミズムと実務の両面で貢献したラム・チャラン(Ram Charan)、起業家精神(アントレプレナーシップ)領域の教育研究をハーバードで開拓したハワード・スティーブンソン(Howard Stevenson：ハーバード・ビジネススクール名誉教授)、プロダクト・ポートフォリオ・マネジメントの研究を行ったリチャード・ハメルメシュ(Richard Hamermesh)、企業買収後の統合プロセスのマネジメントを研究したフィリップ・ハスペスラフ(Philippe Haspeslagh：ブレリック・ビジネススクール名誉学長)、プラハラードとドーズによるグローバル戦略と経営におけるパラダイムを進化させ完成させたクリストファー(クリス)・バートレット(Christopher A. Bartlett：ハーバード・ビジネススクール名誉教授)とスマントラ・ゴシャール（Sumantra Ghoshal：故人、元ロンドン・ビジネススクール教授、元ＩＮＳＥＡＤ教授）、イノベーターのジレンマを研究し、一時代を築いたクレイトン（クレイ）・クリステンセン（Clayton Christensen：故人、元ハーバード・ビジネススクール教授）、イナーシアの克服と組織の変革を研究したドナルド（ドン）・サル（Donald Sull）など、多くの研究者が輩出され、教育研究のみならず経営の実務にも大きな影響を与えてきた。

早くに研究の第一線から離脱してしまった僕は、研究者としてはまったくの出来損ないだが、ジョーのパラダイムの直系の継承者であり、この学派の最後の末裔、いわばラストモヒカンに当たる。

この学派の特徴は、マーケティングや財務、Ｒ＆Ｄといった機能領域ではなく、経営全般や組織全体を研究対象としていること。アンリ・ファヨール、メアリー・パーカー・フォレット、Ｅ・メイヨー、Ｆ・Ｊ・レスリスバーガーらの業績に刺激されながら、チェスター・バーナード、ハーバート・サイモン、Ｐ・セルズニック、Ｊ・Ｄ・トンプソンなどの研究によって発展してきた学際的な経営管理理論（administrative theory）を中軸に置いていること。そして何より、経営者リーダーの役割と責任に焦点を当てていることだ。しかしながら、残念なことに、この伝統ある学派は、もはや壊滅状態と言ってもいい。すでに、ハーバード・ビジネススクールでも、経営政策の博士号は消滅している。

経営政策が壊滅状態なのは、この領域に有用性がないからではけっしてない。むしろ逆であり、グローバル化とイノベーションの進展で、経営の舵取りが複雑さと難度を増す中、経営政策の実務における重要性は従前より飛躍的に高まっている。そしてこれからも、経営政策は必要とされ続けるだろう。

学問としての経営政策の衰退は、実務的な要請とは乖離した、学問領域における需要と供給の結果にほかならない。実務家の読者のみなさんはあまり関心がないかもしれないが、世界の経営学、さらにはビジネススクールの教育の現状がどうなっているのかを俯瞰する意味でも、少しばかり説明させてほしい。

まずは、研究者という「供給」側の問題だ。

他の学問領域と同じく、過去数十年の経営理論はアメリカの研究者たちによって牽引されてきた。ビジネススクールという教育メソッドも、ＭＢＡが「Master of Being American」と揶揄されるようにきわめてアメリカ的だ。このアメリカの学界では、「(社会) 科学」という名のもとに実証研究が重視される。仮説や提言が実証され、ロバスト (robust：堅牢) であるか否か、一般化可能性、再現可能性、蓄積可能性があるか否かが肝となる。

社会であれ、組織であれ、経営であれ、僕らの営みには、原因と結果を示す変数 (variable) と、それをつなぐ関係性 (causality) がある。その関係性を説明する仮説を、理論的な枠組みから導き、大規模サンプルを集めた統計学手法を使って有意かどうかを検証するのが、実証研究の基本だ。

ところがどうだろう。経営という営みは、複数の要素が入り組み合って構成される、きわめて複雑な事象だ。関係性も、ある変数がある変数に影響を与えるという直線的かつ単純なものではなく、互いに相関し合うものだ。結果、経営の一部ではなく、全体をまるごと扱う経営政策領域における学問的探究は、あまり実証研究には適さない。

本書でも何度も紹介したが、経営政策の分野で世界的ベストセラーになり、本書でも引用している『ビジョナリー・カンパニー』というシリーズがある。経営への有用な提言がたくさん盛り込まれており、内容は古いとはいえ、今なお経営者リーダーにとっての必読書だと思う。しかし、同書の提言は、業績が明暗を分けた対照的な二つの企業の比較考察から、主観的に、ときに直観的に導かれた「経験則の寄せ集め」と批判されかねないものであり、統計学的に有意であると検証されたものではけっしてない。

経営者に拍手をもって迎えられ、世間で評価される本であれば十分ではないか、と思われる向きもあろう。しかし残念ながら、欧米の研究者の間では、そういう実務家向けの本はまったく評価されない。『ハーバード・ビジネス・レビュー』といったマネジメントジャーナルに寄稿することすら、研究者としての評価にはまったくのプラスとならない。むしろマイナスかもしれない。僕はINSEAD在籍時代に、『ハーバード・ビジネス・レビュー』の巻頭論文を英語で書いたが、当時の学長から「もっと学問的な研究発表に注力するように」とアドバイス（やんわりとした注意）を受けた。

現在のビジネススクールは、それぞれの領域の「Aジャーナル」と言われる一流の学術誌に査読つき論文を何本出し、同分野の研究者から論文がどれくらい引用されたかによって、終身在職権(テニュア)が得られるかどうかが決まる人事評価制度となっている。大学院で正教授として生き残れるかどうかは、Aジャーナルに載るインパクトのある論文が書けるかどうかで決まってしまう。

ちなみに、一本の論文をAジャーナルに掲載するには、研究と分析を終え、提出してから1、2年程度、場合によっては数年かかる。ジャーナルにアクセプトされて掲載される頃には、研究者自身がその中身を忘れてしまうのが現状だ。

結果、どうなるだろう。ビジネススクールに所属する経営学者は、研究を行うにあたって、極端に言えば、経営実務にとって重要かどうかより、論文が書けてアクセプトされるかどうかを優先する傾向にある。とりわけ若手の研究者はそうだ。

対象となる研究も、経営全般に関する事例をケース手法で深く掘り下げて分析するのではなく、経営活動の一断面を切り取り、比較的シンプルな仮説を立て、大規模サンプルで統計学的に検証することが圧倒的に優勢となる。だから「重箱の隅をつつく」ようなリサーチが、世界の経営学を席巻している(それでも、クレイ・クリステンセンのような一部の卓越した研究者は、この状況にあっても新しいパラダイムを切り拓いてきた。したがって、僕のここでの考察は、一般的な傾向にすぎないことをお断りしておく)。

教育においても、ケース教材の作成に大きな変化が進行してきた。本来、ケース教材は、正解のない経営にとってのジレンマや挑戦を、学生が自分にひきつけて考え、頭と心の鍛錬ができるように意図され作成されてきたものだ。しかし、研究者は教育向けのケース教材作成では評価されないため、アカデミックな論文出版を優先する。結果、世界のビジネススクールで使用されるケース教材の大半を生産するハーバードでも、ケース教材は純粋に教育目的で書かれるのではなく、自身のアカデミックな研究のデータ集めとして、場合によっては、データ取得のために企業へのアクセスを得るための手段として利用される。そのため、本来の教育目的にかなうケース教材は激減し、内容も研究者自身の解釈に基づく、いわば一つの解を解説するイラストレーティブなものとなってしまっている。

以上が供給側の事情だが、「需要」サイドにも問題がある。

経営政策が守備範囲とする「経営」は、多くの因果律が働いているとはいえ、直観的、さらには属人的な要素が一定部分を支配する、サイエンスとアートの混じった世界だ。複雑で厄介、でもかけがえのない存在である人と組織にたえず向き合わなければならない。

にもかかわらず、アメリカのＭＢＡ教育は、そしてアジアやアフリカなど新興国のそれも、20歳代前半から半ばの若い社会人学生を主対象としている。学部教育の一環として、まったく実務経験のない学生相手に科目を教える場合も多い。

しかし、そうした若い人にとって、人をエンパワーし、多様な人からなるチームをとりまとめ、複雑な組織を動かし、その力を引き出すという挑戦は、興味の対象とはなりにくい。彼ら彼女らの経験と精神的マチュリティからすれば、それも当然だ。経営の難しさも葛藤も面白さも、組織や社会において一定の経験を積み、夢と悩みを持って現実を生きる他者、さらには自分と向き合う中で、初めて理解できるものだからだ。

実際、MBAの若い学生が興味を引かれるのは、手っ取り早く武器として身につくマーケティングやファイナンスの知識、デザイン思考や戦略思考といったスキルだ。経営政策のように、統合的なフレームワークも提示されず、いくつもの経営アジェンダがパッチワークのように紹介され、成功した（あるいは失敗した）経営者リーダーの実務経験に基づく教訓が訓示されるような授業は、どこか現実離れした〝経典〟のように感じられるのかもしれない。

そもそも、既存企業に就職するよりも、自ら起業するという挑戦を選ぶ現代のMBAにとっては、リソースリッチだが複雑性に富む組織のマネジメントは、近い将来の自分たちのキャリアとのかかわりが見えにくいものだ。

事実、ジェネラリスト養成を自認してきたハーバード・ビジネススクールでも、経営政策の科目は学生に不人気で迷走を続けてきた。僕がハーバードにいた頃は、「MPP（management policy and practice）」として2年次冒頭に必修科目として教えられていたものの、今では消滅してしまっている。

翻って日本ではどうだろうか。

お叱りを受ける覚悟で申し上げるが、日本の学生や社会人を覆うのはハウツーものへの根強い欲求だ。正解主義教育で育ち、どこかに答えがあるという前提のもと、どうやってうまく答えにたどり着くかに関心を持ってしまう。書店には、「○○ができるようになる」といった類の指南書がズラッと並んでいる。

また、本書の中でも指摘しているが、日本の経営幹部たちの多くは、転職を経験することなく、一つの会社の中でキャリアの大半を過ごしているために、そもそも、経営の質というものに対する感度が低くなりがちだ。そのため、経営政策が扱う複雑性、正解がない領域でのアートとサイエンスの合わせ技には、容易には関心が向かない。

本書は、こうしたビジネススクール教育におけるグローバルな潮流に逆らい、経営政策（とりわけハーバードの経営政策のプロセス学派）のパラダイムを教科書として復興せんとするものだ。復興するといっても、そもそもこの種の教科書は今まで英語でも出版されたことがない。残念極まりない。本書は、学派の末裔である僕が、自分の学問の師であるジョー・バウワーと、人生のメンターであったスマントラ・ゴシャールの業績を引用しながら、組織能力を構築するにあたっての経営者リーダーの挑戦を俯瞰するものだ。ここからは、僕とジョー、そしてスマントラとのかかわりを紹介しながら、この本の拠って立つ「コンテクスト・マネジメント」という概念の沿革を説明したい。

僕がジョーと出会ったのは、１９９０年の秋。ハーバード・ビジネススクールの博士課程に進学することが決まり、これに先立って、クリス・バートレットのリサーチ・アソシエイトとして、セブン‐イレブンにおけるアメリカから日本へのノウハウの移転とローカル化の分析をしていた頃だった。

英語もろくにできないのに、なぜかジョーに気に入られた僕は（ある意味では理由は明確だ。当時は日本的経営の絶頂期であり、僕が日本人だったからだ）、ジョーが誰なのかも、どんな研究をしているのかも知らないまま、いわばジョーに囲い込まれ、彼が行っていた石油化学産業のダイナミクスと企業の経営行動に関するグローバル研究の手伝いをするようになった。

当時の僕は30歳。銀行員としての浅いキャリアしかなく、既存企業の複雑な経営の仕組みや組織内のダイナミクスについては経験も知見もまったくない。日本に帰国し、石油化学企業の経営企画担当役員に、中長期計画や経営資源の配分、戦略策定についてインタビューしてもチンプンカンプン。後に経団連の会長となられた住友化学の米倉弘昌氏（故人、元社長・会長、当時は経営企画部長）にもお時間をいただいたが、的を外した質問ばかりでさぞかしお困りになったことだろう。

ジョーを一躍有名にしたのは、「資源配分プロセスのマネジメントと組織の意思決定の分析」に関する研究だった。この研究は、政治学・行政学・経営学に当時大きなインパクトを与えた、政治学者グレアム・アリソン（ハーバード大学ケネディ行政大学院初代学長）によるキューバ・ミサイル危機におけるリーダーの意思決定分析（『決定の本質』宮里政玄訳、中央公論社、１９７７年、原著は１９７１年の出版）に大きく触発されている。

アリソンが、危機における対外政策決定を「合理的アクター・モデル」「組織過程（組織行動）モデル」「政府内（官僚）政治モデル」という三つのモデルで分析解釈したのに対し、ジョーが提示した資源配分における意思決定フレームワークは、これらの三つのモデルが示す要素（認知、組織行動、組織内政治など）を入れ込みながら、経営管理の観点から、ホリスティックで簡潔な一つのモデルとして提示したものだった。戦略策定は、組織内の複数のアクターの判断・行動のダイナミックな相互作用によるアウトカムであるとし、そのプロセスにおける経営トップの役割を「コンテクスト・マネジメント」として定義したのだ。

しかしながらジョー自身が、自分が提示したフレームワークの潜在力を十二分に理解していたかどうかは、師を批判することは気が引けるが、きわめて疑問だ。ジョーの愛弟子であったイブ・ドーズとC・K・プラハラードも、コンテクスト・マネジメントの重要性は意識していたものの、彼らのグローバル戦略や経営のフレームワークにそれが十分に反映されていたかというとけっしてそうではない。その後、リチャード・ハメルメシュやフィリップ・ハスペスラフの研究においても、ジョーの枠組みは分析のレンズとしては援用されたものの、直接にコンテクスト・マネジメントを発展させることはなかった。

結果、コンテクスト・マネジメントに関しては、ハーバード・ビジネススクール内においてでさえ、経営全体を俯瞰する枠組みとしての共通了解が得られていったわけではなかった。ジョーとクリスが、僕ら博士課程の学生の前で、経営を理解する枠組みにどんなものがあるのかについて論争したことがあったが、コンテクスト・マネジメントについて説明し始めたジョーに対し、クリスが「それは資源配分におけるあなたのモデルにすぎない、けっして経営を理解する一般的な枠組みではない」と反論したことを今も鮮明に記憶している。

ジョーのフレームワークを学問的に大きく飛躍させたのは、彼のハーバードにおける弟子たちではなく、まったくの門外漢であったスタンフォード大学のロバート・バーゲルマン（Robert Burgelman）だった。

ロバートは、技術パラダイムと業界のダイナミクスが大きく変化する中、インテルが、セミコンダクターチップ（DRAM）からマイクロプロセッサーへと事業のポートフォリオを成功裏に変えていったプロセスを、詳細かつ丹念に研究した。歴史を振り返る遡及的な研究ではあるものの、インテル組織内部における意思決定と戦略策定・行動という長期にわたる一連の時系列プロセスを、現場の研究者、管理職、経営トップにインタビューを重ねて解明していった。

そのうえで、インテルの変身は、当時のトップ（アンディー・グローブ）が戦略上の意思決定を下したことによって実現したのではなく、インテルにおける経営管理のコンテクスト（基盤であるウエハー当たりの収益を最大にするという財務管理上のルール）が、マイクロプロセッサーへの移行という、ボトムアップによる新たな戦略イニシャティブを間接的にサポートし、結果的に同社の変身を誘発したと結論づけた。トップダウンで策定された戦略のコンテクストがイニシャティブを誘導したのではなく、マイクロプロセッサー事業が十分に育った後に、経営トップが戦略転換を事後的に追認したということだ。

この分析結果には異論を挟む向きもあるかもしれないが、少なくとも学問的には、ロバートによって、ジョーの枠組みは戦略策定プロセスの理論的モデル（バウワー＝バーゲルマン・モデル、Bower-Burgelman process model of strategy making）へと発展することとなった。このモデルは、ヘンリー・ミンツバーグ（Henry Mintzberg）らの著書『戦略サファリ［第2版］』の中でも、「ラーニング・スクール」のアプローチの一つとして紹介されている。

僕が博士課程での研究にあたって援用したのも、このバウワー＝バーゲルマン・モデルだった。インテルは後づけで戦略を追認したとバーゲルマンは言うが、本当だろうか。組織内の突然変異（variation）が、内部での資源配分をめぐるプロセスの中で選択淘汰され（selection）、生き残ったものが戦略を形づくる（retention）という組織進化論のV－S－Rフレームワームに多大な関心を持っていた僕は、カール・ワイク（Karl Weick）や野中郁次郎さんの企業進化論にも影響され、一般の進化論とは違って、企業経営の場合には、経営者リーダーが行いうる事業ドメインの再定義による新たな環境創出（enactment）が鍵を握るはずだと思っていた。センス・メイキングの重要性だ。今から考えると、きわめて稚拙で可愛らしい問題意識だが、博士課程の学生時代の僕にとっては一大事だった。

経営管理や戦略のコンテクストがどのように企業の事業戦略や経営行動に影響を与えるのか、経営トップはそこでどんな役割を果たすのかを分析するために僕が選んだのは、アメリカの通信会社であったＡＴ＆Ｔ（マ・ベル）が分割されて生まれた七つの地域会社（ベビー・ベル）の比較研究だった。ケース手法を採りながらも、アメリカの学界で要求される学問研究上のリガー（rigor：緻密さ）を充足するために、なぜ同じ母親（マ・ベル）から生まれた七つ子（ベビー・ベル）が、分割時から10年の歳月をへて異なる戦略上の展開をするに至ったのかを、ＡＴ＆Ｔ分割とベビー・ベルの誕生という自然に発生した実験（natural experiment）を利用して、ケース手法によるプロセス分析で解明しようとするものだった（学術的になるので詳細は割愛するが、関心を持たれた方は、僕が主任指導教官のジョーと書いた論文 T. Noda and J. L. Bower, "Strategy making as iterated processes of resource allocation", *Academy of Management Journal*, Summer 1996 をご参照いただきたい）。

英語もろくにしゃべれないまま、全米を飛び回り、ベビー・ベル7社の経営トップや幹部１００人以上にインタビューし、内部文書を分析するという気の遠くなる作業をともなう調査研究だったが、今から考えるとこの博士論文はまったく面白くない。コンテクスト・マネジメントを援用しながら、戦略策定のプロセスを分析し深掘りしただけのもので、きわめて記述的（descriptive）な分析に終始しており、経営に対する洞察や、よりよい経営に向けての示唆に乏しいのだ。当時の僕にとっては、実証研究全盛の学界の中で、ケース手法のプロセス研究者という異端なアプローチで、いかにして研究者として認められるかが最重要課題であり、学術論文を書くために選んだようなリサーチデザインだった。今となっては懐かしいが、ロバート・バーゲルマンを乗り越えて、経営者の能動的な役割を明確にしたプロセス理論を確立することが僕の当時の目標だった。

苦労の末になんとか博士号を取得し、ロンドン・ビジネススクール（LBS）に教授陣として奉職した僕は、大きな人生の洗礼を受けることとなる。INSEADからLBSに移籍してきて、戦略リーダーシップ研究イニシャティブ（SLRI）を立ち上げていたスマントラ・ゴシャールとの出会いだ。僕の博士論文の指導には、主任のジョーのほかに、まだ新米教授だったクレイ・クリステンセン、企業全体戦略論の枠組みを提唱していた中堅のデビッド・コリス（David Collis）、さらには同じく中堅のニティン・ノーリア（Nitin Nohria）が加わっていたが、そのニティン（後にハーバード・ビジネススクールの学長となる）が「一緒にLBSに移り、スマントラの研究イニシャティブに加わらないか」と誘ってくれたのだ。

スマントラは、MIT（マサチューセッツ工科大学）のMBAプログラムを1年で卒業し（これだけは僕と同じだ）、ハーバードとMITの両方から博士号をわずか3年で取得し（僕はハーバードの博士号だけで5年もかかった）、INSEADで不眠不休の研究を続け、ハーバードの主任指導教官だったクリス・バートレットと共同でグローバル戦略経営のパラダイムを完成させたインド・コルカタ出身の天才経営学者だった。

当時まだ46歳。ともかくスケールがすごい。世界中の経営者リーダーから引っ張りだこで、ダボス会議（世界経済フォーラム）での講演も頻繁にこなし、経営のグルとして絶頂期を迎えていた（僕とスマントラの関係については語るべきことが多すぎて、ここでは到底書き切れない。55歳の若さで早逝したスマントラの遺作『アクション・バイアス』は、僕自身が邦訳を一字一句担当し、そのあとがきで、追悼を込めて全身全霊で、スマントラの業績と僕との関係を詳細に書かせていただいているので、そちらをぜひご参照いただきたい）。

スマントラは、なぜか僕を可愛がってくれた。同じアジア系だったからかもしれないし、自分が立ち上げた研究イニシャティブの初期メンバーだったからかもしれない。あるいは、僕がたえず妥協することなく、経営、資本主義、イノベーション、経営学やビジネススクール教育のあり方、哲学など、さまざまなテーマで論争を挑み続けたからかもしれない。

ほとんどの時間を一緒に過ごした。昼は、LBSのリージェンツ・パークのオフィスやファカルティ専用レストランで、夜はインド料理店やサウスケンジントンの自宅で、語り合った。研究者としてのみならず、人生の目的についてもたえず議論を交わした。あまりに多くの時間を一緒に過ごしていたので、同僚からは「トモ（僕のこと）は、まるでスマントラの養子（adopted son）だね」とも嘲笑された。

スマントラは、ジョーのコンテクスト・マネジメントを意識しながらも、それを大胆に、かつ飛躍的に発展させ、経営の質を形成するにあたってのコンテクストの役割と、経営者リーダーのコンテクスト構築における役割に注目していた。その研究アプローチは独特で、ケース手法を形式的には用いているが、僕がベビー・ベルの比較研究で採ったアプローチとは似ても似つかないものだった。僕は、できるだけ事前のバイアスを排除し、出来事やデータをできるだけ客観的に分析し、そこから結論を導いたうえで、経営への示唆を提示せんと試みたのだが、スマントラはまったく違う。むしろ、自分が規範的（normative）に提示せんとする経営についての仮説、というよりも結論が先にあり、その結論の正当性を補強するために、都合のよい複数のケース研究の結果をパッチワーク的に使い、一つの説得力あるストーリーへと昇華させるというものだった。

LBSでも古巣のINSEADでも、「スマントラはいつも説教する（Sumantra always preaches）」と、彼は、称賛とやっかみ半分の批判を浴びていた。通常の研究者が同じことをやれば、即座に邪道だと否定されてしまうのだが、超理論家であるスマントラの前では、誰もがタジタジになる。そのうえ、彼の天才的な洞察は経営の本質を見事に突いており、自身が規範的に提示せんとする経営についての結論が、実務に携わる経営者たちからも、高い評価と絶賛を受け続けたのだ。

幸いなことか不幸なことか今でも判断が難しいが、僕は完全にスマントラに洗脳されてしまった。スマントラは学問的にも一流だったが、いかにも学者然としたロバート・バーゲルマンとまったく違い、視線を常に経営と経営者に注いでいた。彼の関心事は、「よい経営とは何か」「よい経営を実現する経営者の役割とは何か」だけだった。僕にはたえず、「経営トップと直接に話し、彼ら彼女らを指導できるだけの研究者になれ」と説いた。同時に、僕の博士論文を、「学術論文を出版するために、『よりよい経営』のための規範的提言という使命に目をつぶり、実証主義全盛という学界の趨勢《すうせい》に迎合しているだけのものだ」と舌鋒鋭く批判した。

血と涙のにじむような努力をへて書いた論文が、頭から否定される感覚を何度か味わい、僕は苦悩の末に、より挑戦的で異端《いたん》な規範的学究（normative scholarship）へと歩みを進めていくことになる。本来は博士論文を利用して、できるだけ多くの学術論文を出版することに力を割かねばならないのだが、僕は、深化（これまでの研究からの論文の出版）との両利きが十分にできないまま、探索（新たな研究の探究）に踏み出してしまったのだと思う。

スマントラの挑発と誘導に素直に（まんまと？）乗ってしまい、僕が研究イニシャティブのオフサイトミーティングで提案したのは、本書で展開している経営の三つのアジェンダを同時追求するための経営者リーダーの役割と責任についての調査研究だった。「資源の効率的配分による財務業績の達成」「リソースやスキルの組織横断的な展開によるシナジーの実現」、さらには「組織内における起業家精神とイノベーションの涵養」という三つの経営アジェンダを同時追求する際に求められる組織能力を、コンテクスト・マネジメントを分析のフレームワークに援用しながら解明するというものだった。

スマントラは「ブラボー」と言って満面の笑みで歓迎してくれたが、ニティンをはじめとする他のイニシャティブ・メンバーの反応は冷ややかだった。「そんな大それた研究に踏み出すと、必ず失敗し、学者としての成功はおぼつかないばかりか、テニュアも取れないよ」と。

それでも僕は、この大それた研究プロジェクトに取りかかり、「資源の効率的配分による財務業績の達成」という経営アジェンダの代表例として、当時世界を席巻していた株主価値経営（value-based management）をテーマに選び、LBSから移籍したINSEADで新たに同僚となったベルギー人のフィリップ・ハスペスラフと、日米欧の企業の経営を比較するグローバルな共同研究に乗り出した。

本書で紹介しているキャドベリー・シュウェップス（現在のキャドベリー）のほか、ダウ・ケミカルやHOYAなどを分析の対象に選び、ROE経営に代表される資源の効率的配分による財務業績の達成が、事業部間でのリソースの共有やスキルの移転や、組織内での新たな事業機会の追求にどう影響を与えるのか、経営者は困難やジレンマとどう向き合うことができるのかを分析しようとした。

同時に、MBAの選択科目として自分ならではの科目を新設し、それぞれの経営アジェンダにどう経営リーダーは向き合いうるのかを教えながら、シャープのコアデバイス技術を梃子としたスパイラル戦略、IBMのソリューション提供のためのオポチュニティ・マネジメント、LMエリクソンのグローバル・アカウント・マネジメントなどについてのケース教材を作成していった。

そんな僕の研究者としての挑戦は、2003年に突然途絶する。2000年に日本に戻り、仲間とともに立ち上げていた経営者リーダー育成活動に専念するために、研究者としての道を断念することにしたからだ。よりよい経営に向けてという規範的アプローチが身体の芯まで行き渡ってしまっていた僕は、研究よりも、よりよい経営を実現するための理想の教育を探求することに使命感を見いだしていた。作成した（あるいは作成途中の）多くのケース教材も、Aジャーナルに掲載される可能性があった二つの論文も、悩んだ末、途中で放り出した。惜しかったと言い訳するつもりはない。もし続けていたらと夢想することもない。そもそも僕の本性は、研究者よりも教育者やチェンジメーカーにあり、仮に研究者を続けていても、けっして超一流にまでは上り詰められなかっただろう。

ＩＮＳＥＡＤを脱藩した僕は、二度と大学へは戻らないとの不退転の決意で、賛同してくれた仲間や支援者たちと、ＮＰＯ形態の教育機関ＩＳＬ（アイ・エス・エル、Institute for Strategic Leadership）を創業した。出資金わずか10万円、窓のない15坪のオフィス、週末のレンタル教室、従業員スタッフたった3名でのスタートだった。でも思いだけは誰よりも強かった。スマントラがＩＳＬの名づけ親になってくれ、友人のヘンリー・ミンツバーグ、クレイ・クリステンセン、フィリップ・ハスペスラフ、ニティン・ノーリアも後押ししてくれた。「欧米流のＭＢＡ教育を超えた全人格経営リーダーシップ教育によって、真の経営者リーダーを育て、日本経済と日本企業を再生する」ことが、僕らが当初掲げたミッションとビジョンだった。

幸いなことに、小林陽太郎さん（故人、元富士ゼロックス会長、初代ＩＳＬ会長）や北城恪太郎さん（日本ＩＢＭ名誉相談役、現ＩＳＬ会長・理事）、長谷川閑史さん（元武田薬品工業会長、前ＩＳＬ理事長）をはじめとする多くの財界トップや経営プロフェッショナルの方々に支えられ、活動は順調に拡大。僕らは、

ＩＳＬのリソースとネットワークをベースに、２０１８年には、日英バイリンガルのグローバル経営大学院至善館を開校した。出資金10万円のＮＰＯが、文部科学省認可の学校法人を設立することになるとは、僕自身、想像すらできなかった。そして、20年前に脱藩したはずだったアカデミアの世界に、気づけば理事長兼学長として戻ってきてしまった。

この22年間、僕は経営者リーダーの育成・輩出に人生を賭け、２０００名を超えるリーダー人材の成長を地道に見守ってきた。「継続は力なり」で、卒業生の中からは、経営トップや起業家として活躍している人たちも多数出ているが、僕たちの志や思いが本当の意味で花開くかどうかは、数十年後の後世の人たちの判断を待つことになるだろう。教育は、「百年の計」をもって向き合うべき仕事なのだ。

苦闘に明け暮れた僕の人生ストーリーが、どこまで読者に受け入れられるのかはわからない。でも、僕の人生ストーリーは、経営政策という学問領域が抱えている根本的課題のある一面をとらえていると思う。少なくとも研究者として、経営というものと真剣に向き合うときの葛藤は感じていただけるのではないかと手前味噌ながら願っている。

教育者として、起業家として、さらにはチェンジメーカーとしての人生を歩みだしてしまった僕だが、それでもこの本だけはどうしても書きたかった。繰り返しになるが、本書は、ジョーの業績から出発し、途中、僕自身が挑戦しようとしたリサーチデザインをベースに論理を展開し、結論部分において、スマントラ・ゴシャールという天才が、クリス・バートレットとともに『個を活かす企業』で提唱したフレームワークに全面依拠している。そして、現在進行形の未来に向けた経営の挑戦を、『アクション・バイアス』を参照しながら、コンテクスト・マネジメントに再度回帰する形で、締めくくっている。それゆえ、研究者時代の僕の格闘の記録にほかならない。

この本は同時に、今は亡きスマントラとの約束を果たすものでもある。

2004年に脳内出血で倒れ、55歳の若さで早逝したスマントラ・ゴシャールだが、彼とは生前、二つの約束をしていた。一つは、一緒に normative scholarship の重要性を、実証主義研究全盛の学界と世に問うこと。もう一つは、組織能力についての本を一緒に書き、経営者とその予備軍に届けることだった。

この本は、研究書ではない。講義録だ。講義録という体裁であるがゆえに、自分がつくり出した理論でなくても、自分自身が研究調査したものでなくても、紹介することができる。セカンド（サード?）・ベスト・ソリューションだが、2003年に自身の研究プロジェクトを途絶させてしまった僕は、講義録という体裁をとることで、スマントラとの約束を少しでも果たせればと願う次第である。そして、ジョーの直系の弟子として、プロセス学派の中核フレームワークであるコンテクスト・マネジメントを改めて世に問い、今は消滅してしまった学派の貢献を現代に少しでも蘇らせることができればと願う。

講義録である本書は、僕が過去3年の間に至善館で行った「経営政策」(経営修士プログラムの2年次の必修科目)での担当講義を編集したものだ。終盤の二つの章(個と組織の新しい関係)については、1年次の必修科目「企業論」の講義から抜粋編集している。

なお、後者の「企業論」では、シェアホルダーvs.ステークホルダー企業論、企業の社会やプラネット(地球)との関係性の再考、パーパス経営、統合価値創造経営、サステナビリティ・トランスフォーメーション等、現在進行形の経営課題を扱っている。これについては、別の講義録「統合価値創造経営：サステナビリティとウェルビーイング時代の企業の役割と経営リーダーの責任(仮題)」として出版を予定していることをお知らせしておきたい。

本書の編纂にあたっては、多くの方々に深くお世話になった。講義に奥行きや立体感があるとすれば、それは積極的にクラスでの議論に加わってくれた至善館経営修士プログラムの参加学生諸君(名前はすべて仮名にしている)の貢献によるものにほかならない。また、クラスの運営にあたっては、至善館の事務局スタッフからいつもながらの多大なサポートを得た。至善館では、教員と職員が対等なパートナーとしてカリキュラムを運営しているが、この講義においても事務局の栗島正和くん(故人)や伏木洋平くんに多くの資料収集と作成をしてもらった。

また、至善館講義シリーズの編集統括をしていただいている光文社の古谷俊勝常務取締役には、出版にあたって大きく背中を押してもらった。彼の激励がなかったら、この講義録はさらに数年出版できなかったに違いない。製作にあたっては、秋山基さんに議論構成、追加調査、編集を担当いただき、福田恭子さんには全体構成を見ていただいた。出版にあたっては、杉本洋樹さんにご尽力いただいた。中でも秋山さんは、10年以上前に出版した『リーダーシップの旅』以来の、僕にとってのかけがえのない知的パートナーだ。感謝の言葉しかない。宮台真司氏との共著となったシリーズ第一弾に続き、この第二弾も当初の約束から納期が1年遅延してしまったが、すべての方々に辛抱強く、かつ寛容に対応いただいたことに、改めてお礼を申し上げたい。

最後に、かつて研究者だった自分に戻って、このあとがきを締めくくりたい。

僕は人生において、ボストンで、ロンドンで、フォンテンブローで、多くの研究者たちと出会ってきた。そして、研究と教育の場面で支えてもらっただけでなく、一人の人間としても支え続けてもらってきた。ハーバードでの苦しい博士課程、ロンドンでの規範的学究をめぐっての葛藤、フォンテンブローでの新たなリサーチの探究プロセスには、いつも真摯に耳を傾けアドバイスをくれる研究者の先輩や同僚・仲間がいた。ときどき日本に戻って学会に参加したときも、多くの方々に温かく迎えてもらった。研究者の道から離脱してしまった僕は、彼ら彼女らからもらったギフトをこれまで十分に返せずにきた。この本を世に送り出すことで、僕からの心ばかりの返礼ができれば何よりも嬉しい。

第１章参照〉
T. Noda and J. L. Bower, "Strategy making as iterated processes of resource allocation", *Academy of Management Journal*, Summer 1996.
ハイケ・ブルック、スマントラ・ゴシャール『アクション・バイアス』〈再掲、序章参照〉

https://www.youtube.com/watch?v=z2JQkRJbtcg&t=3s ［2023 年 7 月 31 日閲覧］
「Ricardo Semler's Top 10 Rules for Success」
https://semcostyle.nl/ricardo-semlers-top-10-rules-for-success/ ［2023 年 7 月 31 日閲覧］

【第8章】

「Netflix's Original (2009) Culture Slide Deck」〈再掲、第 7 章参照〉
Netflix ホームページ［日本語］「Netflix のカルチャー：さらなる高みを求めて」〈再掲、第 7 章参照〉
「ネットフリックスが明かす、『自由と責任』の文化を築くための秘訣」Forbes JAPAN 2018 年 9 月 21 日
https://forbesjapan.com/articles/detail/23072/1/1/1 ［2023 年 7 月 31 日閲覧］
石塚しのぶ『ザッポスの奇跡』東京図書出版会、2009 年
Zappos ホームページ「Our Core Values」
https://www.zappos.com/about/what-we-live-by ［2023 年 7 月 31 日閲覧］
リクルート・ホームページ「経営理念」
https://www.recruit.co.jp/company/philosophy/ ［2023 年 7 月 31 日閲覧］
Avery Hartmans「『最高の職場』グーグルで働くのってどんな感じ?」Business Insider Japan 2017 年 11 月 20 日
https://www.businessinsider.jp/post-106403 ［2023 年 7 月 31 日閲覧］
「グーグルに『働きがい』を高めるカルチャーが根付いた背景」ダイヤモンド・オンライン 2022 年 3 月 30 日
https://diamond.jp/articles/-/299952?page=3 ［2023 年 7 月 31 日閲覧］
「Google - Year in Search 2017 (How)」
https://www.youtube.com/watch?v=vI4LHl4yFuo&t=31s ［2023 年 7 月 31 日閲覧］
「Google - Year in Search 2018 (Good)」
https://www.youtube.com/watch?v=6aFdEhEZQjE ［2023 年 7 月 31 日閲覧］
「Google - Year in Search 2019 (Heroes)」
https://www.youtube.com/watch?v=ZRCdORJiUgU&t=38s ［2023 年 7 月 31 日閲覧］
「Google - Year in Search 2020 (Why)」
https://www.youtube.com/watch?v=rokGy0huYEA ［2023 年 7 月 31 日閲覧］
「Google - Year in Search 2021 (How to heal)」
https://www.youtube.com/watch?v=EqboAI-Vk-U ［2023 年 7 月 31 日閲覧］
「Google - Year in Search 2022 (Can I change)」
https://www.youtube.com/watch?v=4WXs3sKu41I ［2023 年 7 月 31 日閲覧］
ハイケ・ブルック、スマントラ・ゴシャール『アクション・バイアス』〈再掲、序章参照〉
セネカ『人生の短さについて』茂手木元蔵訳、岩波文庫、1980 年
野田智義、金井壽宏『リーダーシップの旅』光文社新書、2007 年

【あとがき】

Edmund P. Learned, Kenneth R. Andrews, C. Roland Christensen and William D. Guth, *Business Policy: Text and Cases*, Irwin, 1965.
グレアム・T・アリソン『決定の本質』宮里政玄訳、中央公論社、1977 年［原題：*Essence of Decision*］
ヘンリー・ミンツバーグ、ブルース・アルストランド、ジョセフ・ランペル『戦略サファリ［第 2 版］』〈再掲、

三枝匡『V字回復の経営［増補改訂版］』〈再掲、第4章参照〉
稲盛和夫『「成功」と「失敗」の法則』致知出版社、2008年
C・A・バートレット、S・ゴシャール『地球市場時代の企業戦略』〈再掲、序章参照〉
戸部良一、寺本義也、鎌田伸一、杉之尾孝生、村井友秀、野中郁次郎『失敗の本質』中公文庫、1991年

【第7章】
「平成元年世界時価総額ランキング」『週刊ダイヤモンド』2018年8月25日号
https://dw.diamond.ne.jp/articles/-/24295 ［2023年7月31日閲覧］
Financial Times「Global 500 2004」
PwC「Global Top 100 companies - by market capitalisation」
https://www.pwc.com/gx/en/audit-services/publications/top100/pwc-global-top-100-companies-by-market-capitalisation-2022.pdf ［2023年7月31日閲覧］
アルフレッド・D・チャンドラー，Jr.『スケール・アンド・スコープ』安部悦生、川辺信雄、工藤章、西牟田祐二、日高千景、山口一臣訳、有斐閣、1993年［原題：*Scale and Scope*］
岩井克人『会社はこれからどうなるのか』平凡社ライブラリー、2009年
Anita Lettink, "No, Millennials will NOT be 75% of the Workforce in 2025 (or ever)!"
https://www.linkedin.com/pulse/millennials-75-workforce-2025-ever-anita-lettink ［2023年7月31日閲覧］
デロイトトーマツグループ「2019年 デロイト ミレニアル年次調査」
https://www2.deloitte.com/jp/ja/pages/about-deloitte/articles/about-deloitte-japan/millennial-survey-2019.html ［2023年7月31日閲覧］
デロイトトーマツグループ「ミレニアル年次調査2020」
https://www2.deloitte.com/content/dam/Deloitte/jp/Documents/about-deloitte/about-deloitte-japan/jp-group-deloitte-millennial-survey-2020-summary.pdf ［2023年7月31日閲覧］
リンダ・グラットン『ワーク・シフト』池村千秋訳、プレジデント社、2012年［原題：*The Shift*］
Ranjay Gulati, "Structure That's Not Stifling", *Harvard Business Review*, May-June 2018.
ハーヴェイ・セイフター、ピーター・エコノミー『オルフェウス・プロセス』鈴木主税訳、角川書店、2002年［原題：*Leadership Ensemble*］
「Netflix's Original (2009) Culture Slide Deck」
https://www.slideshare.net/reed2001/culture-2009 ［2023年7月31日閲覧］
Netflix ホームページ［日本語］「Netflix のカルチャー：さらなる高みを求めて」
https://jobs.netflix.com/culture?lang=%E6%97%A5%E6%9C%AC%E8%AA%9E ［2023年7月31日閲覧］
リード・ヘイスティングス、エリン・メイヤー『NO RULES 世界一「自由」な会社、NETFLIX』土方奈美訳、日経BP／日本経済新聞出版本部、2020年［原題：*No Rules Rules*］
リカルド・セムラー『セムラーイズム』岡本豊訳、ソフトバンク文庫、2006年［単行本は新潮社、1994年。原題：*Maverick*］
SEMCO STYLE INSTITUTE JAPAN「民主的経営〈セルフマネジメント〉にまつわる10の疑念 -01」
https://www.youtube.com/watch?v=fpXCy2YRw4k ［2023年7月31日閲覧］
SEMCO STYLE INSTITUTE JAPAN「民主的経営〈セルフマネジメント〉にまつわる10の疑念 -02」

閲覧]
ジェームズ・C・コリンズ、ジェリー・I・ポラス『ビジョナリー・カンパニー』山岡洋一訳、日経 BP 社、1995 年［原題：*Built to Last*］
Vijay Govindarajan and Srikanth Srinivas,"The Innovation Mindset in Action: 3M Corporation", *Harvard Business Review*, August 6, 2013.
https://hbr.org/2013/08/the-innovation-mindset-in-acti-3 ［2023 年 7 月 31 日閲覧］
3M ジャパンホームページ「Core Elements to 3M's Culture」
https://www.3mcompany.jp/3M/ja_JP/careers-jp/culture/15-percent-culture/ ［2023 年 7 月 31 日閲覧］
3M 本社ホームページ「The Carlton Society」
https://multimedia.3m.com/mws/media/2253482O/history-overview-the-carlton-society-creators-inventors-mentors.pdf ［2023 年 7 月 31 日閲覧］
3M ジャパンホームページ「企業文化」
https://www.3mcompany.jp/3M/ja_JP/careers-students-jp/about3m/culture/#:~:text= ［2023 年 7 月 31 日閲覧］
Dan Schiff,"How 3M Drives Innovation Through Empathy and Collaboration", *Forbes*, March 31, 2016.
3M Company「2015 Annual Report」
3M Company「2022 Annual Report」
https://s24.q4cdn.com/834031268/files/doc_financials/2022/ar/3M-2022-Annual-Report_Updated.pdf ［2023 年 7 月 31 日閲覧］
Brian Hindo, "At 3M, A Struggle between Efficiency and Creativity", *Business Week*, June 11, 2007.
http://sjbae.pbworks.com/w/file/fetch/44897769/At%203M%20a%20struggle%20between%20efficiency%20and%20creativity.pdf ［2023 年 7 月 31 日閲覧］
クリストファー・A・バートレット、スマントラ・ゴシャール『［新装版］個を活かす企業』〈再掲、序章参照〉
ロザベス・モス・キャンター『巨大企業は復活できるか』三原淳雄、土屋安衛訳、ダイヤモンド社、1991 年［原題：*When Giants Learn to Dance*］
Christopher A. Bartlett and Sumantra Ghoshal, *Transnational Management: Text, Cases, and Readings in Cross-border Management*, Irwin/McGraw-Hill, 2000.
Christopher A. Bartlett and Sumantra Ghoshal, "The Myth of the Generic Manager: New Personal Competencies for New Management Roles", *California Management Review*, Vol 40, No.1, Fall 1997.
Christopher A. Bartlett and Sumantra Ghoshal, "Rebuilding Behavioral Context: Turn Process Reengineering into People Rejuvenation", *Sloan Management Review*, Vol. 37, No. 1, Fall 1995.
Walter Mischel, *Personality and Assessment*, Wiley, 1968.
Richard Farson and Ralph Keyes, "The Failure-Tolerant Leader", *Harvard Business Review*, August 2002.
Claudia H. Deutsch, "The Handwriting On the Post-it Note; Image and Returns Suffer at 3M", *The New York Times*, July 6, 1999.
Christopher A. Bartlett and Sumantra Ghoshal, "Changing the Role of Top Management: Beyond Systems to People", *Harvard Business Review*, May-June 1995.
ジョン・P・コッター『企業変革力』梅津祐良訳、日経 BP 社、2002 年［原題：*Leading Change*］

https://hbr.org/2016/10/the-leadership-blind-spots-at-wells-fargo ［2023 年 7 月 31 日閲覧］
「JR 脱線事故 10 年　何度も速度超過　そのとき運転士に何が起きていたのか」産経新聞電子版 2015 年 4 月 29 日
https://www.sankei.com/west/news/150429/wst1504290015-n1.html ［2023 年 7 月 31 日閲覧］
デービッド・A・ガービン『アクション・ラーニング』沢崎冬日訳、ダイヤモンド社、2002 年［原題：*Learning in Action*］
アメリカ陸軍 CALL 本部（Center for Army Lessons Learned）ウェブサイト
https://www.army.mil/call ［2023 年 7 月 31 日閲覧］

【第4章】

三枝匡『V 字回復の経営［増補改訂版］』日経ビジネス人文庫、2021 年
「『持続的成長への競争力とインセンティブ～企業と投資家の望ましい関係構築～』プロジェクト最終報告書（伊藤レポート）」座長：伊藤邦雄、経済産業省、2014 年 8 月
https://www.meti.go.jp/policy/economy/keiei_innovation/kigyoukaikei/pdf/itoreport.pdf ［2023 年 7 月 31 日閲覧］
Philippe Haspeslagh, Tomo Noda, and Fares Boulos, "Managing for value. It's not just about the numbers", *Harvard Business Review*, July-August 2001.
ジャック・ウェルチ、スージー・ウェルチ『ウィニング 勝利の経営』斎藤聖美訳、日本経済新聞出版社、2005 年［原題：*Winning*］

【第5章】

ケネス・R・アンドルーズ『経営幹部の全社戦略』中村元一、黒田哲彦訳、産能大学出版部、1991 年［原題：*The Concept of Corporate Strategy*］
デビッド・J・コリス、シンシア・A・モンゴメリー『資源ベースの経営戦略論』根来龍之、蛭田啓、久保亮一訳、東洋経済新報社、2004 年［原題：*Corporate Strategy*］
Andrew Campbell, Michael Goold, and Marcus Alexander, *Corporate-Level Strategy: Creating Value in the Multibusiness Company*, Wiley, 1994.
三枝匡『戦略プロフェッショナル』日経ビジネス人文庫、2002 年

【第6章】

3M Company, *A Century of Innovation: The 3M Story*, 3M Company, 2002.
https://multimedia.3m.com/mws/media/171240O/3m-century-of-innovation-book.pdf ［2023 年 7 月 31 日閲覧］
"First Person: 'We invented the Post-it Note'", *Financial Times*, December 3, 2010.
https://www.ft.com/content/f08e8a9a-fcd7-11df-ae2d-00144feab49a ［2023 年 7 月 31 日閲覧］
"Art Fry: Post-it® Note Inventor", LEMELSON CENTER for the Study of Invention and Innovation, April 14, 2014.
https://invention.si.edu/art-fry-post-it-note-inventor ［2023 年 7 月 31 日閲覧］
スリーエム ジャパン株式会社　ニュースリリース 2022 年 2 月 8 日
https://multimedia.3m.com/mws/media/2145366O/news-release-20220208.pdf ［2023 年 7 月 31 日

Business Review, July-August 2004.
W・チャン・キム、レネ・モボルニュ『[新版] ブルー・オーシャン戦略』入山章栄監訳、有賀裕子訳、ダイヤモンド社、2015年［原題：*Blue Ocean Strategy*］
本田技研工業「語り継ぎたいこと〜チャレンジの50年〜　写真やエピソードで語るHondaの50年史」 https://www.honda.co.jp/50years-history/ ［2023年7月31日閲覧］
The Boston Consulting Group Limited, "Strategy alternatives for the British motorcycle Industry", Her Majesty's Stationary Office, 1975.
Michael Hay and Peter Williamson, "Strategic staircases: Planning the capabilities required for success", *Long Range Planning*, Vol.24, Issue 4, August 1991.
Richard T. Pascale, "Perspectives on Strategy: The Real Story Behind Honda's Success", *California Management Review*, Vol. 26, No. 3, Spring 1984.
ヘンリー・ミンツバーグ『MBAが会社を滅ぼす』池村千秋訳、日経BP社、2006年［原題：*Managers Not MBAs*］
リタ・マグレイス『競争優位の終焉』鬼澤忍訳、日本経済新聞出版社、2014年［原題：*The End of Competitive Advantage*］
Henry Mintzberg, Richard T. Pascale, Michael Goold and Richard P. Rumelt, "The 'Honda Effect' Revisited", *California Management Review*, Vol. 38, No. 4, Summer 1996.
ヘンリー・ミンツバーグ、ブルース・アルストランド、ジョセフ・ランペル『戦略サファリ［第2版］』齋藤嘉則監訳、東洋経済新報社、2013年［原題：*Strategy Safari*］

【第2章】

ジェームズ・G・マーチ、ヨハン・P・オルセン『組織におけるあいまいさと決定』遠田雄志、アリソン・ユング訳、有斐閣選書R、1986年［原題：*Ambiguity and Choice in Organizations*］
J. L. Bower, *Managing the Resource Allocation Process: A Study of Corporate Planning and Investment,* : Harvard Business School, Division of Research, 1970.
本田技研工業「Hondaイズム」
https://www.honda-recruit.jp/about/hondaism.html ［2023年7月31日閲覧］

【第3章】

ピーター・M・センゲ『最強組織の法則』守部信之訳、徳間書店、1995年［増補改訂版『学習する組織』枝廣淳子、小田理一郎、中小路佳代子訳、英治出版、2011年として再出版。原題：*The Fifth Discipline*］
アリー・デ・グース『リビングカンパニー』堀出一郎訳、日経BP社、1997年［2002年に『企業生命力』に改題して再出版。原題：*The Living Company*］
野中郁次郎、竹内弘高『知識創造企業』梅本勝博訳、東洋経済新報社、1996年［原題：*The Knowledge-Creating Company*］
マイケル・ハリス、ビル・テイラー「目先の数字にとらわれて目標を見失っていないか――ウェルズ・ファーゴの失敗に学ぶ」（有賀裕子訳）『DIAMONDハーバード・ビジネス・レビュー』2020年3月号
Susan M. Ochs, "The Leadership Blind Spots at Wells Fargo", *Harvard Business Review*, October 6, 2016.

参考文献・参考サイト

【はじめに】

ヘンリー・ミンツバーグ『マネジャーの仕事』奥村哲史、須貝栄訳、白桃書房、1993年［原題：*The Nature of Managerial Work*］

J・D・トンプソン『オーガニゼーション・イン・アクション』鎌田伸一、二宮豊志、新田義則、高宮晋訳、同文舘出版、1987年［原題：*Organizations in Action*］

伊丹敬之『新・経営戦略の論理』日本経済新聞社、1984年［2023年7月末時点での最新版は『経営戦略の論理（第4版）』日本経済新聞出版社、2012年］

クレイトン・クリステンセン『イノベーションのジレンマ』伊豆原弓訳、翔泳社、2000年［増補改訂版は2001年刊。原題：*The Innovator's Dilemma*］

チャールズ・A・オライリー、マイケル・L・タッシュマン『両利きの経営』入山章栄監訳、渡部典子訳、東洋経済新報社、2019年［原題：*Lead and Disrupt*］

ジョセフ・L・バダラッコ『マネージング・イン・ザ・グレー』山形浩生訳、丸善出版、2019年［原題：*Managing in the Gray*］

藤本隆宏『能力構築競争』中公新書、2003年

藤本隆宏『現場から見上げる企業戦略論』角川新書、2017年

【序章】

C・I・バーナード『新訳　経営者の役割』山本安次郎、田杉競、飯野春樹訳、ダイヤモンド社、1968年［原題：*The Functions of the Executive*］

T・J・ピーターズ、R・H・ウォーターマン『エクセレント・カンパニー』大前研一訳、講談社、1983年［原題：*In Search of Excellence*］

ゲイリー・ハメル、C・K・プラハラード『コア・コンピタンス経営』一條和生訳、日経ビジネス人文庫、2001年［原題：*Competing for the Future*］

C・A・バートレット、S・ゴシャール『地球市場時代の企業戦略』吉原英樹監訳、日本経済新聞社、1990年［原題：*Managing Across Borders*］

クリストファー・A・バートレット、スマントラ・ゴシャール『［新装版］個を活かす企業』グロービス経営大学院訳、ダイヤモンド社、2007年［原題：*The Individualized Corporation*］

ハイケ・ブルック、スマントラ・ゴシャール『アクション・バイアス』野田智義訳、東洋経済新報社、2015年［『意志力革命』ランダムハウス講談社、2005年の再刊。原題：*A Bias for Action*］

【第1章】

M・E・ポーター『競争優位の戦略』土岐坤、中辻萬治、小野寺武夫訳、ダイヤモンド社、1985年［原題：*Competitive Advantage*］

W. Chan Kim, Renée Mauborgne, "Value Innovation: The Strategic Logic of High Growth", *Harvard*

野田智義《のだ・ともよし》

大学院大学至善館 理事長・学長。特定非営利活動法人アイ・エス・エル(ISL)創設者。1983年東京大学法学部卒、日本興業銀行入行。その後渡米し、マサチューセッツ工科大学(MIT)より経営学修士号(MBA)、ハーバード大学より経営学博士号(DBA)を取得。ロンドン大学ビジネススクール助教授、インシアード経営大学院(フランス)助教授を経て帰国。既存のMBA教育に飽き足らず、2001年、財界トップ等120名の支援を得て独自の教育機関ISL(Institute for Strategic Leadership)を創設。大企業の経営幹部、社会起業家等約1,600名を輩出。2018年に、ISLを母体に至善館を開校し現在に至る。専攻は経営政策、組織戦略、リーダーシップ論で、インシアード在席中には3年連続で最優秀教授賞を受賞。著書に『リーダーシップの旅』(金井壽宏氏と共著、光文社新書)、至善館での講義を書籍化した、「至善館講義シリーズ」第一弾の『経営リーダーのための社会システム論』(宮台真司氏と共著、光文社)がある。

大学院大学至善館とは

東京・日本橋に拠点をおく経営学修士号(MBA in Design and Leadership for Societal Innovation)を授与する文部科学省認可の大学院。欧米ビジネススクール教育を出発点としながらも、リベラルアーツ教育、デザインスクール教育、AIデジタル教育、心理学・コーチングによる内省学習を統融合した独自の全人格経営リーダーシップ教育を実践。経営リーダー(経営者、起業家、政策決定者)育成に特化した2年間の業務継続型プログラム(日本語・英語)には、約30カ国出身のビジネス、NGO、行政で働く160人の社会人学生が学んでいる。包摂的で持続可能な未来の実現に向け、ビジネスと社会の関係の再構築、イノベーションとヒューマニズムの両立、西洋の合理性とアジアの精神土壌の橋渡しを掲げ、欧州、インド、ブラジル他の世界有数の教育機関とアライアンスを組み、ビジネススクール(MBA)教育のパラダイム・シフトに挑戦している。

コンテクスト・マネジメント
個《こ》を活《い》かし、経営《けいえい》の質《しつ》を高《たか》める

2023年9月30日　初版第1刷発行
2024年6月20日　2刷発行

著者
野田智義

装幀
竹内雄二

構成
秋山基

編集協力
福田恭子

発行者
三宅貴久

発行所
株式会社 光文社
〒112-8011 東京都文京区音羽1-16-6
電話　編集部：03-5395-8172　書籍販売部：03-5395-8116　制作部：03-5395-8125
メール　non@kobunsha.com
落丁本・乱丁本は制作部へご連絡くだされば、お取り替えいたします。

組版
萩原印刷

印刷所
萩原印刷

製本所
ナショナル製本

　ISBN978-4-334-10058-2